中等职业教育经济管理类改革创新教材・市场营销专业

经济法基础

马巍巍　闫朝辉　主　编
田翠萍　王立峰
许　辉　安晓艳　副主编

科学出版社
北　京

内 容 简 介

本书结合企业生产经营常见法律事务编写而成，结构清晰合理，内容贴近现实，语言通俗易懂，学练结合紧密。内容主要包括经济法学科中的市场主体法、市场管理法、宏观调控法和社会保障法的相关基础知识。同时，为满足经济管理类专业学生的就业需求，本书还适当增加了相关民商法及诉讼与仲裁法律知识。

本书既可作为中等职业学校经济管理类市场营销、电子商务、会计等专业的教材，也可作为企业营销人员、管理人员和财会人员的参考用书。

图书在版编目(CIP)数据

经济法基础/马巍巍，闫朝辉主编. —北京：科学出版社，2018.8
（中等职业教育经济管理类改革创新教材·市场营销专业）
ISBN 978-7-03-057568-5

Ⅰ. ①经… Ⅱ. ①马… ②闫… Ⅲ. ①经济法-中国-中等专业学校-教材 Ⅳ. ①D922.29

中国版本图书馆 CIP 数据核字（2018）第 112483 号

责任编辑：涂 晟 都 岚 / 责任校对：陶丽荣
责任印制：吕春珉 / 封面设计：东方人华平面设计部

科学出版社 出版
北京东黄城根北街 16 号
邮政编码：100717
http://www.sciencep.com

三河市铭浩彩色印装有限公司印刷
科学出版社发行 各地新华书店经销
*
2018 年 8 月第 一 版 开本：787×1092 1/16
2018 年 8 月第一次印刷 印张：16 1/2
字数：387 000

定价：42.00 元

（如有印装质量问题，我社负责调换〈骏杰〉）

销售部电话 010-62136230 编辑部电话 010-62135763-2013

前　言

随着我国市场经济体制的逐步完善，经济法成为商业企业从业人员必须掌握的部门法之一。中等职业学校为适应市场经济体制改革的需要，针对经济管理类专业开设了“经济法基础”这门课程。编者为帮助学生熟练运用经济法律法规解决企业经营中常见的法律问题，培养经济管理类企业从业人员的职业能力而编写了本书，以更好地适应企业用工、学生就业和教师教学的需要。本书具有以下特点：

1）内容贴近实际需要，教学适应性强。在现实经济活动中，商品生产经营企业的从业者需要知晓的法律法规范围大大超过了经济法目前在法学领域内的范围。为此，本书从经济管理类中等职业学生就业岗位的实际需求出发，结合中等职业学生的基本学情，回避了经济法的概念、调整对象和发展历史等纯理论内容，而选择了市场主体法、市场管理法、宏观调控法和社会保障法中重要的部门法来介绍有关基础知识，同时加入了相关民商法及诉讼法律法规的知识，涵盖了约 15 部法律法规的内容。建议教师在教学之初将经济法律关系基本知识为学生进行简单的介绍，而不作为授课的主要内容。

2）体例以任务为引领，增强课堂的有效性。编者在编写本书的过程中，坚持“学生主体、教师主导”的原则，通过具体项目的设置，使学生在自主学习的过程中逐步掌握经济法的基本原理，培养自身适应市场经济活动的基本法律素质。本书践行“高效课堂”和“行动导向”的教学理念，各项目下设置任务，引导学生层层深入展开学习，教师从“教学生”向“导学生”转变，力求使课堂变得更加有效和有趣，在传授知识的同时培养学生的学习能力、协作能力和解决问题的能力。同时，简化传统教材课后作业的设置形式，增强授课效果，提高课堂效率。

3）以解决实际法律问题为切入点，注重对学生能力的培养。本书注重增强学生的法律意识，侧重培养学生对经济法律常见问题的分析处理能力，力求使教学过程成为教师指导学生运用经济法律法规知识处理企业经营过程中存在的法律问题的过程。通过引导学生运用相关法律法规解决工作实践和日常生活中简单的经济问题，使学生能够学法、知法、守法、用法，以经济法律规范自己的职业行为，用法律维护自身的合法权益。

本书的编者是常年从事中等职业学校经济法课程教学的一线教师，具有丰富的教学经验和实践经验。本书由马巍巍、闫朝辉担任主编，负责撰写大纲、编写体例、确定样稿和内容审核。田翠萍、王立峰、许辉、安晓艳担任副主编。具体编写分工如下：模块一、模块六由闫朝辉编写，模块二、模块八由田翠萍编写，模块三由安晓艳编写，模块四由马巍巍编写，模块五由王立峰编写，模块七由许辉编写。同时，胡翠霞、王亚娟为本书的编写提供了宝贵意见。

编者在编写本书的过程中参考了很多同行的教改成果和优秀的出版物，也与企业人力资源资深管理人员、一线教师、在校学生进行了深入的交流和沟通，在此向相关人员一并表示感谢。

由于编者水平有限、法律修订频繁和编写时间紧迫等，本书难免存在不足之处，敬请广大读者批评、指正。

编　者

2018 年 1 月

目　录

模块一　市场主体法律制度

项目一　个人独资企业法律制度……2

任务一　个人独资企业相关概念……2
任务二　个人独资企业相关法律制度……4

项目二　公司法律制度……8

任务一　与公司股东有关的法律规定……8
任务二　有限责任公司和股份有限公司的具体规定……13
任务三　公司其他相关制度……26

项目三　合伙企业法律制度……34

任务一　普通合伙企业相关法律规定……34
任务二　有限合伙企业相关法律规定……42
任务三　合伙企业的解散和清算……47

模块二　合同法律制度

项目四　合同的订立……51

任务一　合同订立的概念与形式……51
任务二　合同的内容……53
任务三　合同订立的程序……56

项目五　合同的效力……60

任务一　无效合同……60
任务二　可撤销合同和效力待定合同……61

项目六　合同的履行……64

任务一　合同履行的规则……64
任务二　行使合同履行中的抗辩权……65

项目七　担保相关规定……69

任务一　保证的责任……69
任务二　物的担保……72
任务三　定金及其相关规定……77

项目八　合同的变更、解除和违约责任的承担……79

任务一　合同的变更与转让……79
任务二　合同的解除……82
任务三　违约责任的承担……84

项目九　各种具体合同的有关规定……88

任务一　买卖合同的订立……88
任务二　买卖合同的标的物交付及所有权的转移……89
任务三　标的物的风险负担……91
任务四　几种特殊的买卖合同……93
任务五　租赁合同的订立……94

模块三　侵权责任法律制度

项目十　《侵权责任法》的一般规定……97

任务一　立法目的和适用范围……97
任务二　侵权责任请求权……100
任务三　侵权责任优先保障原则……102
任务四　侵权特别法的效力……102

项目十一　侵权责任构成和责任方式……104

任务一　侵权责任归责原则……104
任务二　侵权责任形态……106

项目十二　不承担责任及减轻责任情形……109

模块四　市场运行法律制度

项目十三　产品质量相关规定……114

任务一　产品和产品标准……114
任务二　我国产品质量监督制度……117
任务三　生产者和销售者的产品质量义务……119

项目十四　法律对不正当竞争行为的约束……126

任务一　不正当竞争行为的种类……126
任务二　垄断的危害和法律后果……131

项目十五　《消费者权益保护法》相关规定……136

任务一　消费者权利和经营者的义务……136

任务二 《消费者权益保护法》的新规范……138
任务三 消费者的维权途径……142

模块五 知识产权法律制度

项目十六 商标法……145
任务一 商标与商标法……145
任务二 商标专用权注册原则与程序……148
任务三 注册商标专用权的保护……151
项目十七 专利法……154
任务一 专利与专利法……154
任务二 专利权的取得方式……159
任务三 专利权的保护……163
项目十八 著作权……165
任务一 著作权的种类和范围……165
任务二 著作权的保护……167

模块六 劳动法及劳动合同法律制度

项目十九 劳动者的基本权利……170
任务一 劳动法律关系……170
任务二 劳动基准法的基本规定……173
项目二十 《劳动合同法》的重要规定……178
任务一 劳动合同的种类……178
任务二 劳动合同的订立、解除与终止……181
任务三 违反劳动合同的法律责任……187
项目二十一 劳动者维权的途径……191
任务一 劳动争议……191
任务二 劳动争议仲裁程序……195
任务三 劳动争议诉讼程序……198

模块七 税收法律制度

项目二十二 税收与税法的相关知识……202
任务一 税收相关知识……202
任务二 税法的基本构成要素……205

项目二十三　我国主要税种的相关规定……210
任务一　增值税的法律规定……210
任务二　消费税的法律规定……215
任务三　各种所得税的法律规定……217
项目二十四　我国的税收征管法律制度……225
任务一　税务管理相关知识……225
任务二　违反税收法律制度的法律责任……229

模块八　仲裁与诉讼法律制度

项目二十五　仲裁法……233
任务一　仲裁的特点……233
任务二　仲裁程序……237
项目二十六　民事诉讼法……241
任务一　民事诉讼法的基本内容……241
任务二　民事诉讼程序……248
参考文献……253

模块一
市场主体法律制度

在日常生活中，我们会接触很多企业，它们分布在社会生活的方方面面，在广泛的经济领域中开展着诸如工业、农业、建筑、商业、外贸、交通运输、邮电通信等活动。这些企业在赚取利润的同时，也回馈社会及与之利益相关者，为社会提供相关的服务，满足人们的衣、食、住、行等基本需要，这些企业被称为市场主体。它们可以是国有企业，也可以是民营企业，还可以是混合所有制企业；既可以是全部资本来自我国境内的“内资”企业，也可以是全部或部分资本来自境外的中外合资经营企业、中外合作经营企业和外商独资企业（简称为“三资”企业）。企业的种类虽然众多，但按照其组织形式，可以划分为3种最基本的类型，即个人独资企业、公司制企业、合伙企业。

市场主体法具有相对完整的体系，包括个人独资企业法、公司法和合伙企业法。这些市场主体各具特色、相对独立。其中，公司法体系庞大，是本模块的重点，尤其是有限责任公司，是创办公司制企业首选的类型。个人独资企业和合伙企业，也是创办企业时需要重点考虑的两种企业类型。学生通过学习本模块，一方面，能够全面认识个人独资企业法、公司法、合伙企业法的体系特征和主要内容；另一方面，能够根据相关的法律规范和法律程序，设立个人独资企业、有限责任公司和合伙企业。

项目一　个人独资企业法律制度

项目目标

◎**知识目标**

1. 了解个人独资企业的特征、与个体工商户的区别。
2. 熟悉个人独资企业的设立条件及事务管理。

◎**技能目标**

1. 能够区分市场上常见的经营企业所对应的审批机关。
2. 能够复述设立个人独资企业的简单流程，以及个人独资企业设立申请书的主要内容。

任务一　个人独资企业相关概念

导学引思

小赵中专毕业后计划自行创业，但是在从事个体经营还是设立个人独资企业的问题上一直犹豫不决。试用相关法律知识帮助他分析下列问题。

1）个人独资企业与个体工商户的特征分别是什么？

2）个人独资企业与个体工商户有哪些区别？

3）投资人将财产投资于个人独资企业，是否转移了财产所有权？个人独资企业本身有无独立的财产？试说明理由。

4）小赵是具有完全民事行为能力的中国公民，但是在我国人人都可以投资设立个人独资企业吗？如果小赵的叔叔是一名警察，他可以投资设立个人独资企业吗？试说明理由。

一、个人独资企业的概念与特征

1. 个人独资企业的概念

《中华人民共和国个人独资企业法》（以下简称《个人独资企业法》）第二条规定："本法所称个人独资企业，是指依照本法在中国境内设立，由一个自然人投资，财产为投资人个人所有，投资人以其个人财产对企业债务承担无限责任的经营实体。"

2. 个人独资企业的特征

个人独资企业是一种古老的企业形式，其典型特征是个人出资、个人经营、个人自负盈亏、自担风险。具体而言，个人独资企业具有如下特征。

1）投资人只能是一个自然人。该自然人应当具有完全民事行为能力，无民事行为能力人和限制民事行为能力人不能成为投资人。另外，国家公务员、法官、检察官等法律、行政法规规定禁止从事营利性活动的人，也不能成为个人独资企业的投资人。

议一议

按照《个人独资企业法》的规定，军人甲、香港商人乙、内地公民丙和人民警察丁4人中，谁不得设立个人独资企业？

2）企业的财产归投资人个人所有。这里的企业财产既包括企业成立时投资人投入的初始财产，也包括企业存续期间积累的财产。投资人是个人独资企业财产的唯一合法所有者，个人独资企业并无独立财产，也就是说，企业财产也是投资人的个人财产。

3）投资人对企业债务承担无限责任。承担无限责任是指当企业的全部财产不足以清偿到期债务时，投资人应以个人的全部财产用于清偿。

4）个人独资企业不具有法人资格。个人独资企业属于非法人性质的经济实体，企业与个人融为一体。

议一议

甲、乙、丙、丁4名学生在讨论个人独资企业的法律地位时分别提出如下观点：①甲认为，个人独资企业与投资人融为一体，个人独资企业既不具有独立财产，也不具有法人资格；②乙认为，投资人申请企业设立登记时，明确以其家庭共有财产出资的，应当以其家庭共有财产对企业债务承担无限责任；③丙认为，个人独资企业可以有自己的名称或商号，享有相应的权利能力；④丁认为，个人独资企业对外仅能以投资人的个人名义参加诉讼活动。上述4名学生的观点是否正确？为什么？

二、个人独资企业与个体工商户的联系与区别

2017年3月15日，第十二届全国人民代表大会第五次会议通过的《中华人民共和国民法总则》（以下简称《民法总则》）第五十四条规定："自然人从事工商业经营，经依法登记，为个体工商户。个体工商户可以起字号。"因此，个体工商户是在法律允许的范围之内，依法经核准登记，从事工商业经营的自然人。个体工商户是与个人独资企业关系最为密切的市场主体，二者既有共同点，也存在明显区别。

1. 个人独资企业与个体工商户的相同点

1）二者都可以由一个自然人投资兴办。

2）二者都可以有自己的字号（名称），具备生产经营的必要条件。

3）二者对外均承担无限责任，承担责任的财产范围大致相同。《民法总则》第五十六条规定："个体工商户的债务，个人经营的，以个人财产承担；家庭经营的，以家庭财产承担；无法区分的，以家庭财产承担。"《个人独资企业法》第二条和第十八条对个人独资企业的债务均做出了类似的规定。

2. 个人独资企业与个体工商户的区别

1）二者的法律地位不尽相同。个人独资企业是其他经济组织的一种形式，能以企业自身的名义进行法律活动。而个体工商户一般以公民个人的名义进行法律活动。

2）个体工商户的投资人与经营者是同一人，即投资设立个体工商户的自然人；而个人独资企业的投资人与经营者可以是不同的人，投资人既可以自己管理企业事务，也可以委托或聘用他人管理企业事务。

3）二者在财务制度和税收政策上的要求不尽相同。个人独资企业必须建立财务制度，进行会计核算。而个体工商户可以按照税务机关的要求建立账簿，也可以不进行会计核算。一般来说，个体工商户为小规模纳税人，而个人独资企业如果符合条件则可以认定为一般纳税人。

4）个人独资企业必须有合法的企业名称和固定的生产经营场所；而个体工商户可以不起字号（名称），也可以没有固定的生产经营场所而流动经营。

议一议

你见过哪些以个体工商户形式存在的生产经营主体？明星的工作室属于什么性质的市场主体？

任务二　个人独资企业相关法律制度

导学引思

中职学校毕业后，小李想独立开一家运动用品批发企业，而且他想从一开始就有固定的经营场所和企业名称。目前他对设立什么性质的企业还很模糊，试着帮他出出主意。

依据我国法律，如果企业规模不大，经营产品种类比较少，投资人又想单独出资，就可以选择设立个人独资企业或一人有限公司。那么，我们就先了解设立个人独资企业相关的法律规定。

一、个人独资企业的设立条件及程序

1. 个人独资企业的设立条件

根据《个人独资企业法》第八条，设立个人独资企业应当具备以下 5 个条件。

1）投资人为一个自然人。个人独资企业的投资人必须是一个具有中华人民共和国国籍的自然人，既不包括外国的自然人，也不包括港澳台同胞。根据法律规定，公务员、军人、警察等国家公职人员不得申请设立个人独资企业。

2）有合法的企业名称。企业必须有名称，并应遵守企业名称登记管理规定；一个企业只能使用一个名称；个人独资企业名称中不得使用“公司”“有限”“有限责任”的字样，一般可称作厂、店、中心、工作室、营销部等。

3）有投资人申报的出资。由于个人独资企业的投资人承担的是无限责任，因此法律既没有规定投资人认缴、应缴的出资额，也没有规定出资形式和最低投资限额，只要有投资人申报的出资就可以。

4）有固定的生产经营场所和必要的生产经营条件。

5）有必要的从业人员。即要有与企业生产经营范围、规模相适应的经营管理人员、专业技术人员等。

议一议

通过上述法律知识，我们可以看到设立个人独资企业需要具备一些法律规定的条件。如果小李决定设立个人独资企业作为自己事业的起点，那么他需要办理哪些手续？

2. 个人独资企业的设立程序

在我国，个人独资企业的设立采取直接登记制。根据《个人独资企业法》和《个人独资企业登记管理办法》的相关规定，设立个人独资企业需经过设立申请和工商登记两个程序。

（1）个人独资企业的设立申请

申请设立个人独资企业，应当由投资人或者其委托的代理人向个人独资企业所在地的登记机关提交下列文件：①投资人签署的个人独资企业设立申请书；②投资人身份证明；③企业住所证明；④国务院工商行政管理部门规定提交的其他文件。

个人独资企业不得从事法律、行政法规禁止经营的业务；从事法律、行政法规规定须报经有关部门审批的业务，应当在申请设立登记时提交有关部门的批准文件。

练一练

1. 试着写出表1.1中企业对应的审批机关。

表1.1　相关企业业务对应的审批机关

企业业务	审批机关
食品生产企业	
鞭炮生产企业	
游泳馆	
网吧	
儿童玩具生产企业	

2. 利用网络或其他途径找个人独资企业设立申请书样表，并补充申请书需要载明的事项：

A. 企业的名称和住所，个人独资企业的名称应当与其责任形式及从事的营业相符合。

B. ____________________。

C. 投资人的____________________，个人独资企业投资人以个人财产出资或者以其家庭共有财产作为个人出资的，应当在设立申请书中予以明确。

D. 经营范围及方式。

（2）工商登记

登记机关应当在收到设立申请文件之日起 15 日内，对符合规定条件的，予以登记，发给营业执照；对不符合《个人独资企业法》规定条件的，不予登记，并应当给予书面答复，说明理由。个人独资企业营业执照的签发日期，为个人独资企业成立日期。

议一议

一个企业设立成功后，接下来最重要的问题就是如何进行经营运作和管理。个人独资企业的领导者该如何安排管理一个企业的所有事务？如果小李设立的是个人独资企业，你会在企业事务管理方面向他提出哪些建议？作为个人独资企业的领导者，小李又该如何对待企业的职工？

二、个人独资企业投资人的权利与责任及事务管理

1. 个人独资企业投资人的权利与责任

（1）个人独资企业投资人的权利

1）个人独资企业的投资人对企业财产享有所有权。

2）个人独资企业的投资人对其合法权利可以依法进行转让或继承。

（2）个人独资企业投资人的责任

个人独资企业的投资人以其个人财产对企业债务承担无限责任；如果投资人在申请企业设立登记时明确以其家庭共有财产作为个人出资的，应当依法以家庭共有财产对企业债务承担无限责任。

2. 个人独资企业的事务管理

（1）个人独资企业事务管理的方式

投资人有权自主选择企业事务的管理形式。个人独资企业事务管理主要有 3 种模式。

1）自行管理。自行管理就是由个人独资企业投资人本人对本企业的经营事务直接进行管理。

2）委托管理。委托管理是指由个人独资企业的投资人委托其他具有民事行为能力的人负责企业的事务管理。

3）聘任管理。聘任管理即个人独资企业的投资人聘用其他具有民事行为能力的人负责企业的事务管理。

（2）委托或聘用管理

委托或聘用管理应签订书面合同。对于委托管理，须由投资人与受托人签订书面合同，明确委托的具体内容和授予的权利范围。聘用他人管理企业事务，须由投资人与被聘用的人签订书面合同，明确委托的具体内容和授权范围。

（3）投资人对受托人或被聘用管理人员职权的限制

投资人对受托人或者被聘用管理人员职权的限制，不得对抗善意第三人。

议一议

投资人赵某委托张某管理其个人独资企业“鲜鲜”涮肉坊事务。张某受托管理事务期间，未经赵某同意，先后实施了下列行为：①自行开办一家与“鲜鲜”涮肉坊相竞争的火锅店；②将自家某型号二手车作价60万元出售给“鲜鲜”涮肉坊；③将“鲜鲜”涮肉坊商标权作价1万元转让给他人使用；④将“鲜鲜”涮肉坊某作料配方专利权转让给他人。张某的行为是否符合法律规定？试说明理由。

（4）个人独资企业的财务管理

个人独资企业应当依法设置会计账簿，进行会计核算。

议一议

1. 小李因出国留学将自己的个人独资企业委托陈某管理，并授权陈某在5万元之下的开支和50万元以内的交易自行决定。不久，陈某未经小李同意，擅自与甲公司签订了标的额为100万元的买卖合同，并向乙电视台支付广告费6万元。如果甲公司、乙电视台对此授权均不知情，陈某的上述行为是否有效？试说明理由。

2. 个人独资企业投资人甲聘用乙管理企业事务，同时对乙的职权予以限制：凡是乙对外签订标的额超过1万元的合同，必须经甲同意。某日，乙未经甲同意与善意第三人丙签订了一份标的额为2万元的买卖合同。该买卖合同是否有效？为什么？如因该买卖合同给甲造成财产损失，乙是否承担责任？为什么？

项目二　公司法律制度

我们如果要创业，既可以设立个人独资企业，也可以自行设立一人有限公司，还可以与他人设立有限责任公司和股份有限公司。要设立公司，就必须了解公司法。公司法是规定公司的设立、组织、运营、变更、解散、股东权利与义务和其他公司内部、外部关系的法律规范的总称。公司法的概念有广义、狭义之分。广义的公司法是指规定各种公司的设立、组织、活动、解散，以及公司对内、对外关系的法律规范的总称，包括涉及公司的所有法律、法规，如《中华人民共和国公司法》（以下简称《公司法》）、《中华人民共和国公司登记管理条例》（以下简称《公司登记管理条例》）等。狭义的公司法专指以“公司法”命名的立法文件，在我国专指《公司法》。公司法在调整对象上，主要有公司内部财产关系、公司外部财产关系、公司内部组织管理与协作关系、公司外部组织管理关系等。

项目目标

◎知识目标

1．熟悉公司法关于股东权利的规定。

2．了解有限责任公司和股份有限公司的异同，并了解公司法关于股东诉讼的相关规定。

◎技能目标

能够运用所学法律知识解决公司在设立、组织机构和股东权利维护等方面的简单问题。

任务一　与公司股东有关的法律规定

导学引思

刘某是甲有限责任公司的董事，任职期间多次利用职务之便，指使公司会计将公司资金借贷给其子出资设立的一人公司乙。对此，持有公司股权0.5%的股东王某非常不满，未经公司监事会同意，直接向法院对刘某提起股东代表诉讼。

思考：

1）《公司法》中股东对公司董事、监事、高级管理人员给公司造成损失行为提起诉讼的程序是如何规定的？

2）股东王某仅持有公司股权0.5%，是否有权提起股东代表诉讼？为什么？

3）王某应以谁的名义提起股东代表诉讼？

一、公司股东的权利与义务

1. 股东与股东权利

（1）股东

股东是指通过向公司出资或其他合法途径出资获得公司股权，并对公司享有权利和承担义务的人。股东是公司存在的基础，是公司的核心要素，没有股东，就不可能有公司。

（2）股东权利

股东权利是指公司股东基于股东资格而对公司及其组织机构所享有的权利。记载于股东名册的股东，可以依股东名册主张行使股东权利。

议一议

甲、乙、丙3人拟共同出资20万元设立一家有限责任公司，公司成立后，在其设置的股东名册中记载了甲、乙、丙3人的姓名与出资额等事项，但在公司登记时遗漏了丙，使公司登记的文件中只记载了股东甲、乙二人。丙能否行使股东权利？为什么？

（3）股东权利的内容

《公司法》规定，公司股东依法享有资产收益、参与重大决策和选择管理者等权利，所以股东所拥有的权利可以分为财产权和管理参与权两大类。

1）股东权中的财产权，也可以称为股东自益权，包括：①发给股票或其他股权证明的请求权；②股份转让权；③股息红利分配请求权；④优先认购新股权；⑤公司剩余财产分配权。

2）股东权中的管理参与权，也可以称为股东共益权，包括以下内容。

① 表决权。它是指股东通过亲自出席或者委托代理人出席股东（大）会，对会议决议事项表示同意、弃权和反对的权利。

② 选举权与被选举权。它是指股东有权通过股东（大）会选举公司的董事或者监事，并有权在符合法定任职条件下，被选举为公司的董事或者监事的权利。

③ 知情权。它是指股东有依法获取公司信息的权利。例如，对公司章程和股东会、股东大会会议记录、董事会、监事会会议决议及财务会计报告的查阅和复制权，但股份有限公司股东没有复制权。

④ 建议与质询权。它是指股份有限公司的股东有权对公司的经营提出建议和质询的权利。

⑤ 提议召开和自行召集临时股东（大）会的权利。

⑥ 权利损害后的救济权和股东代表诉讼权。

⑦ 对公司财务的监督检查权，以及会计账簿的查阅权。

议一议

1. 公司的股东将财产投入公司后享有广泛权利。根据公司股东权利的分类，股东请求分配股息和红利属于何种权利？股东查阅股东大会会议记录属于何种权利？

2. 钱某为一家股份有限公司的股东，不参与公司的经营管理。一次钱某请求查阅以下公司文件时遭拒：①公司章程和股东名册；②公司债券存根和财务会计报告；③董事会会议决议和监事会会议决议；④股东大会会议记录。钱某是否有权查阅上述公司文件？试说明理由。

3. 股份有限公司的股东有复制公司章程、董事会会议决议、监事会会议决议和财务会计报告的权利吗？

2. 股东义务

权利与义务总是相对应的，股东在行使权利的同时也要履行一定的义务。例如，查阅或者复制公司相关档案材料发生的合理费用股东应当承担；股东行使知情权后不得泄露公司商业秘密，给公司造成损失的，公司可以对股东提起赔偿请求。根据《公司法》的规定，股东的主要义务包括出资的义务、善意行使股权、不滥用股东权的义务。

1）出资的义务。股东应当按照法律和公司章程的规定，向公司按时足额缴纳出资。

2）善意行使股权、不滥用股东权的义务。《公司法》第二十条规定，公司股东应当遵守法律、行政法规和公司章程，依法行使股东权利，不得滥用股东权利损害公司或者其他股东的利益；不得滥用公司法人独立地位和股东有限责任损害公司债权人的利益；公司股东滥用公司法人独立地位和股东有限责任，逃避债务，严重损害公司债权人利益的，应当对公司债务承担连带责任（即公司人格否认制度）。

3. 股东诉讼

股东诉讼分为股东代表诉讼和股东直接诉讼。前者是为了保护公司的利益和股东共同的利益而进行的诉讼，后者是为了保护个别股东的利益而进行的诉讼。

（1）股东代表诉讼

1）股东对公司董事、监事、高级管理人员给公司造成损失行为提起诉讼的程序。

① 股东通过监事会或监事提起诉讼。公司董事、高级管理人员执行公司职务时违反法律、行政法规或公司章程的规定，给公司造成损失的，有限责任公司的股东、股份有限公司连续180日以上单独或者合计持有公司1%以上股份的股东，可以书面请求监事会或者不设监事会的有限责任公司的监事向人民法院提起诉讼。

② 股东通过董事会或董事提起诉讼。监事执行公司职务时违反法律、行政法规或公司章程的规定，给公司造成损失的，有限责任公司的股东、股份有限公司连续180日以上单独或者合计持有公司1%以上股份的股东，可以书面请求董事会或者不设董事会的有限责任公司的执行董事向人民法院提起诉讼。

③ 股东直接诉讼。监事会、不设监事会的有限责任公司的监事，或者董事会、执行董事收到上述规定的股东书面请求后拒绝提起诉讼，或者自收到请求之日起30日内未提起诉讼，或者情况紧急、不立即提起诉讼将会使公司利益受到难以弥补的损害的，上述规定的股东有权为了公司的利益以自己的名义直接向人民法院提起诉讼。

2）股东对他人给公司造成损失行为提起诉讼的程序。公司的董事、监事、高级管理人员以外的他人侵犯公司合法权益，给公司造成损失的，有限责任公司的股东、股份有限公司连续180日以上单独或者合计持有公司1%以上股份的股东，可以书面请求监事会或者监事、董事会或者执行董事向人民法院提起诉讼，或者直接向人民法院提起诉讼。

（2）股东直接诉讼

股东直接诉讼是指股东对董事、高级管理人员损害股东利益行为提起的诉讼。《公司法》规定，董事、高级管理人员违反法律、行政法规或者公司章程的规定，损害股东利益的，股东可以依法向人民法院提起诉讼。

议一议

郑某为甲有限责任公司总经理，其利用职务便利为其妻为大股东的乙公司谋取本属于甲公司的商业机会，致使甲公司损失30万元。甲公司小股东付某欲通过诉讼程序维护甲公司利益，付某应先书面请求公司的哪一机构对郑某提起诉讼？在书面请求遭到拒绝的情况下，付某是否有权以自己的名义直接向人民法院提起诉讼？为什么？

导学引思

甲为乙有限责任公司执行董事，其在任职期间自行决定将公司资金500万元为丙公司提供担保，获取丙公司给予的好处费5万元；同时，甲担任其妻子开设并与乙公司经营同类业务的丁公司副总经理，共获利100万元。

思考：

1）甲的行为是否违反《公司法》的规定？试说明理由。

2）甲的上述收入是否应当归公司所有？试说明理由。

二、董事、监事、高级管理人员制度

1. 董事、监事、高级管理人员任职资格的限制性规定

根据《公司法》第一百四十六条的规定，有下列情形之一的，不得担任公司的董事、监事、高级管理人员。

1）无民事行为能力或者限制民事行为能力。

2）因贪污、贿赂、侵占财产、挪用财产或者破坏社会主义市场经济秩序，被判处刑罚，执行期满未逾5年，或者因犯罪被剥夺政治权利，执行期满未逾5年。

3）担任破产清算的公司、企业的董事或者厂长、经理，对该公司、企业的破产负有个人责任的，自该公司、企业破产清算完结之日起未逾3年。

4）担任因违法被吊销营业执照、责令关闭的公司、企业的法定代表人，并负有个人责任的，自该公司、企业被吊销营业执照之日起未逾3年。

5）个人所负数额较大的债务到期未清偿。

公司违反上述规定选举、委派董事、监事或者聘任高级管理人员的，该选举、委派或者聘任无效。董事、监事、高级管理人员在任职期间出现上述所列情形的，公司应当解除其职务。

议一议

甲公司2016年6月依法成立，赵某、钱某、孙某、李某等数人为公司董事候选人。其中，赵某，因担任企业负责人犯重大责任事故罪于2009年6月被判处3年有期徒刑，2012年刑满释放；钱某，与他人共同投资设立有限责任公司并担任总经理，因经营管理不善，2014年被宣告破产；孙某，2011年向他人借款50万元，为期2年，至今未还；李某，曾任某出版公司董事长，因指使出版违禁书刊，公司于2014年5月被工商部门吊销营业执照。根据《公司法》的规定，上述4人中谁不得担任公司董事？

2. 董事、监事、高级管理人员的共同义务

1）董事、监事、高级管理人员应当遵守法律、行政法规和公司章程，对公司负有忠实义务和勤勉义务。

2）董事、监事、高级管理人员不得利用职权收受贿赂或者其他非法收入，不得侵占公司的财产。

3）董事、监事、高级管理人员执行公司职务时违反法律、行政法规或者公司章程的规定，给公司造成损失的，应当承担赔偿责任。

4）股东会或者股东大会要求董事、监事、高级管理人员列席会议的，董事、监事、高级管理人员应当列席并接受股东的质询。

3. 董事、高级管理人员的特有义务

根据《公司法》第一百四十八条的规定，董事、高级管理人员不得有下列行为。

1）挪用公司资金。

2）将公司资金以其个人名义或者以其他个人名义开立账户存储。

3）违反公司章程的规定，未经股东会、股东大会或者董事会同意，将公司资金借贷给他人或者以公司财产为他人提供担保。

4）违反公司章程的规定或者未经股东会、股东大会同意，与本公司订立合同或者进行交易。

5）未经股东会或者股东大会同意，利用职务便利为自己或者他人谋取属于公司的商业机会，自营或者为他人经营与所任职公司同类的业务。

6）接受他人与公司交易的佣金归为己有。

7）擅自披露公司秘密。

8）违反对公司忠实义务的其他行为。

董事、高级管理人员应当如实向监事会或者不设监事会的有限责任公司的监事提供有关情况和资料，不得妨碍监事会或者监事行使职权。董事、高级管理人员违反上述规定所得的收入应当归公司所有。

议一议

甲、乙、丙、丁4人为某有限责任公司高级管理人员，任职期间分别从事了下列行为：公司董事

甲将公司资金以其个人名义开立账户存储；公司董事长乙未经股东会、董事会同意，将公司资金 50 万元借贷给他人；公司总经理丙违反公司章程的规定与任职公司订立 100 万元买卖合同；公司监事会主席丁接受他人与任职公司交易佣金 10 万元归为己有。甲、乙、丙、丁的行为是否符合法律规定？为什么？

任务二　有限责任公司和股份有限公司的具体规定

导学引思

从下列各项中找出符合有限责任公司特征的选项：

1）有限责任公司由 50 个以下股东共同出资设立。

2）股东仅以其出资额为限对公司债务承担有限责任。

3）只能采用发起方式设立，不能发行股票。

4）公司设立程序简单，内部机构设置灵活。

一、有限责任公司的具体规定

1. 有限责任公司的概念与特征

（1）有限责任公司的概念

有限责任公司，简称有限公司。《公司法》所称的有限责任公司是指在中国境内设立的，股东以其认缴的出资额为限对公司承担责任，公司以其全部资产为限对公司的债务承担责任的企业法人。根据《公司法》的规定，必须在公司名称中标明“有限责任公司”或者“有限公司”字样。

（2）有限责任公司的特征

有限责任公司是一种人合兼具资合性质的公司，其法律特征如下。

1）有限责任公司的股东人数，有最高人数的限制。《公司法》规定，有限责任公司由 50 个以下股东共同出资设立。

2）有限责任公司的股东，仅以其出资额为限对公司债务承担有限责任。

3）有限责任公司采用发起方式设立，不能公开募集股份，不能发行股票，一般适合于中小规模企业。

4）有限责任公司是将人合公司与资合公司的优点综合起来的公司形式，是我国企业实行公司制最重要的一种组织形式。

5）公司设立程序简单，内部机构设置灵活。

议一议

甲、乙、丙约定各自出资 100 万元设立丁有限责任公司。公司设立时，甲、乙均以现金出资到位，丙以价值 60 万元的房屋一栋谎称 100 万元骗得验资。后丁公司债权人戊发现丁公司注册资本不实。丙欠缴丁公司的 40 万元应如何处理？

2. 有限责任公司的设立

（1）设立条件

设立有限责任公司，应当具备下列条件。

1）股东符合法定人数。《公司法》规定，有限责任公司的股东为50人以下。其中，一人有限责任公司和国有独资公司的股东只有一人。

2）有符合公司章程规定的全体股东认缴（而非实缴）的出资额。

3）股东共同制定公司章程。设立有限责任公司必须由股东共同依法制定公司章程，一人有限公司的章程由股东制定。公司章程制定之后，股东应当在公司章程上签名、盖章。有限责任公司的章程应当载明下列事项：①公司名称和住所；②公司经营范围；③公司注册资本；④股东的姓名或者名称；⑤股东的出资方式、出资额和出资时间；⑥公司的机构及其产生办法、职权、议事规则；⑦公司法定代表人；⑧股东会会议认为需要规定的其他事项。

4）有公司名称，建立符合有限责任公司要求的组织机构。有限责任公司必须在公司名称中标明“有限责任公司”或者“有限公司”字样。

5）有公司住所。公司以其主要办事机构所在地为住所。经公司登记机关登记的公司住所只能有一个。

（2）设立程序

有限责任公司只能采用发起设立方式。发起设立是指由发起人认购公司应发行的全部股份而设立公司。有限责任公司的设立程序包括7个环节。

1）签订发起人协议。发起人协议是指发起人之间就设立公司事项所达成的明确彼此权利义务关系的书面协议。发起人协议在法律上被视为合伙协议，具有法律效力，发起人之间互负连带责任。

2）订立公司章程。

3）特殊情形下的行政审批。公司的设立一般实行准则主义，即只要符合《公司法》规定的设立条件，无须行政机关审批，就可以在工商行政管理机关注册登记而成立。

议一议

商业银行、保险公司、证券公司和一人公司都是我国常见的公司形式。其中，哪些公司在设立时除依法办理相关登记手续外，还需经有关国家机关审批才能成立？

4）发起人缴纳出资。

① 发起人可以用货币出资，也可以用实物、知识产权、土地使用权等；可以用货币估价并可以依法转让的非货币财产作价出资。但是，法律、行政法规规定不得作为出资的财产除外。

② 股东不得以劳务、信用、自然人姓名、商誉、特许经营权或者设定担保的财产等作价出资。公司成立后，股东不得抽逃出资。

③ 对作为出资的非货币财产应当评估作价，核实财产，不得高估或者低估作价。

④ 股东应当按期足额缴纳公司章程中规定的各自所认缴的出资额。股东以货币出资的，应当将货币出资足额存入有限责任公司在银行开设的账户；以非货币财产出资的，应当依法办理其财产权的转移手续。

⑤ 股东不按照上述规定缴纳出资的，除应当向公司足额缴纳外，还应当向已按期足额缴纳出资的股东承担违约责任。

⑥ 有限责任公司成立后，发现作为设立公司出资的非货币财产的实际价额显著低于公司章程所定价额的，应当由交付该出资的股东补足其差额；公司设立时的其他股东承担连带责任。

5）法定验资机构验资。股东缴纳出资后，可以依据公司章程的规定，经依法设立的验资机构验资并出具证明。

6）申请设立登记。股东的首次出资经依法设立的验资机构验资后，由全体股东指定的代表或者共同委托的代理人向公司登记机关报送公司登记申请书、公司章程、验资证明等文件，申请设立登记。

7）领取营业执照。依法设立的公司，由公司登记机关发给公司营业执照。公司营业执照签发日期为公司成立日期。公司营业执照应当载明公司的注册资本、经营范围等事项。

议一议

甲、乙、丙 3 人组建丁有限责任公司，公司章程关于股东出资规定如下：①公司注册资本为 200 万元；②甲以特许经营权出资作价 70 万元；③乙以劳务、信用作价 50 万元出资；④丙以现金 80 万元出资。公司章程中关于股东出资的规定是否符合法律要求？试说明理由。

3. 有限责任公司的组织机构

根据《公司法》的规定，一般的有限责任公司，其组织机构为股东会、董事会和监事会；股东人数较少和规模较小的有限责任公司，其组织机构为股东会、执行董事和监事。

（1）股东会

1）股东会的性质和组成。股东会是有限责任公司的权力机关。除《公司法》有特别规定的以外，有限责任公司必须设立股东会。但股东会不是常设的公司机构，而仅以会议形式存在，只有在召开股东会会议时，股东会才作为公司机关存在。股东会由全体股东组成。

2）股东会的职权。股东会作为有限责任公司的权力机关，行使下列 11 项职权：①决定公司的经营方针和投资计划；②选举和更换非由职工代表担任的董事、监事，决定有关董事的报酬事项；③审议批准董事会的报告；④审议批准监事会或者监事的报告；⑤审议批准公司的年度财务预算方案、决算方案；⑥审议批准公司的利润分配方案和弥补亏损方案；⑦对公司增加或者减少注册资本作出决议；⑧对发行公司债券作出决议；⑨对公司合并、分立、解散、清算或变更公司形式作出决议；⑩修改公司章程；⑪公司章程规定的其他职权。

3）股东会的召开。

① 股东会分为定期会议和临时会议两种。定期会议的召开时间由公司章程规定，一般每年召开一次。临时会议可经代表 1/10 以上表决权的股东、1/3 以上的董事、监事会或不设监事会的监事提议而召开。

② 股东会的首次会议由出资最多的股东召集和主持。以后的股东会，凡设立董事会的，股东会会议由董事会召集，董事长主持。有限责任公司不设董事会的，股东会会议由执行董事召集和主持。董事会或者执行董事不能履行或者不履行召集股东会会议职责的，由监事会或者不设监事会的公司的监事召集和主持；监事会或者监事不召集和主持的，代表 1/10 以上表决权的股东可以自行召集和主持。

③ 召开股东会会议，应当于会议召开 15 日以前通知全体股东。该通知应写明股东会会议召开的日期、时间、地点和目的。

4）股东会决议。有限责任公司股东会可依职权对所议事项作出决议。一般情况下，股东会会议作出决议时，采取"资本多数决"原则，即由股东按照出资比例行使表决权。但公司章程可以对股东会决议的做出方式另行予以规定，而不按出资比例行使表决权。

股东会的议事方式和表决程序，除《公司法》有规定的之外，由公司章程规定。但下列事项必须经代表 2/3 以上表决权的股东通过：①修改公司章程；②公司增加或者减少注册资本；③公司分立、合并、解散或者变更公司形式。

议一议

B 有限责任公司有股东 4 人，公司成立 3 年后，决定增加注册资本 300 万元。关于公司增加注册资本的决议，4 位股东有不同的观点：①股东甲认为该项决议需经全体股东一致通过；②股东乙认为该项决议需经 2/3 以上股东通过；③股东丙认为该项决议需经全体股东过半数通过；④股东丁认为该项决议需经代表 2/3 以上表决权的股东通过。哪位股东的观点是正确的？试说明理由。

（2）董事会

1）董事会的性质及其组成。

① 董事会的性质。董事会是有限责任公司的业务执行机关，享有业务执行权和日常经营的决策权。它是一般有限责任公司的必设机关和常设机关，股东人数较少或公司规模较小的有限责任公司可以不设董事会，由执行董事行使董事会职权。董事会对股东会负责。

② 董事会的组成。董事会由董事组成，其成员为 3～13 人。董事的任期由公司章程规定，但每届任期不得超过 3 年。董事任期届满时，连选可以连任，并无任职届数的限制。董事在任期届满前，股东会不得无故解除其职务。

2）董事会的职权。

《公司法》第四十六条规定，有限责任公司的董事会行使下列职权：召集股东会会议，并向股东会报告工作；执行股东会的决议；决定公司的经营计划和投资方案；制订公司的年度财务预算方案、决算方案；制订公司的利润分配方案和弥补亏损方案；制订公司增加或者减少注册资本以及发行公司债券的方案；制订公司合并、分立、解散或者变更公司形式的方案；决定公司内部管理机构的设置；决定聘任或者解聘公司经理及其报酬事项，并根据经理的提名决定聘任或者解聘公司副经理、财务负责人及其报酬事项；制定公司的基本管理制度；公司章程规定的其他职权。

议一议

D有限责任公司共有股东4人，股东赵某为公司执行董事，公司章程没有特别规定。任期内，赵某个人先后就公司的投资计划、解聘公司总经理、公司的利润分配方案做出决定。赵某的这些决定是否合法？试说明理由。

3）董事会的召开。

① 董事会会议由董事长召集和主持。董事长不能履行职务或者不履行职务的，由副董事长召集和主持；副董事长不能履行职务或者不履行职务的，由半数以上董事共同推举一名董事召集和主持。

② 董事会应当对所议事项的决定做成会议记录，出席会议的董事应当在会议记录上签名。

③ 董事会决议的表决与股东会不同，不按照“资本多数决”，而实行一人一票制。

4）董事长。有限责任公司董事会设董事长一人，可以设副董事长。董事长、副董事长的产生办法由公司章程规定。董事长可以是公司的法定代表人。

根据《公司法》的规定，股东人数较少和规模较小的有限责任公司，不设董事会，可以设一名执行董事。执行董事相当于一般有限责任公司董事长的身份，可以是公司的法定代表人。

议一议

孙某为某电器有限责任公司董事长，履职期间先后行使了下列职权：①制订公司合并、分立、解散或者变更公司形式的方案；②决定公司内部管理机构的设置；③决定聘任或者解聘公司经理及其报酬事项；④设立分公司时，向公司登记机关申清登记，领取营业执照。孙某的哪些行为不具有法律效力？

练一练

关于有限公司董事会的规定，下列表述错误的请改正：

1）董事会是有限责任公司的业务执行机关，享有日常经营决策权。

2）股东人数较少或公司规模较小的有限责任公司可以不设董事会。

3）董事的任期由公司章程规定，但每届任期不得超过5年。

（3）经理

有限责任公司的经理是负责公司日常经营管理工作的高级管理人员。《公司法》规定，有限责任公司可以设经理，由董事会聘任或者解聘，经理对董事会负责。经理可以作为公司的法定代表人。有限责任公司经理负责公司的日常经营管理工作，行使下列职权：主持公司的生产经营管理工作，组织实施董事会决议；组织实施公司午度经营计划和投资方案；拟订公司内部管理机构设置方案；拟订公司的基本管理制度；制定公司的具体规章；提请聘任或者解聘公司副经理、财务负责人；决定聘任或者解聘除应由董事会决定聘任或者解聘以外的其他负责管理人员；董事会授予的其他职权。公司章程如果对经理职权有规定的，依其规定。

议一议

李某为某服饰有限责任公司总经理，李某可以作为公司的法定代表人吗？他有权制订公司分立、合并方案吗？试说明理由。

（4）监事会

1）监事会的性质及其组成。

① 监事会的性质。监事会为经营规模较大的有限责任公司的常设监督机关，专司监督职能。监事会对股东会负责，并向其报告工作。

② 监事会的组成。监事会由监事组成，其成员不得少于 3 人。监事会应当包括股东代表和适当比例的公司职工代表，其中职工代表的比例不得低于 1/3，具体比例由公司章程规定。监事会中的股东代表由股东会选举产生；监事会中的职工代表由职工民主选举产生；监事会应在其组成人员中推选一名召集人。监事的任期是法定的，每届为 3 年。监事任期届满，连选可以连任。

③ 股东人数较少和规模较小的有限责任公司，不设立监事会，可以设 1 至 2 名监事，行使监事会的职权。公司董事、高级管理人员不得兼任监事。

2）监事会的职权。根据《公司法》第五十三条的规定，监事会行使下列职权：检查公司财务；对董事、高级管理人员执行公司职务的行为进行监督，对违反法律、行政法规、公司章程或者股东会决议的董事、高级管理人员提出罢免的建议；当董事、高级管理人员的行为损害公司的利益时，要求董事、高级管理人员予以纠正；提议召开临时股东会会议，在董事会不履行《公司法》规定的召集和主持股东会会议职责时召集和主持股东会会议；向股东会会议提出提案；根据《公司法》第一百五十一条的规定对董事、高级管理人员提起诉讼；公司章程规定的其他职权。

监事会、不设监事会的公司的监事行使职权所必需的费用由公司承担。监事有权列席董事会会议，并对董事会决议事项提出质询或者建议。

议一议

甲学生说："通过学习《公司法》，我可以肯定地说，有限责任公司中的股东会、董事会、监事会均非必设机构。"甲学生的话有无道理？试说明理由。

4. 有限责任公司的股权转让

（1）股权转让的概念

股权转让是指有限责任公司的股东依照一定程序将自己持有的股权让与受让人，受让人取得该股权而成为公司股东或增加持有公司的出资额。

(2) 股权转让的限制

有限责任公司的股权转让，公司章程有规定的依其规定。公司章程没有规定的，依照下列法律规定。

1）股东之间的股权自由转让。有限责任公司的股东之间可以相互转让其全部或者部分股权。

2）股东向股东以外的人转让股权的限制。

① 股东向股东以外的人转让股权，应当经其他股东过半数同意。股东应就其股权转让事项书面通知其他股东征求同意，其他股东自接到书面通知之日起满30日未答复的，视为同意转让。其他股东半数以上不同意转让的，不同意的股东应当购买该转让的股权；不购买的，视为同意转让。

② 经股东同意转让的股权，在同等条件下，其他股东有优先购买权。两个以上股东主张行使优先购买权的，协商确定各自的购买比例；协商不成的，按照转让时各自的出资比例行使优先购买权。

3）人民法院强制执行的股权转让。人民法院依照法律规定的强制执行程序转让股东的股权时，应当通知公司及全体股东，其他股东在同等条件下有优先购买权。其他股东自人民法院通知之日起满20日不行使优先购买权的，视为放弃优先购买权。

4）自然人股东死亡后，其合法继承人可以继承股东资格；但是，公司章程另有规定的除外。

议一议

某有限责任公司有甲、乙、丙、丁4位股东。现甲欲把自己持有股份的50%转让给乙，丙想把自己持有的全部股份转让给戊而退出公司。甲向乙转让股份是否需要书面征得丙、丁的同意？丙向戊转让股份，甲、乙、丁是否享有优先购买权？试说明理由。

练一练

阅读《最高人民法院关于适用〈公司法〉若干问题的规定（四）》，指出下列关于有限责任公司股权转让的表述正确的条目，并说明表述不得当之处。

1）有限责任公司的股权转让，公司章程有规定的依其规定。

2）人民法院依照法律规定的强制执行程序转让股东的股权时，应当通知公司及全体股东，其他股东在同等条件下有优先购买权。

3）除公司章程另有规定外，自然人股东死亡后，其合法继承人可以继承股东资格。

4）要转让股权的股东应当以书面或者其他能够确认收悉的合理方式，将转让股权的同等条件通知其他股东；股东优先购买权的行使期限，只按照章程转让股东通知期限确定；判断“同等条件”应当考虑的主要因素，包括转让股权的数量、价格、支付方式及期限等。

(3) 股权转让的程序

股权转让后，公司应当注销原股东的出资证明书，向新股东签发出资证明书，并相应修改公司章程和股东名册中有关股东及其出资额的记载。对公司章程的该项修改不需再由股东会表决。

议一议

1. 周某向钱某转让其持有的某有限责任公司的全部股权，并签署了股权转让协议。在公司变更股东名册前，钱某能否成为公司股东？试说明理由。

2. 甲、乙、丙是某有限责任公司股东，各占52%、22%和26%的股份。乙欲对外转让其所拥有的股权，丙表示同意，甲表示反对，但又拒绝购买。乙便与丁签订了股权转让协议，约定丁一次性将股权转让款支付给乙。此时甲愿意以相同价格购买，但要求分期付款。甲能否行使优先购买权？乙与丁之间的股份转让协议是否有效？为什么？丁何时能成为该公司的股东？

（4）股东的股权回购请求权

股东的股权回购请求权是指有限责任公司股东在法定条件下，可以请求公司按照合理价格收购其股权。《公司法》第七十四条规定，有下列情形之一的，对股东会该项决议投反对票的股东可以请求公司按照合理的价格收购其股权。

1）公司连续5年不向股东分配利润，而公司该5年连续盈利，并且符合《公司法》规定的分配利润条件的。

2）公司合并、分立、转让主要财产的。

3）公司章程规定的营业期限届满或者章程规定的其他解散事由出现，股东会会议通过决议修改章程使公司存续的。

自股东会会议决议通过之日起60日内，股东与公司不能达成股权收购协议的，股东可以自股东会会议决议通过之日起90日内向人民法院提起诉讼。

5. 有限责任公司分公司与子公司的设立

1）有限责任公司分公司的设立。有限责任公司可以设立分公司，分公司不具有独立的财产和法人资格。但分公司可以依法从事生产经营活动，其民事责任由设立该分公司的总公司承担。

2）有限责任公司子公司的设立。有限责任公司可以设立子公司。子公司具有法人资格，依法独立承担民事责任。

议一议

某有限责任公司是一家经营电器批发的企业，注册资本100万元。近年来，由于市场不景气，公司资本总额与其实有资产悬殊。2017年4月，该有限责任公司决定减少注册资本。5月，股东会以代表1/2以上表决权的股东通过决议，将公司注册资本减至人民币40万元；公司自做出减少注册资本决议之日就向公司登记机关办理变更登记。依据《公司法》，该有限责任公司在减少注册资本的过程中存在哪些问题？

导学引思

学习股份有限公司的相关知识，简要回答以下问题并制作股份有限公司和有限责任公司对比表。

1）股份有限公司的设立条件有哪些？

2）股份有限公司设立失败的，发起人应承担哪些责任？

3）我国法律对公司股票转让有哪些限制性规定？

4）股份有限公司与有限责任公司有何异同？

二、股份有限公司的具体规定

1. 股份有限公司的设立

（1）股份有限公司的设立条件

根据《公司法》第七十六条的规定，设立股份有限公司，应当具备下列条件。

1）发起人符合法定人数。设立股份有限公司，应当有2人以上200人以下为发起人，其中须有半数以上的发起人在中国境内有住所。

2）有符合公司章程规定的全体发起人认购的股本总额或者募集的实收股本总额。

3）股份发行、筹办事项符合法律规定。

4）发起人制定公司章程，采用募集方式设立的经创立大会通过。

5）有公司名称，建立符合股份有限公司要求的组织机构。

6）有公司住所。

议一议

甲、乙、丙、丁、戊5人拟募集设立注册资本为5 000万元的股份公司。A、B、C、D 4名学生在讨论时提出下列观点：A认为，5人之中须有3人以上在中国境内有住所；B认为，5名发起人认购的股份票面金额不得少于1 750万元；C认为，发起人制定的公司章程需经创立大会通过；D认为，此股份公司的注册资本为在公司登记机关登记的实收股本总额。上述4名学生的观点是否符合《公司法》规定？试说明理由。

（2）股份有限公司的设立方式

根据《公司法》的规定，股份有限公司既可以采取发起设立方式设立，也可以采取募集设立方式设立。

1）发起设立。发起设立是指由发起人认购应发行的全部股份设立公司。在发起设立方式下，发起人认购全部出资后，按照公司章程的规定缴纳出资额。

2）募集设立。募集设立是指由发起人认购应发行股份的一部分，其余股份向社会公开募集或向特定对象募集而设立公司。在募集设立方式下，发起人及认购人应当一次性缴纳出资额。

议一议

股份有限公司的发起设立方式与募集设立方式在程序上有哪些区别？

（3）股份有限公司的设立程序

1）签订发起人协议。该协议包括各发起人的基本情况、认缴股份数额、认购股份方式等内容。

2）依法报经有关部门批准。除法律、行政法规有特别规定的以外，设立股份公司不需要经过特别批准，可以直接向公司登记机关注册登记。

3）申请名称预先核准，发起人制定公司章程。

4）认购股份。以发起设立方式设立股份有限公司的，发起人应当书面认足公司章程规定其认购的股份，并按照公司章程规定缴纳出资。以非货币财产出资的，应当依法办理其财产权的转移手续。发起人不依照法律规定缴纳出资的，应当按照发起人协议承担违约责任。

以募集方式设立股份有限公司的，需经过下列程序：①需经国务院证券监督管理机构批准；②公开信息，发布招股说明书和财务会计报告；③由证券经营机构承销股票；④同银行签订代收股款协议；⑤认购人缴纳股款并获得缴款证明；⑥验资机构验资等。

发起人、认股人缴纳股款或者交付抵作股款的出资后，除未按期募足股份、发起人未按期召开创立大会或者创立大会决议不设立公司的情形外，不得抽回其股本。

议一议

甲公司是以发起设立方式设立股份有限公司的，那么甲公司是否必须经过验资机构验资程序？试说明理由。

5）选举董事会和监事会。董事会应于创立大会结束后 30 日内，依法向公司登记机关申请设立登记。

6）发行股票。股份有限公司成立后，才可以向股东正式交付股票。公司向发起人、法人发行的股票为记名股票。公司发行记名股票的应置备股东名册，并记载下列事项：①股东的姓名或名称及住所；②各股东所持股份数；③各股东所持股票的编号；④各股东取得股份的日期。

股份有限公司发行无记名股票的，公司应当记载其股票的数量、编号及发行日期。

7）公告。公告登记的内容应当与登记机关核准登记的内容一致。

议一议

甲、乙两公司拟募集设立丙股份有限公司，在获准向社会募股后实施了下列行为：①在丙股份有限公司认股书上载明认股人，一旦认购股份则不得撤回；②与丙银行签订承销股份和代收股款协议，由丙银行承销股份和代收股款；③在招股说明书上告知公司章程由认股人在创立大会后共同制定，并于股款募足后的60日内召开创立大会。上述哪些行为是违法的？

（4）设立股份有限公司失败的法律后果

公司不能成立时，对设立行为所产生的债务和费用负连带责任。部分发起人依照相关规定承担责任后，请求其他发起人分担的，人民法院应当判令其他发起人按照约定的责任承担比例分担责任；没有约定责任承担比例的，按照约定的出资比例分担责任；没有约定出资比例的，按照均等份额分担责任。

在公司设立过程中，由于发起人的过失致使公司利益受到损害的，应当对公司承担赔偿责任。

2. 股份有限公司的组织机构

股份有限公司的组织机构包括股东大会、董事会、监事会及高级管理人员。其中的高级管理人员，包括公司的经理、副经理、财务负责人、上市公司董事会秘书和公司章程规定的其他人员。

（1）股东大会

1）股东大会的职权。根据《公司法》第三十七条的规定，股份有限公司的股东大会行使的职权与有限责任公司股东会职权相同。

2）股东大会会议形式。股东大会分为年会和临时大会。股东大会应当每年召开一次年会。有下列情形之一的，应当在两个月内召开临时股东大会：董事人数不足《公司法》规定人数或者公司章程所定人数的2/3时；公司未弥补的亏损达实收股本总额1/3时；单独或者合计持有公司10%以上股份的股东请求时；董事会认为必要时；监事会提议召开时；公司章程规定的其他情形。

3）股东大会会议表决和决议事项。

① 股东出席股东大会会议，所持每一股份有一表决权。

② 股东大会决议的事项分为普通事项和特别事项两类。股东大会对普通事项作出决议，必须经出席会议的股东所持表决权过半数通过；股东大会对修改公司章程、增加或者减少注册资本，以及公司合并、分立、解散或者变更公司形式等特别事项作出决议，必须经出席会议的股东所持表决权的2/3以上通过。

4）累积投票制。股东大会选举董事、监事，可以依照公司章程的规定或者股东大会的决议，实行累积投票制。

累积投票制是指股东大会选举董事或者监事时，每一股份拥有与应选董事或者监事人数相同的表决权，股东拥有的表决权可以集中使用。例如，某公司应选9名董事，那么股东持有的一股就不再是一票，而是一股可以投9票，而且股东拥有的多个表决权可以集中使用。

议一议

累积投票制除适用于在股东大会上选举董事、监事外，在其他场合的表决是否适用？试说明理由。

（2）董事会

1）董事会的概念。董事会是指依法由股东大会选举产生的董事组成，代表公司并行使经营决策权的常设机关。

2）董事会成员的组成。股份有限公司设董事会，其成员为5～19人。董事由股东大会选举产生，对股东大会负责并履行董事义务。

3）董事的任期。董事的任期由公司章程规定，但每届任期不得超过 3 年。《公司法》关于有限责任公司董事任期的规定，适用于股份有限公司董事。

4）董事会的职权。董事会对股东大会负责。《公司法》关于有限责任公司董事会职权的规定，适用于股份有限公司董事会。

5）董事会的机构设置。董事会设董事长一人，可以设副董事长。董事长和副董事长由董事会以全体董事的过半数选举产生。董事长召集和主持董事会会议，检查董事会决议的实施情况。副董事长协助董事长工作，董事长不能履行职务或者不履行职务的，由副董事长履行职务；副董事长不能履行职务或者不履行职务的，由半数以上董事共同推举一名董事履行职务。

6）董事会会议的召集。

① 董事会每年度至少召开两次会议，每次会议应当于会议召开 10 日前通知全体董事和监事。代表 1/10 以上表决权的股东、1/3 以上董事或者监事会，可以提议召开董事会临时会议。董事长应当自接到提议后 10 日内，召集和主持董事会会议。

② 董事会会议应有过半数的董事出席方可举行。董事会作出决议，必须经全体董事的过半数通过。董事会决议的表决，实行一人一票。

议一议

1. 甲股份有限公司由 12 名董事组成，某次会议共有 9 名董事参会，其通过决议的最少人数是多少？

2. 乙股份有限公司董事会成员共计 9 人，董事会于 2016 年 6 月召开临时会议，董事长甲及董事乙、丙、丁、戊出席。董事会表决之前，丁因意见与众人不和，中途退席。经在座董事一致通过作出明年投资计划决议。本次董事会的决议是否有效？试说明理由。

（3）经理

1）经理的概念。经理是指由董事会聘任，负责公司日常经营管理活动的公司常设业务执行机关。

2）经理的职权。股份有限公司设经理，由董事会决定聘任或者解聘。公司董事会可以决定由董事会成员兼任经理。《公司法》关于有限责任公司经理职权的规定，适用于股份有限公司经理。

（4）监事会

1）监事会的概念。监事会是由依法产生的监事组成，对董事和经理的经营管理行为及公司财务进行监督的常设机构。它代表全体股东对公司经营管理情况进行监督，是公司的监督机构。

2）监事会成员的组成。股份有限公司设监事会，其成员不得少于 3 人。监事会应当包括股东代表和适当比例的公司职工代表，其中职工代表的比例不得低于 1/3，具体比例由公司章程规定。监事会中的职工代表由公司职工通过职工代表大会、职工大会或者其他形式民主选举产生。

3）监事会的机构设置。监事会设主席一人，可以设副主席。监事会主席和副主席由全体监事过半数选举产生。

4）监事会职权及监事的任期。《公司法》关于有限责任公司监事会职权和监事任期的规定，适用于股份有限公司的监事会和监事。监事会行使职权所必需的费用，由公司承担。

3. 股份有限公司的股份发行和转让

（1）股票的概念

股份有限公司的最大特点就是公司的资本划分为股份，每一股的金额相等。公司的股份采取股票的形式。股票是公司签发的证明股东所持股份的凭证。

（2）股票的常见分类

股票依据不同的分类方法，可以分为不同种类。股票主要有以下几种分类。

1）依据股东权利义务的不同，股票可以分为普通股与优先股。

① 普通股。普通股就是代表一般股权的股份，每一股有一个投票权，按持股比例分享收益。普通股的股东有权参加或派代表参加股东大会，讨论公司重大事宜，并享有投票选举权、收益分配权、资产分配权、优先认股权（如果公司增发新股）。在我国，上海证券交易所与深圳证券交易所上市的股票都是普通股。

② 优先股。优先股是相对于普通股而言享有优先权的股份。优先股的股东在利润和资产分配时有优先权，相应的，优先股在公司经营管理上就不再享有表决权。

2）按照票面上是否记载股东的姓名或名称，股票可以分为记名股票和无记名股票。

① 记名股票。它是指在股东名册上登记有持有人的姓名或名称及住址，并在股票上也注明持有人姓名或名称的股票。公司向发起人、法人发行的股票，应当为记名股票，并应当记载该发起人、法人的名称或者姓名，不得另立户名或者以代表人姓名记名。

② 无记名股票。它是指股票票面不记载股东姓名的股票。发行无记名股票的，公司应当记载其股票数量、编号及发行日期。

3）按照投资者是以人民币还是以外币认购和买卖股票，股票可以分为内资股和外资股。

① 内资股。内资股一般是由境内人士或机构以人民币认购和买卖的股票，如在我国上市的A股。

② 外资股。外资股一般是以外币认购和买卖的股票，如在我国内地上市的 B 股、在香港上市的H股，在美国纽约上市的N股，在新加坡上市的S股等。

（3）股票的发行

股份的发行应遵循公平、公正的原则，同种类的每一股份应当具有同等权利。股票发行价格可以按票面金额，也可以超过票面金额，但不得低于票面金额。公司发行新股，可以根据公司经营情况和财务状况，确定其作价方案。

议一议

丙股份公司是一家上市公司，拟以增发股票方式从市场融资。公司董事会在讨论新股发行价格时，董事甲认为，目前股市行情低迷，应以低于票面金额的价格发行，以便快速融资；董事乙认为，现公司股票市场价格 10 元，可在高于票面金额低于 10 元之间定价，利于投资者接受；董事丙认为，高于票面金额发行股票可以增加公司的资本公积金，故应溢价发行。甲、乙、丙 3 人谁的意见是正确的？试说明理由。

（4）股票的转让

1）转让场所的限制。股东持有的股份可以依法转让。股东转让其股份，应当在依法设立的证券交易场所进行或者按照国务院规定的其他方式进行。

2）发起人转让股票的限制。发起人持有的本公司股份，自公司成立之日起 1 年内不得转让。公司公开发行股份前已发行的股份，自公司股票在证券交易所上市交易之日起 1 年内不得转让。

3）董事、监事、高级管理人员转让股票的限制。公司董事、监事、高级管理人员应当向公司申报所持有的本公司的股份及其变动情况，在任职期间每年转让的股份不得超过其所持有本公司股份总数的 25%；所持本公司股份自公司股票上市交易之日起 1 年内不得转让。上述人员离职后半年内，不得转让其所持有的本公司股份。公司章程可以对公司董事、监事、高级管理人员转让其所持有的本公司股份做出其他限制性规定。

知识拓展：股份有限公司与有限责任公司的异同及公司股票与债券的异同

任务三　公司其他相关制度

导学引思

甲、乙等 6 名股东各出资 10 万元于 2011 年 2 月设立一家有限责任公司，5 年来公司效益一直不错，但为了扩大再生产一直未向股东分配利润。2016 年，股东会上乙提议进行利润分配，但股东会仍然做出不分配利润的决议。

思考：

1）何谓股东的股权回购请求权？丙是否享有该项权利？为什么？

2）股东会的决议是否有效？为什么？

一、公司的财务会计

1. 公司财务会计制度

（1）公司财务会计的概念

公司财务会计是指在会计法规、会计原则或者会计制度的指导下，以货币为主要计量形式，对公司的整个财务活动和经营状况进行记账、算账、报账，为公司的管理者和其他利害关系人定期提供公司财务信息的活动。

（2）相关法律规定

《公司法》规定，公司应当依照法律、行政法规和国务院财政部门的规定建立本公司的财务、会计制度。

2. 公司财务会计报告

（1）公司财务会计报告的编制与审计

1）公司应当在每一会计年度终了时编制财务会计报告，并依法经会计师事务所审计。财务会计报告应当依照法律、行政法规和国务院财政部门的规定制作。

2）公司财务会计报告由董事会负责编制，并对其真实性、完整性和准确性负责。公司除法定的会计账簿外，不得另立会计账簿。

3）对财务会计报告的审查验证。

① 公司应当依法聘用会计师事务所对财务会计报告审查验证。

② 公司聘用、解聘承办公司审计业务的会计师事务所，依照公司章程的规定，由股东会、股东大会或者董事会决定。

③ 公司应当向聘用的会计师事务所提供真实、完整的会计凭证、会计账簿、财务会计报告及其他会计资料，不得拒绝、隐匿、谎报。

（2）公司财务会计报告的主要内容

公司财务会计报告包括资产负债表、利润表、现金流量表和附注。

（3）公司财务会计报告的公示

1）有限责任公司应当依照公司章程规定的期限将财务会计报告送交各股东。

2）股份有限公司的财务会计报告应当在召开股东大会年会的 20 日前置备于本公司，供股东查阅。

3）公开发行股票的股份有限公司必须公告其财务会计报告。

3. 公司的利润分配

（1）公司利润的分配顺序

根据《公司法》及有关规定，公司应当按照下列顺序进行利润分配。

1）弥补以前年度的亏损，但不得超过税法规定的 5 年弥补期限。

2）缴纳所得税。

3）弥补在税前利润弥补亏损之后仍存在的亏损。

4）提取法定公积金。

5）提取任意公积金。

6）向股东分配利润。

议一议

有的股东认为，公司在弥补以前年度的亏损和缴纳企业所得税后，应当优先向股东分配利润。这种说法正确吗？试说明理由。

（2）公司利润的分配办法

1）有限责任公司按照股东实缴的出资比例分配，但全体股东约定不按照出资比例分配的除外。

2）股份有限公司按照股东持有的股份比例分配，但股份有限公司章程规定不按持股比例分配的除外。

4. 公积金

（1）公积金的概念

公积金是公司在资本之外所保留的资金金额，又称为附加资本或准备金。公积金制度是各国公司法通常采用的一种强制性制度。

（2）公积金的分类

公积金分为盈余公积金和资本公积金两类。

1）盈余公积金是从公司税后利润中提取的公积金，分为法定盈余公积金和任意盈余公积金。

① 法定盈余公积金。公司分配当年税后利润时，应当提取利润的10%列入公司法定盈余公积金。公司法定盈余公积金累计额为公司注册资本的50%以上的，可以不再提取。

② 任意盈余公积金。公司从税后利润中提取法定盈余公积金后，经股东会或者股东大会决议，还可以从税后利润中提取任意盈余公积金。

2）资本公积金是直接由资本原因形成的公积金。股份有限公司以超过股票票面金额的发行价格发行股份所得的溢价款及国务院财政部门规定列入资本公积金的其他收入，应当列为公司资本公积金。

议一议

甲股份有限公司2017年6月溢价发行股票1亿股，共所得溢价款4亿元。如果你是该公司的会计，对于该溢价款你会采用何种会计处理方式？

（3）公积金的主要用途

1）弥补公司亏损。资本公积金不得用于弥补公司的亏损。

2）扩大公司生产经营规模。

3）转增公司资本。对任意盈余公积金转增公司资本的，法律没有限制。但是用法定盈余公积金转增公司资本的，所留存的该项公积金不得少于转增前公司注册资本的25%。

练一练

甲公司注册资本100万元。2016年，该公司提取的法定盈余公积金累计额为60万元，提取的任意盈余公积金累计额为40万元。当年，该公司拟用公积金转增公司资本50万元。甲公司可以使用多少法定盈余公积金转增公司资本？

二、一人有限责任公司相关规定

1. 一人有限公司的概念与特征

一人有限责任公司是指只有一个自然人股东或者一个法人股东的有限责任公司。

2. 一人有限责任公司的特别规定

《公司法》对一人有限公司的设立和组织机构专门用一节做了特殊规定，以加强对其监管。特殊规定以外的问题，则适用对有限责任公司的一般规定。

（1）股东的特别规定

一个自然人只能投资设立一个一人有限责任公司。该一人有限责任公司不能投资设立新的一人有限责任公司。一人有限责任公司应当在公司登记中注明自然人独资或者法人独资，并在公司营业执照中载明。

（2）组织机构的特别规定

一人有限责任公司不设股东会。法律规定的股东会职权的做出决定由股东行使。当股东行使职权做出决定时，应当采用书面形式，并由股东签名后置备于公司。

（3）审计的特别规定

一人有限责任公司的股东既是出资人，又是经营管理者。为防止缺乏监督而导致的财务会计资料不实情况的发生，《公司法》规定，一人有限责任公司应当在每一会计年度终了时编制财务会计报告，并经会计师事务所审计。

（4）有限责任的特别规定

《公司法》规定，一人有限责任公司的股东不能证明公司财产独立于股东自己的财产的，应当对公司债务承担连带责任。

议一议

小马中职学校毕业后计划设立一人有限责任公司，小马的叔叔是某律师事务所见习律师，他为小马提供了下列咨询意见：①国有公司不得设立一人有限责任公司；②一人有限责任公司发生人格或财产混同时，股东对公司债务承担连带责任；③一个自然人可以同时设立多个一人有限责任公司；④一人法人只能设立一个一人有限责任公司。小马叔叔的上述说法是否正确？试说明理由。

3. 一人有限责任公司与个人独资企业的区别

一人有限责任公司与个人独资企业虽然都是一人出资建立的企业，但二者存在如下明显区别。

1）一人有限责任公司作为公司的一种特殊形式，是企业法人，并在公司成立时取得法人资格；个人独资企业不是企业法人。

2）一人有限责任公司的投资人（股东）仅以出资额为限对公司负责，即负有限责任；个人独资企业的投资人对企业的债务承担无限责任。

3）一人有限责任公司依照《公司法》设立；个人独资企业依照《个人独资企业法》设立。

议一议

中职学校毕业的小李在设立一人有限责任公司后，可否再投资设立个人独资企业？为什么？有限责任公司与个人独资企业有哪些不同？

三、公司的合并与分立

1. 公司的合并

(1) 公司合并的概念

公司合并是指两个以上的公司依照法定程序，无须经过清算程序，直接合并为一个公司的行为。

(2) 公司合并的形式

公司的合并形式分为两种：一是吸收合并；二是新设合并。

1）吸收合并。它是指一个公司吸收其他公司加入本公司，被吸收的公司解散。用公式表示为 A+B=A。

2）新设合并。它是指两个以上公司合并设立一个新的公司，合并各方解散。用公式表示为 A+B=C。

(3) 公司合并的程序

1）合并各方签订合并协议。

2）编制资产负债表及财产清单。

3）参与合并的公司各自做出合并决议。合并决议由股东（大）会做出，并采取特别多数表决方式。

4）通知债权人。公司应当自做出合并决议之日起 10 日内通知债权人，并于 30 日内在报纸上公告。债权人自接到通知书之日起 30 日内，未接到通知书的自公告之日起 45 日内，可以要求公司清偿债务或者提供相应的担保。

5）依法进行设立登记。

(4) 公司合并各方债权、债务的承接

公司合并时，合并各方的债权、债务，应当由合并后存续的公司或者新设的公司承继。

议一议

甲公司欠乙公司货款 100 万元，2016 年 8 月，甲公司与丙公司达成意向，拟由丙公司兼并甲公司。甲、丙公司合并后，甲公司是否应当解散并清算？试说明理由。

2. 公司的分立

(1) 公司分立的概念

公司分立是指一个公司依照法定程序分为两个或两个以上公司的行为。公司分立，其财产作相应的分割。

(2) 公司分立的形式

公司分立的形式分为两种：一是派生分立；二是新设分立。

1）派生分立。它是指公司以其部分财产另行设立一个或数个新的公司，原公司继续存在。用公式表示为 A=A+B。

2）新设分立。它是指公司以其部分财产分别归入两个以上的新设公司，原公司解散。用公式表示为 A=B+C。

（3）公司分立的程序

公司分立的程序与公司合并的程序基本相同，需要签订分立协议、编制资产负债表及财产清单、做出分立决议、通知债权人、进行设立登记等。

需要注意的是，二者在通知债权人程序上略有不同，公司应当自做出分立决议之日起 10 日内通知债权人，并于 30 日内在报纸上公告。

（4）公司分立中债权人的保护

公司分立前的债务由分立后的公司承担连带责任。但是，公司在分立前与债权人就债务清偿达成的书面协议另有约定的除外。

（5）公司分立中股东权的保护

公司分立中股东权的保护内容，与上述公司合并中股东权的保护内容相同。

议一议

1. 白阳有限责任公司分立为阳春有限责任公司和白雪有限责任公司。在对白阳公司原债权人甲的关系上，该公司的法律顾问乙提出了下列说法：①白阳公司应在做出分立决议之日起 10 日内通知甲；②甲在接到分立通知书之日后 30 日内，可要求白阳公司清偿债务；③甲可向阳春公司和白雪公司主张连带清偿责任；④白阳公司在分立前可与甲就债务偿还问题签订书面协议。白阳公司法律顾问乙的说法是否正确？试说明理由。

2. 2016 年，甲公司决定分立出乙公司单独经营，甲公司的原债权人包括丙银行和丁公司。甲、乙公司约定：原甲公司债务中，对丙银行的债务由甲公司承担，对丁公司的债务由乙公司承担。该债务分担协议取得了丁公司认可，但未通知丙银行。《公司法》关于公司分立中债权人的保护有哪些规定？丙银行和丁公司是否有权就甲公司原有债务，要求甲、乙公司连带清偿？试说明理由。

3. 甲公司决定将销售部和设备部分离并组建乙销售公司和丙设备公司，并决定甲公司以前所负全部债务由新组建的乙公司承担，并口头通知了丁公司，现甲公司原欠丁公司货款 100 万元已到期。甲公司对其债务应如何偿还？

四、公司的解散与清算

1. 公司解散

（1）公司解散的概念与特征

公司的解散是指公司发生章程规定或法定的除破产以外的解散事由而停止业务活动，并进入清算程序的过程。其特征如下。

1）公司解散事由发生后，公司并未终止，仍具有法人资格。可以自己的名义开展与清算相关的活动，清算完毕并注销后，其主体资格才最终消灭。

2）除公司因合并或分立而解散，不必进行清算程序外，公司解散必须经过法定清算程序。

3）公司解散的目的是终止其法人资格。

（2）公司解散的原因

根据《公司法》的规定，公司因下列原因解散。

1）公司章程规定的营业期限届满或者公司章程规定的其他解散事由出现。

2）股东会或者股东大会决议解散。

3）因公司合并或者分立需要解散。

4）依法被吊销营业执照、责令关闭或者被撤销。

5）人民法院依法强制解散。

公司有上述第 1）项情形的，可以通过修改公司章程而存续。公司依照规定修改公司章程的，有限责任公司须经持有 2/3 以上表决权的股东通过，股份有限公司须经出席股东大会会议的股东所持表决权的 2/3 以上通过。

（3）公司的强制解散

1）公司强制解散的概念。公司强制解散，也称人民法院强制解散公司。它是指公司经营管理发生严重困难，继续存续会使股东利益受到重大损失，通过其他途径不能解决的，持有公司全部股东表决权 10%以上的股东，可以请求人民法院解散公司。

2）公司强制解散的条件。根据《最高人民法院关于适用〈中华人民共和国公司法〉若干问题的规定（二）》的规定，有下列事由之一，公司继续存续会使股东利益受到重大损失，通过其他途径不能解决的，提起解散公司之诉的，人民法院应予受理。

① 公司持续两年以上无法召开股东会或者股东大会，公司经营管理发生严重困难的。

② 股东表决时无法达到法定或者公司章程规定的比例，持续两年以上不能做出有效的股东会或者股东大会决议，公司经营管理发生严重困难的。

③ 公司董事长期冲突，且无法通过股东会或者股东大会解决，公司经营管理发生严重困难的。

④ 经营管理发生其他严重困难，公司继续存续会使股东利益受到重大损失的。

议一议

甲、乙、丙共同出资设立了丁有限责任公司，其中，甲持有公司 60%的股份，乙持有公司 30%的股份，丙持有公司 10%的股份。5 年后，乙以公司持续两年以上无法召开股东会，公司经营管理发生严重困难为由提起解散公司之诉；丙以公司从未分红为由提起解散公司之诉。乙、丙提起的解散公司之诉，人民法院应否受理？试说明理由。

2. 公司清算

（1）公司清算的概念

公司清算是指公司解散或依法被宣告破产后，依照一定的程序结束公司事务，收回债权、偿还债务、清理资产、分配剩余财产，终止并消灭公司的过程。公司被依法宣告破产的，依照有关企业破产的法律实施破产清算。

（2）清算组及组成

1）当公司出现解散事由时（因公司合并、分立需解散的除外），应当在解散事由出现之日起 15 日内成立清算组，开始清算。有限责任公司的清算组由股东组成，股份有限公司的清算组由董事或者股东大会确定的人员组成。逾期不成立清算组进行清算的，债权人可以申请人民法院指定有关人员组成清算组进行清算。人民法院应当受理该申请，并及时组织清算组进行清算。

2）人民法院受理公司清算案件，应当及时指定有关人员组成清算组。清算组成员可以从下列人员或者机构中产生。

① 公司股东、董事、监事、高级管理人员。

② 依法设立的律师事务所、会计师事务所、破产清算事务所等社会中介机构。

③ 依法设立的律师事务所、会计师事务所、破产清算事务所等社会中介机构中具备相关专业知识并取得执业资格的人员。

议 一 议

2017 年 5 月，甲有限责任公司股东申请乙法院对该公司进行司法清算。法院为其指定清算组成员分别是公司债权人赵某、公司董事长钱某、公司总经理孙某、公司聘请的丙律师事务所律师李某。法院指定的清算组成员是否符合法律规定？试说明理由。

（3）清算组的职权

清算组在清算期间行使下列职权。

1）清理公司财产，分别编制资产负债表和财产清单。

2）通知、公告债权人。

3）处理与清算有关的公司未了结的业务。

4）清缴所欠税款及清算过程中产生的税款。

5）清理债权、债务。

6）处理公司清偿债务后的剩余财产。

7）代表公司参与民事诉讼活动。

议 一 议

某药业有限责任公司因经营期限届满解散，公司依法成立了清算组。清算期间，清算组为能够使股东分配到更多剩余财产，将公司的库房和设备出租给乙公司并收取租金。清算组在清算期间应行使哪些职权？本案中清算组的行为是否合法？试说明理由。

项目三　合伙企业法律制度

新经济时代，合伙企业以其聚散灵活自由、市场应变能力强，而成为广受投资者欢迎的企业形式。设立合伙企业就要深入学习合伙企业法。合伙企业法有广义和狭义之分。狭义的合伙企业法是指由国家立法机关依法制定的《中华人民共和国合伙企业法》（以下简称《合伙企业法》）。该法于 1997 年 2 月 23 日由第八届全国人民代表大会常务委员会第 24 次会议通过，2006 年 8 月 27 日第十届全国人民代表大会常务委员会第 23 次会议修订。广义的合伙企业法是指国家立法机关或者其他有权机关依法制定的、调整合伙企业合伙关系的各种法律规范的总称。

项目目标

◎知识目标

1．熟悉合伙企业法关于合伙人权利义务的规定。
2．掌握普通合伙企业与有限合伙企业的法律规定及它们之间的异同。
3．了解合伙企业的事务管理、解散和清算等相关规定。

◎技能目标

能够运用所学法律知识，独立完成案例分析，正确申请设立两类合伙企业，解决合伙企业事务管理等方面的问题。

任务一　普通合伙企业相关法律规定

导学引思

2016 年 1 月，甲、乙、丙、丁 4 人决定设立普通合伙企业，并签订书面协议，内容如下：①甲出资 10 万元，乙以实物折价出资 8 万元。经其他人同意，丙以劳务出资 6 万元，丁以货币出资 4 万元。②甲、乙、丙、丁按 2∶2∶1∶1 比例分配利润和承担风险。③约定由甲执行合伙事务，对外代表企业，但签订超过 5 万元的合同应经其他人同意。协议未约定经营期限。企业成立后发生下述事实。

1）2016 年 5 月，甲擅自以合伙企业的名义与 B 公司签订金额为 6 万元的合同，B 公司不知道其内部规定，乙获知后，向 B 公司表示不承认。

2）2017 年 1 月，丙提出退伙，并未给企业带来任何不利影响。2017 年 3 月，丙经清算退伙，4 月新合伙人戊出资 4 万元入伙。2017 年 5 月，合伙企业的债权人 C 公司就合伙企业一年前所欠货款要求现合伙人与丙共同承担连带责任。丙以自己已经退出合伙为由、戊以自己新入伙为由拒绝承担。

3）甲为了改善企业经营管理，于 2017 年 4 月独自决定聘任戊为合伙企业经营管理人，并以合伙企业的名义对D公司提供担保。

4）2017年4月，合伙人乙因个人欠债8万元，被人民法院强制执行其在合伙企业的财产份额。

思考：

1）甲与B公司签订的合同是否有效？为什么？

2）丙的主张是否成立？为什么？

3）戊的主张是否成立？为什么？

4）甲聘用戊的行为，以及甲决定为D公司提供担保的行为是否合法？为什么？

5）合伙人乙因个人欠债，被人民法院强制执行其在合伙企业的财产份额后，合伙企业对其除名是否符合法律规定？为什么？

6）丙的退伙属于何种情况？丙退伙应满足哪些条件？

一、普通合伙企业设立条件和程序

1. 普通合伙企业设立条件

（1）有两个以上合伙人

合伙人可以是自然人，也可以是法人或者其他组织。合伙人为自然人的，应当具有完全民事行为能力，公务员、人民警察等法律、行政法规规定不得从事经营活动的人员不得成为合伙人。国有独资公司、国有企业、上市公司及公益性的事业单位、社会团体不得成为普通合伙人，但可以成为有限合伙人。

议一议

甲为某中职学校在校学生，现年17岁。甲可否成为某普通合伙企业的合伙人？试说明理由。

（2）有书面合伙协议

合伙协议是由各合伙人通过协商，就相互间的权利义务而达成的具有法律约束力的协议。合伙人按照合伙协议享有权利，履行义务。修改或者补充合伙协议，应当经全体合伙人一致同意；但是，合伙协议另有约定的除外。

合伙协议应当载明下列事项：①合伙企业的名称和主要经营场所的地点；②合伙目的和合伙经营范围；③合伙人的姓名或者名称、住所；④合伙人的出资方式、数额和缴付期限；⑤利润分配、亏损分担方式；⑥合伙事务的执行；⑦入伙与退伙；⑧争议解决办法；⑨合伙企业的解散与清算；⑩违约责任。

（3）有合伙人认缴或实际缴付的出资

合伙协议生效后，合伙人应当按照合伙协议约定的出资方式、数额和缴付期限，履行出资义务。合伙人可以用货币、实物、知识产权、土地使用权或者其他财产权利出资，也可以用劳务出资。

议一议

公司的股东、个人独资企业的投资人和普通合伙企业的合伙人均可以劳务作为出资吗？试说明理由。

（4）有合伙企业的名称和生产经营场所

普通合伙企业名称中应当标明“普通合伙”字样，其中，特殊的普通合伙企业名称中应当标明“特殊普通合伙”字样。

（5）法律、行政法规规定的其他条件

2. 普通合伙企业设立程序

（1）申请设立登记

设立普通合伙企业，应当由全体合伙人指定的代表或者共同委托的代理人向企业登记机关申请设立登记。

（2）合伙企业的登记事项

普通合伙企业的登记事项应当包括：①名称；②主要经营场所；③执行事务合伙人；④经营范围；⑤合伙企业类型；⑥合伙人姓名或者名称及住所、承担责任方式、认缴或者实际缴付的出资数额、缴付期限、出资方式和评估方式。合伙协议约定合伙期限的，登记事项还应当包括合伙期限。

（3）登记并核发营业执照

申请人提交的登记申请材料齐全、符合法定形式，企业登记机关能够当场登记的，应予当场登记，发给营业执照；合伙企业的营业执照签发日期，为合伙企业成立日期。合伙企业领取营业执照前，合伙人不得以合伙企业名义从事合伙业务。

议一议

自然人甲出资 50 万元向好友乙购买商铺一间，成交后未办理过户登记手续。随后，甲以该商铺作价 50 万元与乙共同成立一普通合伙企业。该合伙企业能否成立？试说明理由。

二、合伙企业财产

1. 合伙企业财产的构成

1）合伙人的出资。

2）以合伙企业名义取得的收益。主要包括合伙企业公共积累的资金、未分配的盈余、合伙企业的债权、合伙企业取得的工业产权和非专利技术等财产权利。

3）依法取得的其他财产。例如，接受赠与的财产等。

2. 合伙人财产份额的转让

合伙人财产份额的转让是指合伙企业的合伙人向他人转让其在合伙企业中的全部或部分财产份额的行为。《合伙企业法》对合伙人财产份额的转让做出如下限制性规定。

1）外部转让的限制。除合伙协议另有约定外，合伙人向合伙人以外的人转让其在合伙企业中的全部或者部分财产份额时，须经其他合伙人一致同意。

2）内部转让的限制。合伙人之间转让在合伙企业中的全部或者部分财产份额时，应当通知其他合伙人。

议一议

甲、乙、丙设立一家合伙企业，乙是合伙事务的执行人。企业存续期间，甲转让部分合伙份额于丁并通知了乙、丙。丁受让甲的合伙份额是否有效？试说明理由。

3）合伙人财产份额外部转让的优先购买权。优先购买权是指在合伙人对外转让其财产份额时，在多数人同意转让的情况下，其他合伙人基于同等条件下可优先于其他非合伙人购买的权利。《合伙企业法》规定：合伙人向合伙人以外的人转让其在合伙企业中的财产份额的，在同等条件下，其他合伙人有优先购买权；但是，合伙协议另有约定的除外。

4）合伙人以外的人依法受让合伙人在合伙企业中的财产份额的，经修改合伙协议即成为合伙企业的合伙人，依照《合伙企业法》和修改后的合伙协议享有权利，履行义务。

议一议

第三人甲受让了乙在某一合伙企业的全部财产份额并经该合伙企业其他合伙人一致同意，此时甲能否成为该合伙企业的合伙人？试说明理由。

导学引思

甲与乙、丙共同成立一家普通合伙企业，并被推举为合伙事务执行人，乙、丙授权甲在3万元以内的开支及30万元以内的业务可以自行决定。甲在任职期间先后实施了下列行为：①为扩大宣传，自行决定在媒体上发布广告并支付广告费5万元；②未经乙、丙同意，与某公司签订100万元的买卖合同；③经征得乙、丙同意，将自有房屋租金折半租给该合伙企业；④与其妻一道另行经营与合伙企业相同的业务。

思考：甲的行为是否有效？为什么？

三、合伙事务执行

1. 合伙事务执行的形式

根据《合伙企业法》的规定，合伙人执行合伙企业事务，通常有以下两种形式。

1）全体合伙人共同执行合伙企业事务。

2）委托一个或者数个合伙人执行合伙企业事务。

议一议

赵某、钱某、孙某、李某4人设立一家普通合伙企业，经合伙人全体会议决定，委托赵某、钱某2人执行合伙事务，对外代表合伙企业。该企业法律顾问周某认为：①孙某、李某2人有权监督赵某、钱某2人执行合伙事务的情况；②若赵某单独执行某一合伙事务，钱某可以对赵某执行的事务提出异议；③若赵某执行事务违反合伙协议，孙某、李某2人有权撤销对赵某的委托。周某的观点是否正确？为什么？

2. 需经全体合伙人一致同意的事项

《合伙企业法》第三十一条规定，除合伙协议另有约定外，合伙企业的下列事项应当经全体合伙人一致同意：①改变合伙企业的名称；②改变合伙企业的经营范围、主要经营场所的地点；③处分合伙企业的不动产；④转让或者处分合伙企业的知识产权和其他财产权利；⑤以合伙企业名义为他人提供担保；⑥聘任合伙人以外的人担任合伙企业的经营管理人员。

3. 合伙人在执行合伙事务中的权利和义务

（1）合伙人在执行合伙事务中的权利

1）合伙人无论出资多少对执行合伙事务均享有同等的权利。

2）执行合伙事务的合伙人对外代表合伙企业。

3）不执行合伙事务的合伙人的监督权，即不执行合伙事务的合伙人有权监督执行事务合伙人执行合伙事务的情况。

4）合伙人有查阅合伙企业会计账簿等财务资料的权利。

5）合伙人有提出异议的权利和撤销委托的权利。

（2）合伙人在执行合伙事务中的义务

1）报告义务。执行事务合伙人应当定期向其他合伙人报告事务执行情况，以及合伙企业的经营和财务状况，其执行合伙事务所产生的收益归合伙企业，所产生的费用和亏损由合伙企业承担。

2）竞业禁止。合伙人不得自营或者同他人合作经营与本合伙企业相竞争的业务。

3）除合伙协议另有约定或者经全体合伙人一致同意外，合伙人不得同本合伙企业进行交易。

4）合伙人不得从事损害本合伙企业利益的活动。

议一议

甲美容店为一家合伙企业，合伙协议约定：经全体合伙人一致同意，合伙人可以自营或者同他人合营与本美容店相竞争的业务。该约定有效吗？试说明理由。

4. 合伙事务执行的决议办法

合伙人对合伙企业有关事项作出决议，按照合伙协议约定的表决办法办理。合伙协议未约定或者约定不明确的，实行合伙人一人一票并经全体合伙人过半数通过的表决办法。《合伙企业法》对合伙企业的表决办法另有规定的，从其规定。

导学引思

甲、乙、丙 3 人成立一家合伙企业，甲为合伙事务执行人。合伙协议约定：若企业盈利，3 人平分；

若企业亏损，乙、丙承担无限连带责任。

思考：该约定是否有效？为什么？

四、合伙企业的损益分配

1. 合伙企业的损益

合伙企业的损益包括合伙利润和合伙亏损两个方面的内容。

1）合伙利润。它是指以合伙企业的名义所取得的经济利益。

2）合伙亏损。它是指以合伙企业的名义从事经营活动所形成的亏损。

2. 合伙企业的损益分配原则

1）合伙企业的损益分配顺序。合伙企业的利润分配、亏损分担，按照合伙协议的约定办理；合伙协议未约定或者约定不明确的，由合伙人协商决定；协商不成的，由合伙人按照实缴出资比例分配、分担；无法确定出资比例的，由合伙人平均分配、分担。

2）合伙企业的损益分配的限制。合伙协议不得约定将全部利润分配给部分合伙人或者由部分合伙人承担全部亏损。

五、合伙企业和合伙人的债务清偿

1. 合伙企业债务清偿与合伙人的关系

1）合伙企业财产优先清偿责任。合伙企业对其债务，应先以其全部财产进行清偿。

2）合伙人的无限连带清偿责任。合伙企业不能清偿到期债务的，合伙人承担无限连带责任。

3）合伙人之间的债务分担和追偿。合伙人由于承担无限连带责任，清偿数额超过其亏损分担比例的，有权向其他合伙人追偿。

议一议

甲普通合伙企业资产总额为120万元，现合伙企业对外负债150万元。该项债务应如何清偿？

2. 合伙人的债务清偿与合伙企业的关系

1）合伙人发生与合伙企业无关的债务，相关债权人不得以其债权抵销其对合伙企业的债务，也不得代位行使合伙人在合伙企业中的权利。

2）合伙人的自有财产不足清偿其与合伙企业无关的债务的，该合伙人可以以其从合伙企业中分取的收益用于清偿；债权人也可以依法请求人民法院强制执行该合伙人在合伙企业中的财产份额用于清偿。

3）人民法院强制执行合伙人的财产份额时，应当通知全体合伙人，其他合伙人有优先购买权；其他合伙人未购买，又不同意将该财产份额转让给他人的，依照法律规定为该合伙人办理退伙结算，或者办理削减该合伙人相应财产份额的结算。

议一议

甲普通合伙企业的合伙人赵某欠王某10万元债务，王某欠甲合伙企业5万元债务已到期，赵某的债务到期后一直未清偿。王某可否代位行使赵某在合伙企业中的权利？王某可否请求人民法院强制执行赵某在合伙企业的财产份额用于清偿？试说明理由。

导学引思

甲、乙、丙设立合伙企业经营汽车运输业务，因效益较好，甲想让其弟丁参加合伙，乙同意但丙反对。甲以多数人同意为由安排丁参与经营。不久，该合伙企业在运输经营中发生交通事故，造成损失10万元。

思考：丁是否对该损失承担无限连带责任？为什么？

六、入伙与退伙

1. 入伙

入伙是指在合伙企业存续期间，合伙人以外的第三人加入合伙，从而取得合伙人资格。

（1）入伙的条件和程序

1）新合伙人入伙，除合伙协议另有约定外，应当经全体合伙人一致同意，并依法订立书面入伙协议。

2）订立入伙协议时，原合伙人应当向新合伙人如实告知原合伙企业的经营状况和财务状况。

（2）新合伙人的权利和责任

入伙的新合伙人与原合伙人享有同等权利，承担同等责任。入伙协议另有约定的，从其约定。新合伙人对入伙前合伙企业的债务承担无限连带责任。

2. 退伙

退伙是指合伙人退出合伙企业，从而丧失合伙人资格。合伙人退出合伙企业一般有两种原因：一是自愿退伙；二是法定退伙。

（1）自愿退伙

自愿退伙是指合伙人基于自愿的意思表示而退伙。自愿退伙又分为协议退伙和通知退伙两种情况。

1）协议退伙。《合伙企业法》第四十五条规定，合伙协议约定合伙期限的，在合伙企业存续期间，有下列情形之一的，合伙人可以退伙：合伙协议约定的退伙事由出现；经全体合伙人一致同意；发生合伙人难以继续参加合伙的事由；其他合伙人严重违反合伙协议约定的义务。

2）通知退伙。《合伙企业法》第四十六条规定，合伙协议未约定合伙期限的，合伙人在不给合伙企业事务执行造成不利影响的情况下，可以退伙，但应当提前30日通知其他合伙人。

（2）法定退伙

法定退伙是指合伙人因出现法律规定的事由而退伙。法定退伙分为当然退伙和除名退伙两种情况。

1）当然退伙。《合伙企业法》第四十八条规定，合伙人有下列情形之一的，当然退伙：作为合伙人的自然人死亡或者被依法宣告死亡；个人丧失偿债能力；作为合伙人的法人或者其他组织依法被吊销营业执照，责令关闭、撤销，或者被宣告破产；法律规定或者合伙协议约定合伙人必须具有相关资格而丧失该资格；合伙人在合伙企业中的全部财产份额被人民法院强制执行。

另外，《合伙企业法》还规定，合伙人被依法认定为无民事行为能力人或者限制民事行为能力人的，经其他合伙人一致同意，可以依法转为有限合伙人，普通合伙企业依法转为有限合伙企业。其他合伙人未能一致同意的，该无民事行为能力或者限制民事行为能力的合伙人退伙。退伙以退伙事由实际发生之日为退伙生效日。

议一议

甲为某合伙企业合伙人，因2016年5月3日外出旅游轮船失事，生死不明，同年7月8日甲被法院宣告死亡。根据《合伙企业法》的规定，甲退伙生效日期是哪一日？

2）除名退伙。《合伙企业法》第四十九条规定，合伙人有下列情形之一的，经其他合伙人一致同意，可以决议将其除名：未履行出资义务；因故意或者重大过失给合伙企业造成损失；执行合伙事务时有不正当行为；发生合伙协议约定的事由。

对合伙人的除名决议应当书面通知被除名人。被除名人接到除名通知之日，除名生效，被除名人退伙。被除名人对除名决议有异议的，可以自接到除名通知之日起30日内，向人民法院起诉。

议一议

赵某、钱某、孙某、李某4人共同设立某合伙企业，钱某被委托单独执行合伙企业事务。钱某因执行合伙事务时有不正当行为给合伙企业造成损失，为此，赵某、孙某、李某3人一致同意将钱某除名，决议做出后书面通知了钱某。若钱某对除名决议持有异议应如何处理？

3. 退伙的效果

退伙的效果是指退伙时退伙人在合伙企业中的财产份额和民事责任的归属变动，分为财产继承和退伙结算两种情况。

（1）关于财产继承

1）《合伙企业法》第五十条规定，合伙人死亡或者被依法宣告死亡的，对该合伙人在合伙企业中的财产份额享有合法继承权的继承人，按照合伙协议的约定或者经全体合伙人一致同意，从继承开始之日起，取得该合伙企业的合伙人资格。

2）有下列情形之一的，合伙企业应当向合伙人的继承人退还被继承合伙人的财产份额：

继承人不愿意成为合伙人；法律规定或者合伙协议约定合伙人必须具有相关资格，而该继承人未取得该资格；合伙协议约定不能成为合伙人的其他情形。

3）合伙人的继承人为无民事行为能力人或者限制民事行为能力人的，经全体合伙人一致同意，可以依法成为有限合伙人，普通合伙企业依法转为有限合伙企业。全体合伙人未能一致同意的，合伙企业应当将被继承合伙人的财产份额退还该继承人。

议一议

甲是普通合伙企业的合伙人，因交通事故死亡，其子乙15岁为甲唯一继承人。关于乙享有的权利，该企业法律顾问赵某给出如下咨询意见：①乙当然成为该合伙企业的合伙人；②乙只能请求分割甲在合伙企业的财产份额；③如果经全体合伙人一致同意，乙可以依法转为有限合伙人，普通合伙企业依法转为有限合伙企业；④如果全体合伙人未能一致同意乙为有限合伙人，合伙企业应将甲的财产份额退还给乙。赵某的咨询意见是否符合法律规定？试说明理由。

（2）关于退伙结算

除合伙人死亡或者被依法宣告死亡的情形外，《合伙企业法》第五十一条至第五十四条对退伙结算作了如下规定。

1）合伙人退伙，其他合伙人应当与该退伙人按照退伙时的合伙企业财产状况进行结算，退还退伙人的财产份额。退伙人对给合伙企业造成的损失负有赔偿责任的，相应扣减其应当赔偿的数额。退伙时有未了结的合伙企业事务的，待该事务了结后进行结算。

2）退伙人在合伙企业中财产份额的退还办法，由合伙协议约定或者由全体合伙人决定，可以退还货币，也可以退还实物。

3）退伙人对基于其退伙前的原因发生的合伙企业债务，承担无限连带责任。

4）合伙人退伙时，合伙企业财产少于合伙企业债务的，退伙人应当依照法律规定分担亏损。

导学引思

注册会计师甲、乙、丙共同出资设立一家特殊的普通合伙制会计师事务所。甲、乙在某次审计业务中，因故意出具不实审计报告被人民法院判决由该会计师事务所赔偿当事人80万元。

思考：根据《合伙企业法》的规定，甲、乙、丙对该项赔偿应如何承担责任？

任务二 有限合伙企业相关法律规定

导学引思

A有限合伙企业（以下简称“A企业”）有5名合伙人，其中甲、乙、丙为普通合伙人，丁、戊为有限合伙人。

A企业拟聘一家会计师事务所承办本企业的审计业务，丁为B会计师事务所的合伙人，遂提出聘任B会计师事务所；甲、乙以“丁为有限合伙人，不得参与合伙事务执行”为由反对丁的提议，其他合伙人均同意该提议。

有限合伙人戊成立了一家与A企业相竞争的C合伙企业，并担任C合伙企业的普通合伙人。甲、乙以戊从事了与A企业相竞争的业务为由，要求戊退出A企业。

戊以其在A企业的财产份额设定质押，向D企业借款150万元，后无力偿还；D企业同时欠A企业货款50万元。因此，D企业主张以其对戊的债权抵销该笔欠款，并请求人民法院强制执行戊在A企业的财产份额，以偿还戊的其余欠款；甲、乙对D企业的主张表示反对。

经查，A企业的合伙协议中对"聘请会计师事务所的决议方式""合伙人能否从事与A企业相竞争的业务"等事项均未做出明确约定。

思考：

1）甲、乙以"丁为有限合伙人，不得参与合伙事务执行"为由反对丁聘任B会计师事务所的提议是否成立？试说明理由。

2）A企业能否聘任B会计师事务所？并说明理由。

3）甲、乙以戊从事了与A企业相竞争的业务为由，要求戊退出A企业是否符合合伙企业法律制度的规定？试说明理由。

4）D企业能否要求以其对戊的债权抵销其对A企业的欠款？试说明理由。

5）D企业能否请求人民法院强制执行戊在A企业的财产份额？试说明理由。

一、有限合伙企业设立的特殊规定

1. 有限合伙企业人数

有限合伙企业由2个以上50个以下合伙人设立；但是，法律另有规定的除外。有限合伙企业至少应当有1个普通合伙人。国有独资公司、国有企业、上市公司及公益性的事业单位、社会团体不得成为有限合伙企业的普通合伙人。

议一议

国有独资公司、国有企业、上市公司及公益性的事业单位、社会团体可否成为有限合伙企业的有限合伙人？试说明理由。

2. 有限合伙企业名称

有限合伙企业名称中应当标明"有限合伙"字样，以区别于其他企业的组织形式。

3. 有限合伙企业协议

有限合伙企业协议除符合普通合伙企业协议的规定外，还应当载明下列事项。

1）普通合伙人和有限合伙人的姓名或者名称、住所。

2）执行事务合伙人应具备的条件和选择程序。

3）执行事务合伙人权限与违约处理办法。

4）执行事务合伙人的除名条件和更换程序。

5）有限合伙人入伙、退伙的条件、程序及相关责任。

6）有限合伙人和普通合伙人相互转变程序。

4. 有限合伙人出资形式

有限合伙人可以用货币、实物、知识产权、土地使用权或者其他财产权利作价出资。但是，有限合伙人不得以劳务出资。

议一议

甲为乙有限合伙企业的普通合伙人，则甲能否以劳务出资？试说明理由。

5. 有限合伙人出资义务

有限合伙人应当按照合伙协议的约定按期足额缴纳出资；未按期足额缴纳的，应当承担补缴义务，并对其他合伙人承担违约责任。

6. 有限合伙企业登记事项

有限合伙企业登记事项中应当载明有限合伙人的姓名或者名称及认缴的出资数额。

二、有限合伙企业事务执行的特殊规定

1. 有限合伙企业事务执行人

有限合伙企业由普通合伙人执行合伙事务。执行事务合伙人可以要求在合伙协议中确定执行事务的报酬及报酬提取方式。

议一议

甲、乙、丙、丁4人欲设立一家有限合伙企业，合伙协议约定下列事项。符合《合伙企业法》规定的是：①甲仅以出资额为限对企业债务承担责任，同时担任合伙事务执行人；②丙以劳务出资，为普通合伙人，其出资份额经各合伙人商定为5万元；③合伙企业的利润由甲、乙、丁3人分配，丙仅按营业额提取一定比例的劳动报酬；④经全体合伙人同意，有限合伙人可以全部转为普通合伙人，普通合伙人也可以全部转为有限合伙人。该合伙协议存在哪些瑕疵？

2. 禁止有限合伙人执行合伙企业事务

有限合伙人不执行合伙事务，不得对外代表有限合伙企业。

（1）有限合伙人的下列行为，不视为执行合伙事务

1）参与决定普通合伙人入伙、退伙。

2）对企业的经营管理提出建议。

3）参与选择承办有限合伙企业审计业务的会计师事务所。

4）获取经审计的有限合伙企业财务会计报告。

5）对涉及自身利益的情况，查阅有限合伙企业财务会计账簿等财务资料。

6）在有限合伙企业中的利益受到侵害时，向有责任的合伙人主张权利或者提起诉讼。

7）执行事务合伙人怠于行使权利时，督促其行使权利或者为了本企业的利益以自己的名义提起诉讼。

8）依法为本企业提供担保。

议一议

甲为某有限合伙企业的有限合伙人，持有该企业15%的份额。在合伙协议无特别规定的情况下，甲在合伙期间未经其他合伙人同意而实施了下列4种行为：①将自购的设备出租给合伙企业使用；②以合伙企业的名义购买汽车一辆归合伙企业使用；③以自己在合伙企业的财产份额向银行提供质押担保；④提前30日通知其他合伙人将全部合伙份额转让给合伙人以外的人。甲的上述行为是否符合法律规定？试说明理由。

（2）有限合伙人在特殊情况下的责任

1）第三人有理由相信有限合伙人为普通合伙人并与其交易的，该有限合伙人对该笔交易承担与普通合伙人同样的责任。

2）有限合伙人未经授权以有限合伙企业名义与他人进行交易，给有限合伙企业或者其他合伙人造成损失的，该有限合伙人应当承担赔偿责任。

3. 有限合伙企业利润分配

有限合伙企业不得将全部利润分配给部分合伙人；但是，合伙协议另有约定的除外。

4. 有限合伙人权利

1）有限合伙人可以同本有限合伙企业进行交易；但是，合伙协议另有约定的除外。

2）有限合伙人可以自营或者同他人合作经营与本有限合伙企业相竞争的业务；但是，合伙协议另有约定的除外。

议一议

甲、乙、丙、丁共同出资设立A有限合伙企业，甲、乙为普通合伙人，丙、丁为有限合伙人，合伙协议没有特别约定。丙、丁能否与A有限合伙企业进行交易？丙、丁能否自营或者同他人合作经营与A有限合伙企业相竞争的业务？试说明理由。

三、有限合伙企业财产出质与转让的特殊规定

1. 有限合伙人财产份额出质

有限合伙人可以将其在有限合伙企业中的财产份额出质；但是，合伙协议另有约定的除外。也就是说，如果合伙协议未对有限合伙人将其在有限合伙企业中的财产份额出质作出特殊限制，有限合伙人有权以其在有限合伙企业中的财产份额进行权利质押。

2. 有限合伙人财产份额转让

有限合伙人可以按照合伙协议的约定向合伙人以外的人转让其在有限合伙企业中的财产份额，但应当提前30日通知其他合伙人。有限合伙人对外转让其在有限合伙企业中的财产份额时，有限合伙企业的其他合伙人有优先购买权。

议 一 议

甲、乙、丙、丁4人共同出资设立一家运输有限合伙企业，甲、乙为普通合伙人，丙、丁为有限合伙人。某日，丁为合伙企业运送石材，路遇某房地产开发商出售商铺，丁想购买该商铺作为企业办公地点，于是以合伙企业名义将石材质押给徐某，借得40万元购置了商铺。若徐某的债权得不到实现，他应当向谁主张权利？

四、有限合伙人债务清偿的特殊规定

1）有限合伙人的自有财产不足清偿其与合伙企业无关的债务的，该合伙人可以以其从有限合伙企业中分取的收益用于清偿；债权人也可以依法请求人民法院强制执行该合伙人在有限合伙企业中的财产份额用于清偿。

2）人民法院强制执行有限合伙人的财产份额时，应当通知全体合伙人。在同等条件下，其他合伙人有优先购买权。

五、有限合伙人入伙和退伙的特殊规定

1. 有限合伙人入伙的特殊规定

新入伙的有限合伙人对入伙前有限合伙企业的债务，以其认缴的出资额为限承担责任。

2. 有限合伙人退伙的特殊规定

（1）有限合伙人的当然退伙

《合伙企业法》规定，有限合伙人有下列情形之一的，当然退伙。

1）作为合伙人的自然人死亡或者被依法宣告死亡。

2）作为合伙人的法人或者其他组织依法被吊销营业执照，责令关闭、撤销，或者被宣告破产。

3）法律规定或者合伙协议约定合伙人必须具有相关资格而丧失该资格。

4）合伙人在合伙企业中的全部财产份额被人民法院强制执行。

（2）有限合伙人丧失民事行为能力的处理

作为有限合伙人的自然人在有限合伙企业存续期间丧失民事行为能力的，其他合伙人不得因此要求其退伙。

议 一 议

甲、乙为某有限合伙企业的合伙人，其中，甲为有限合伙人，乙为普通合伙人。若甲在一次车祸

中受伤成为植物人，则甲的有限合伙人身份是否受到影响？为什么？若丙想以有限合伙人的身份加入该合伙企业，丙对入伙前的企业债务承担怎样的责任？

（3）有限合伙人继承人的权利

作为有限合伙人的自然人死亡、被依法宣告死亡或者作为有限合伙人的法人及其他组织终止时，其继承人或者权利承受人可以依法取得该有限合伙人在有限合伙企业中的资格。

（4）有限合伙人退伙后的责任承担

有限合伙人退伙后，对基于其退伙前的原因发生的有限合伙企业债务，以其退伙时从有限合伙企业中取回的财产承担责任。

任务三　合伙企业的解散和清算

导学引思

财会一班经济法兴趣小组的学生在讨论合伙企业的解散与清算部分内容时，甲认为，合伙人已不具备法定人数且满 30 日的，合伙企业应当解散；乙认为，合伙企业解散，应当由清算人进行清算，清算人由全体合伙人担任；丙认为，清算人自被确定之日起 20 日内将合伙企业解散事项通知债权人，并于 60 日内在报纸上公告；丁认为，合伙企业依法被宣告破产的，普通合伙人对合伙企业债务仍应承担无限连带责任。

思考：甲、乙、丙、丁 4 名学生的观点是否正确？为什么？

一、合伙企业的解散

合伙企业的解散是指因某些法律事实的发生，致使合伙企业归于消灭的行为。根据《合伙企业法》第八十五条的规定，合伙企业有下列情形之一的，应当解散。

1）合伙期限届满，合伙人决定不再经营。

2）合伙协议约定的解散事由出现。

3）全体合伙人决定解散。

4）合伙人已不具备法定人数满 30 日。

5）合伙协议约定的合伙目的已经实现或者无法实现。

6）依法被吊销营业执照、责令关闭或者被撤销。

7）法律、行政法规规定的其他原因。

二、合伙企业的清算

《合伙企业法》对合伙企业的清算程序、财产清偿顺序、合伙企业的注销登记等做出了相应规定。

1. 确定清算人

1）合伙企业解散，应当由清算人进行清算。清算人由全体合伙人担任。

2）经全体合伙人过半数同意，可以自合伙企业解散事由出现后 15 日内指定一个或者数个合伙人，或者委托第三人，担任清算人。

3）自合伙企业解散事由出现之日起 15 日内未确定清算人的，合伙人或者其他利害关系人可以申请人民法院指定清算人。

2. 清算人职责

清算人在清算期间执行下列事务。

1）清理合伙企业财产，分别编制资产负债表和财产清单。

2）处理与清算有关的合伙企业未了结事务。

3）清缴所欠税款。

4）清理债权、债务。

5）处理合伙企业清偿债务后的剩余财产。

6）代表合伙企业参加诉讼或者仲裁活动。

议一议

甲合伙企业在清算期间，清算人乙为增加合伙企业偿债能力，对外签订买卖合同为企业盈利 90 万元。乙的行为是否有效？试说明理由。

3. 通知和公告债权人

1）债权申报。清算人自被确定之日起 10 日内将合伙企业解散事项通知债权人，并于 60 日内在报纸上公告。债权人应当自接到通知书之日起 30 日内，未接到通知书的自公告之日起 45 日内，向清算人申报债权。

2）债权登记。债权人申报债权，应当说明债权的有关事项，并提供证明材料。清算人应当对债权进行登记。

3）经营限制。清算期间，合伙企业存续，但不得开展与清算无关的经营活动。

4. 财产的清偿顺序

合伙企业的财产首先用于支付合伙企业的清算费用。合伙企业的财产支付合伙企业的清算费用后，还有剩余的，按照下列顺序清偿：①职工工资、社会保险费用、法定补偿金；②缴纳所欠税款；③清偿债务；④分配财产。合伙企业的财产经依法清偿后仍有剩余的，对剩余财产依照合伙协议的约定办理；合伙协议未约定或者约定不明确的，由合伙人协商决定；协商不成的，由合伙人按照实缴出资比例分配；无法确定出资比例的，由合伙人平均分配。

议一议

乙认为：合伙企业对剩余财产按照合伙协议的约定分配，合伙协议未约定或者约定不明确的，应由合伙人平均分配。乙的观点是否正确？为什么？

5. 注销登记

1）清算结束，清算人应当编制清算报告，经全体合伙人签名、盖章后，在 15 日内向企业登记机关报送清算报告，申请办理合伙企业注销登记。经企业登记机关注销登记后，合伙企业终止。

2）合伙企业注销后，原普通合伙人对合伙企业存续期间的债务仍应承担无限连带责任。

议一议

某火锅店是一家普通合伙企业，合伙人分别是周某、吴某、郑某、王某。因经营管理不善，该企业于 2017 年 7 月经清算程序注销。经查，该火锅店存续期间拖欠甲某房租 3 万元，欠乙超市羊肉片、火锅底料等款项 5 万元。周某、吴某、郑某、王某对上述欠款应承担何种责任？

模块二
合同法律制度

合同是指平等主体的双方或多方当事人（自然人或法人）关于建立、变更、终止民事法律关系的协议。此类合同是产生债权的一种最为普遍和重要的根据，故又称债权合同。《中华人民共和国合同法》（以下简称《合同法》）由第九届全国人民代表大会第二次会议于 1999 年 3 月 15 日通过、自 1999 年 10 月 1 日起施行，该法所规定的经济合同属于债权合同的范围。

本模块主要介绍合同法、物权法、担保法的法律知识，引导学生逐步熟悉合同的订立、效力、履行、担保及合同的变更转让等方面的法律规定。学生通过学习本模块，能够熟知订立合同、履行合同、担保合同、解除合同等相关法律规定，并进而具备合理合法签订合同、诚实守信履行合同、明明白白担保合同、依法有据解除合同的能力。

项目四　合同的订立

项目目标

◎**知识目标**

1．了解合同订立的形式、合同的主要条款。

2．清楚合同订立的程序及合同签订的法律规定。

◎**技能目标**

能够从形式到内容签订一份严谨、合法、有效的合同。

任务一　合同订立的概念与形式

导学引思

小赵是计算机专业出身，大学毕业后直接进入一家外企工作。小赵在公司里表现好，得到领导的赏识，也有了不少积蓄。为了照顾年迈的父母，小赵准备回老家开一家公司。小赵很快找到了合适的写字楼，并且和该写字楼的负责人签订了租赁门面的合同。很不巧的是，小赵因为前几天帮家里干活弄伤了右手，所以不能写字，于是他便在合同上摁手印以代表自己同意合同的内容。

思考：小赵只在合同上摁手印，其法律效力和签字一样吗？试说明理由。

一、合同订立的概念

合同的订立是指两个或两个以上的当事人，依法就合同的主要条款经过协商一致，达成协议的法律行为。订立合同的形式，是合同双方当事人之间明确相互权利义务的方式，是双方当事人意思表示一致的外在表现。

合同当事人可以是自然人，也可以是法人或者其他组织。订立合同，当事人必须具备与所订立合同相适应的民事权利能力和民事行为能力。当事人也可以依法委托代理人订立合同。因此，在订立合同时，应当注意了解对方是否具有相应的民事权利能力和民事行为能力，是否受委托及委托代理的事项、权限等。

二、合同订立的形式

合同订立的形式是指合同当事人达成的协议的表现形式。《合同法》规定，当事人订立合同可以有 3 种形式：书面形式、口头形式和其他形式。

1. 书面形式

书面形式是指合同书、信件和数据电文（包括电报、电传、传真、电子数据交换和电子邮件）等可以有形地表现所载内容的形式。

《合同法》规定，法律、行政法规规定采用书面形式的，应当采用书面形式。当事人约定采用书面形式的，应当采用书面形式。书面形式虽没有口头迅速、简便，但由于有据可查，有利于保障交易安全、减少纠纷，发生纠纷时也易于分清责任。在实践中，书面形式是当事人最为普遍采用的一种合同约定形式。

法律、行政法规规定或者当事人约定采用书面形式订立合同，当事人未采用书面形式但一方已经履行主要义务，对方接受的，该合同成立。

当事人采用合同书形式订立合同的，应当签字或者盖章。当事人在合同书上摁手印的，人民法院应当认定其具有与签字或者盖章同等的法律效力。

采用合同书形式订立合同，在签字或者盖章之前，当事人一方已经履行主要义务，对方接受的，该合同成立。

议一议

刘某与张某约定刘某向张某购买二手摩托车一辆，价款 5 000 元，并且约定采用书面形式订立合同。但是由于两人平时很忙，未能签订书面的合同书。不过张某已经向刘某交付了摩托车，而且刘某也支付了 5 000 元价款。但是在过了一段时间之后，刘某反悔不想要所买的二手摩托车了，于是他向法院起诉，请求认定合同不成立。法院会支持刘某的诉求吗？试说明理由。

2. 口头形式

口头形式的合同是指当事人各方就合同内容达成一致的口头协议。口头合同的签订比较简便、迅速，缺点是发生纠纷时难以取证，不易分清责任。所以对于不能即时清结的和较重要的合同不宜采用口头形式。

议一议

口头合同是无效合同，这种说法正确吗？试说明理由。

3. 其他形式

除了书面形式和口头形式，合同还可以以其他形式成立。法律没有列举具体的其他形式。一般认为，不属于上述两种形式或者根据交易习惯采用的其他形式，也是法律上认可的合同其他形式。

议一议

1. 小张大学毕业后在他所在城市找了一份工作，并且租房居住。租赁合同到期后，小张继续居住，房主也默不作声。小张和房主的租赁合同还有效吗？

2. 甲、乙两公司采用合同书形式订立了一份买卖合同，双方约定由甲公司向乙公司提供100台精密仪器，甲公司于8月31日前交货，并负责将货物运送至乙公司，乙公司在收到货后10日内付清货款。合同订立后双方均未签字盖章。7月28日，甲公司与丙运输公司订立货物运输合同，双方约定由丙公司将100台精密仪器运至乙公司。8月1日，丙公司将100台精密仪器全部运至乙公司，乙公司全部收到，但乙公司并未按合同约定付款。后在甲公司追讨货款时，乙公司却以合同未成立为由要求退货。甲、乙双方的买卖合同成立吗？试说明理由。

任务二　合同的内容

导学引思

甲公司与乙公司订立一份合同，约定由乙公司在10天内向甲公司提供新鲜蔬菜6 000千克，每千克蔬菜的单价为1元。乙公司在规定的期间内向甲公司提供了小白菜6 000千克，甲公司拒绝接受这批小白菜，认为职工食堂炊事员有限，不可能有那么多人力用于洗小白菜，小白菜不是合同所要的蔬菜。双方为此发生争议，争议的焦点不在价格，也不涉及合同的其他条款，唯有对合同的标的双方各执一词。甲公司认为，自己的食堂从来没有买过小白菜，与乙公司是长期合作关系，经常向其购买蔬菜，每次买的不是大白菜就是萝卜等容易清洗的蔬菜，乙公司应该知道这种情况，但是其仍然送来了他们不需要的小白菜，曲解了合同标的。乙公司称，合同的标的是蔬菜，小白菜也是蔬菜，甲公司并没有说清楚要什么样的蔬菜，合同的标的规定是新鲜蔬菜，而小白菜最新鲜，所以他们就送去了小白菜，这没有违反合同的规定，甲公司称蔬菜就是大白菜或萝卜的说法太过牵强，既没合同依据也没法律依据。

思考：这份合同文本存在什么问题？

合同的内容是指合同当事人约定享有的债权和承担的债务。合同内容通过合同条款来体现，由当事人约定，依合同种类的不同而有所不同。一般包括以下条款。

一、当事人的名称（姓名）和住所

当事人的名称（姓名）和住所，是每份合同必须具备的条款。当事人是合同法律关系的主体，合同中如果不写明当事人，就无法确定权利的享受者和义务的承担者。因此，订立合同，不仅要把当事人都写到合同中去，而且要把各方当事人名称或者姓名和住所都记载准确、清楚。

二、标的

标的是指合同当事人双方权利和义务所共同指向的对象。标的是合同成立的必要条件，是一切合同的必备条款，没有标的，合同关系就无法建立。合同标的可分为以下4种。

1）有形财产。它是指具有价值和使用价值并且法律允许流通的有形物，如生产资料、货币与有价证券等。

2）无形资产。它是指具有价值和使用价值并且法律允许流通的不以实物形态存在的智力成果，如商标、专利、著作权、技术秘密等。

3）劳务。它是指不以有形资产体现其成果的劳动与服务，如运输、保管、行纪、居间等行为。

4）成果。它是指在合同履行过程中产生的、体现履约行为的有形物质或者无形物，如承揽合同中承揽人完成的工作成果，建设工程合同中承包人完成的建设工程，技术合同中研究开发人完成的研究开发成果等。

合同对标的的规定应当清楚明白，准确无误。对于名称、型号、规格、品种、等级、花色等都应规定得细致、准确、清楚，防止差错。特别对于不易确定的无形资产、劳务、工作成果等更要尽可能地描述准确、明白。

议一议

某香蕉种植基地和某蔬菜批发市场签订了一份香蕉购销合同，数量 2 500 千克，货款 10 000 元，8 月底交货，货到当天付款，供方送货。为了履行合同，基地又与当地一家运输公司签订一份货运合同。运输公司负责将 2 500 千克香蕉于 8 月底前运至蔬菜批发市场，基地支付运费 2 000 元。以上涉及的 2 份合同的标的分别是什么？

三、数量

数量是指标的的数量，是以计量单位和数字来衡量的标的的尺度。在大多数合同中，数量是必备条款。对于有形财产，数量是对单位个数、体积、面积、长度、容积、重量等的计量；对于无形财产，数量是个数、件数、字数及使用范围等多种量度方法；对于劳务，数量为劳动量；对于劳动成果，数量是工作量及成果数量。合同的数量要准确，应选择使用双方当事人共同接受的计量单位、计量方法和计量工具。根据不同情况要求不同的精确度，允许的尾差和磅差、超欠幅度、自然耗损率等。

四、质量

质量是指标的的具体特征，是标的的内在素质和外观形态的综合，如商品的品种、型号、规格、等级和工程项目的标准等。合同中必须对质量明确加以规定。国家有强制性标准规定的，必须按照规定的标准执行。有多种质量标准的，应尽可能约定其适用的标准。当事人可以约定质量检验的方法、质量责任的期限和条件、对质量提出异议的条件与期限等。

五、价款或者报酬

价款或者报酬是指一方当事人向对方当事人所付代价的货币表现。价款一般是指对提供财产的当事人支付的货币，如买卖合同的货款、租赁合同的租金、借款合同中借款人向贷款人支付的本金和利息等。报酬一般是指对提供劳务或者工作成果的当事人支付的货币，如保管合同中的保管费、仓储合同中的仓储费、运输合同中的票款或者运输费等。作为主要条款，在合同中应当明确规定其数额、计算标准、结算方式和程序。

六、履行期限、地点和方式

1）履行期限是指合同中规定的一方当事人向对方当事人履行义务的时间界限。它是衡量合同能否按时履行的标准。

议一议

老张和村集体签订了一份承包虾塘的合同，合同期限写的是5～10年。5年刚到，村集体就收回虾塘，转包给了他人。老张起诉到法院，但却败诉了。老张为什么会败诉？

2）履行地点是指合同规定的当事人履行合同义务和双方当事人接受履行的地点。履行地点关系履行合同的费用、风险由谁承担，有时还是确定所有权是否转移、何时转移的依据，也是发生纠纷后确定由哪一地法院管辖的依据。

3）履行方式是指合同当事人履行合同义务的具体做法。不同种类的合同，有着不同的履行方式，有的需要以转移一定财产的方式履行，如买卖合同；有的需要以提供某种劳务的方式履行，如运输合同；有的需要以交付一定的工作成果的方式履行，如承揽合同等。履行方式还包括价款或者报酬的支付方式、结算方式等。

议一议

结算方式有哪几种？各有什么特点？

七、违约责任

违约责任是指合同当事人一方或者双方不履行合同义务或者履行合同义务不符合约定时，按照法律或者合同的规定应当承担的法律责任。违约责任是合同具有法律约束力的重要体现，在合同中非常重要，一般有关合同的法律对于违约责任都尽量做出较为详尽的规定。但法律的规定是原则的，不可能面面俱到，照顾到各种合同的特殊情况。因此，当事人为了保证合同义务严格按照约定履行，为了及时地解决合同纠纷，可以在合同中明确规定违约责任条款，如约定定金、赔偿金额及赔偿金的计算方法等。

八、解决争议的方法

解决争议的方法是指合同当事人对合同的履行发生争议时解决的途径和方式。解决争议的方法主要有当事人协商和解、第三人调解、仲裁、诉讼。解决争议的方法的选择对于纠纷发生后当事人的利益的保护是非常重要的，应慎重对待。如果意图通过诉讼解决争议，可以不进行约定。如果选择适用仲裁解决，则要经过事先或者事后约定，还要明确选择的是哪一个仲裁机构，否则将无法确定仲裁条款的效力。

练一练

1. 找出以下合同条款存在的问题。

某市第一棉纺厂和某日杂商店签订了一份合同，内容如下。

甲方：××第一棉纺厂

乙方：××市××区××路日杂商店

一、货物名称：碎布条。

二、数量：100箱。

三、单价：每箱100元，总价10 000元。

四、交货时间：2014年下半年。

五、地点：供方仓库。

六、付款时间：货到付款。

七、本合同一式两份，双方应认真遵守。

2014年4月7日

2. 在班上随机挑选两名学生结成小组，两人分别模拟甲、乙双方，签订一份购销合同，要求内容详尽合法、条款完备、格式正确。

任务三　合同订立的程序

导学引思

育红学校欲组建计算机教室，分别向几个计算机商发函：我学校急需计算机50台，如你公司有货，请速告知。华夏公司第二日即派人将计算机50台送到学校，而育红学校此时已决定购买另一计算机商的计算机，故拒绝接受华夏公司的计算机，由此发生纠纷。

思考：育红学校是否可以拒绝华夏公司的计算机？为什么？

根据《合同法》的规定，当事人订立合同，采取要约、承诺方式。要约、承诺就是合同订立的一般程序，是当事人双方或多方就合同内容进行协商，达成一致意见的过程，这一过程主要包括要约和承诺两个阶段。

一、要约

要约是希望和他人订立合同的意思表示，是一方当事人向对方提出签订合同的建议和要求。发出要约的当事人称为要约人，要约所指向的对方当事人则称为受要约人。要约在不同情况下还可以称为发盘、出盘、发价、出价或报价等。

1. 要约应具备的条件

1）内容具体确定。①要约必须是特定人的意思表示；②受要约人一般也是特定的，但在一些场合，要约人也可以向不特定人发出要约；③要约的内容必须具有足以决定合同内容的主要条款，包括标的、数量、质量、价款或者报酬、履行期限、地点和方式等，对方一经接受，合同也就成立。如果要约内容含混不清，即使受要约人同意，因权利义务不清，合同也无法确立。

2）表明经受要约人承诺，要约人即受该意思表示约束。要约是一种法律行为，要约人受到要约的约束；当要约已送达给受要约人后，在要约的有效期限内，要约人不得擅自撤回要约或变更要约内容，也就是说，如果对方接受要约，合同即告成立。

2. 要约邀请

要约邀请是希望他人向自己发出要约的意思表示。要约邀请与要约不同，实践中要注意区别。要约是以订立合同为目的的法律行为，一经发出就会产生一定的法律效果；要约邀请的目的是让他人向自己发出要约，本身不具备法律意义，不受所发邀请的约束。要约内容要明确具体，要约邀请的内容则不受此约束。寄送的价目表、拍卖公告、招标广告、招股说明书等都是要约邀请。商业广告，视其内容要确定是要约还是要约邀请。若内容符合要约规定条件的，则视为要约；否则，视为要约邀请。

3. 要约生效时间

要约到达受要约人时生效。采用数据电文形式订立合同，收件人指定系统接收数据电文的，该数据电文进入该特定系统的时间，视为到达时间；未指定特定系统的，该数据电文进入收件人的任何系统的首次时间，视为到达时间（这一规定也同样适用承诺到达时间）。需要注意的是，要约到达受要约人，并不是指要约一定实际送达到受要约人或者其代理人手中，要约只要送达到受要约人通常的地址、住所或者能够控制的地方（如信箱等）即为送达。

议一议

甲向乙发出要约，乙于3月8日发出要约信函，3月10日要约信函寄至甲，但甲的法定代表人当日去赈灾，3月11日才知悉该函内容，遂于3月12日致函告知乙收到。该要约的生效时间是哪天？

4. 要约的撤回

要约撤回是指要约人在发出要约后、要约生效前，使要约不发生法律效力的意思表示。法律规定要约可以撤回，原因在于这时要约尚未发生法律效力，撤回要约不会对受要约人产生任何影响，也不会对交易秩序产生不良影响。由于要约在到达受要约人时即生效，因此撤回要约的通知应当在要约到达受要约人之前或者与要约同时到达受要约人。

议一议

1. 甲公司于3月5日向乙企业发出签订合同要约的信函。3月8日，乙企业收到甲公司声明该要约作废的传真。3月10日，乙企业收到该要约的信函。该要约生效了吗？

2. 冯某乘坐公交车外出，下车时将其装有 3 000 元现金及身份证件的手提包遗忘在车上，冯某发现丢包后十分焦急，因不知如何才能找到，冯某通过该市的交通广播电台发出启事称：若捡到他的手提包并返还，将付给其 500 元的报酬。文某听到后，与冯某联系并送还了手提包，文某要求付酬时遭到拒绝。文某有权要求冯某支付 500 元报酬吗？

3. 制帽厂得到信息，某活动中心急需一批遮阳帽，即去信表示“本厂生产遮阳帽，每顶价格 10 元，若需订购请与我厂联系”，并随信寄去样品图片。该活动中心很快回信：“本中心欲购贵厂遮阳帽 500 顶，每个 10 元，但务必请在每个帽檐处添加一个同色飘带。”10 天后，帽厂向中心发送了 500 顶遮阳帽。该中心在验收时，发现帽子没有飘带，于是拒绝收货、付款。活动中心的答复是什么？活动中心应否承担违约责任？试说明理由。

二、承诺

1. 承诺的概念

承诺是受要约人同意要约的意思表示。承诺生效时合同成立。

2. 承诺的效力

承诺应当具备以下条件：①必须由受要约人作出。如由代理人作出承诺，则代理人须有合法的委托手续。②必须向要约人作出。③承诺的内容应当和要约的内容一致。④必须在规定的期限内作出。不符合上述条件的，不能认为是承诺。

（1）承诺的方式

承诺方式是指受要约人将其承诺的意思表示传达给要约人所采用的方式。《合同法》规定，承诺应当以通知的方式作出，但根据交易习惯或者要约表明可以通过行为作出承诺的除外。

（2）承诺的生效

承诺通知到达要约人时生效。承诺不需要通知的，根据交易习惯或者要约的要求作出承诺的行为时生效。采用数据电文形式订立合同的，承诺到达的时间同前面所述要约到达时间一样。

承诺可以撤回。撤回承诺的通知应当在承诺通知到达要约人之前或者与承诺通知同时到达要约人。

受要约人对要约的内容作出实质性变更的，为新要约。有关合同标的、数量、质量、价款或者报酬、履行期限、履行地点和方式、违约责任和解决争议方法等的变更，是对要约内容的实质性变更。承诺对要约的内容作出非实质性变更的，除要约人及时表示反对或者要约表明承诺不得对要约的内容作出任何变更的以外，该承诺有效，合同的内容以承诺的内容为准。

读一读

《最高人民法院关于适用〈中华人民共和国合同法〉若干问题的解释（二）》第三条规定：“悬赏人

以公开方式声明对完成一定行为的人支付报酬，完成特定行为的人请求悬赏人支付报酬的，人民法院依法予以支持。但悬赏有合同法第五十二条规定情形的除外。”

议一议

某商场业务员李甲到乙市矿泉壶厂订货，双方签订了一份矿泉壶购销合同，由矿泉壶厂供给商场矿泉壶1 000件，总货款15万元。合同对标的质量、规格、验收、包装及结算等都作了明确规定，由于李甲忘了带合同专用章，所以合同上只有双方代理人和矿泉壶厂的印章。李甲答应把合同带回加盖公章后寄给矿泉壶厂。矿泉壶厂去函催办，商场只电告：“速发货。”矿泉壶厂即按合同规定发运500件，但刚办完托运手续，又接对方电回：“请勿发货。”矿泉壶运到乙市车站后，商场拒收，并向矿泉壶厂发了第三封电报：“退货，速来人处理。”商场担心逾期不提货，被铁路部门罚款，便把矿泉壶暂时存放在车站附近。由于商场拒收货物并拒付货款，矿泉壶厂遂诉至法院要求对方支付贷款并赔偿经济损失，对方则以未盖公章否认合同成立。该合同是否成立？商场第二封电报是否有效？试说明理由。

项目五　合同的效力

项目目标

◎知识目标

熟悉《合同法》关于无效合同、可撤销合同、效力待定合同的法律规定。

◎技能目标

能够区分无效合同、可撤销合同、效力待定合同；能够从形式到内容签订一份严谨、合法、有效的合同。

任务一　无 效 合 同

导学引思

某公司为走私毒品到境外，先与境外某机构签订了一份白糖出口合同，将毒品夹藏在白糖里。出关时被海关一举查获。

思考：该白糖出口合同有无效力？为什么？

一、无效合同的概念

无效合同是指因违反法律、法规规定，国家不予承认和保护的、不发生法律效力的合同。

无效合同根据其无效程度和范围，分为部分无效合同和全部无效合同两种。部分无效合同是指合同的某些条款虽然违反法律规定，但并不影响其他条款法律效力的合同。无效合同自始没有法律的约束力。合同部分无效，不影响其他部分效力的，其他部分仍然有效。

二、无效合同的种类

根据《合同法》的规定，下列合同无效。

1）一方以欺诈、胁迫的手段订立合同，损害国家利益。

2）恶意串通，损害国家、集体或者第三人利益。

3）以合法形式掩盖非法目的。

4）损害社会公共利益。

5）违反法律、行政法规的强制性规定。

议一议

租妻生子协议是否有效？为什么？

三、无效合同的后果

合同无效后，因该合同取得的财产，应当予以返还；不能返还或者没有必要返还的，应当折价补偿。有过错的一方应当赔偿对方因此所受到的损失，双方都有过错的，应当各自承担相应的责任。当事人恶意串通，损害国家、集体或者第三人利益的，因此取得的财产收归国家所有或者返还集体、第三人。

任务二　可撤销合同和效力待定合同

导学引思

1. 一人在河里游泳时腿抽筋，高喊“救命”。河岸过来一人说：“救人可以，但得给300元。”对方赶紧答应，但当被救上来时却拒绝支付。

思考：双方的协议有效力吗？试说明理由。

2. 王铮今年11岁，是当地一所学校的学生。看到自己的同班同学每天都拿着手机在教室里炫耀，王铮也想要一部手机，但父母怕影响其学习，坚决不同意买手机。王铮因说不通父母，便瞒着父母自己一人到手机商城买了一部最新的时尚手机，并与商家签下购买合同，以5 000元的价格成交。第二天上学，王铮因上课玩手机被老师发现，王铮父亲被叫到学校。得知此事，父亲拿着手机去找商家退款，商家以双方的合同已履行完成为由而拒绝退款。

思考：商家应该退款吗？试说明理由。

一、可撤销合同

1. 可撤销合同的概念

可撤销合同是指因合同当事人订立合同时意思表示不真实，通过有撤销权的当事人行使撤销权，可使已经生效的合同变更或归于无效合同。

2. 可撤销合同的种类

有撤销权的当事人是指有权请求人民法院或者仲裁机构变更或者撤销合同的当事人。下列合同可撤销。

1）因重大误解订立的合同。

2）显失公平的合同。

3）一方以欺诈、胁迫的手段或者乘人之危，使对方在违背真实意思的情况下订立的合同。

议一议

下面的协议都能撤销吗？为什么？

1）古玩店老板将一泡菜坛子当古董卖给游客。

2）老张是位收藏爱好者，他花巨资从老李手里买了一幅名家名画。老张事后找专家鉴定被告知是赝品。老李也是花巨资从他人手里购得的。

3）某民营企业主与一地下钱庄的高利贷借款协议。

3. 撤销权的行使时效

撤销权的行使是有时效限制的。有下列情形之一的，撤销权消灭：①具有撤销权的当事人自知道或者应当知道撤销事由之日起一年内没有行使撤销权；②具有撤销权的当事人知道撤销事由后明确表示或者以自己的行为放弃撤销权。

4. 合同撤销的后果

被撤销的合同，同无效合同一样，自始没有法律约束力。对因该合同取得的财产，当事人应当承担 3 种形式的民事责任。

1）返还财产。合同被撤销就意味着双方当事人之间没有任何合同关系存在，那么就应该让双方当事人的财产状况恢复到如同没有订立合同时的状态，取得财产的一方应当将财产返还对方。

2）折价补偿。这是在财产不能返还或者没有必要返还的情况下对对方当事人的经济补偿办法。

3）赔偿损失。有过错的一方应当赔偿对方因此所受到的损失，双方都有过错的，应当各自承担相应的责任。

二、效力待定合同

1. 效力待定合同的概念

对于某些方面不符合合同生效的要件，但并不属于前面所讲的无效合同或可撤销合同，法律允许根据情况予以补救的合同，称为效力待定合同。

一般来说，一个有效的合同应该具备 3 个条件：①合同当事人具有相应的民事权利能力和民事行为能力，即主体合法；②意思表示真实；③不违反法律或者社会公共利益。3 个条件缺一不可，缺少了其中一个或几个条件，就可能导致合同无效或可撤销，但法律允许在以下几种情况下可以采取补救措施，使之成为有效合同。

2. 效力待定合同的种类

1）限制民事行为能力人订立的合同，经法定代理人追认后，该合同有效。但如果是获纯利益的合同或者是与其年龄、智力、精神健康状况相适应而订立的合同，不必经法定代理人追认，合同当然有效。相对人也可以催告法定代理人在一个月内予以追认。法定代理人未作表示的，视为拒绝追认。

2）行为人没有代理权、超越代理权或者代理权终止后以被代理人名义订立的合同，未经被代理人追认，对被代理人不发生效力，由行为人承担责任。相对人可以催告被代理人在一个月内予以追认。被代理人未作表示的，视为拒绝追认。

议一议

某公司派业务员去新疆买棉花，业务员到新疆后擅自签订了一份哈密瓜采购合同，单位能拒绝履行该合同吗？试说明理由。

行为人没有代理权、超越代理权或者代理权终止后以被代理人名义订立合同，相对人有理由相信行为人有代理权的该代理行为有效。

法人或者其他组织的法定代表人、负责人超越权限订立的合同，除相对人知道或者应当知道其超越权限的以外，该代理行为有效。

3）无处分权的人处分他人财产，经权利人追认或者无处分权的人订立合同后取得处分权的，该合同有效。

议一议

学生小华骑着老师的自行车上街购物，在街上将老师的自行车卖给一废品收购商。事后老师表示同意买卖，不再追究。该合同有效吗？试说明理由。

知识拓展：民事行为能力的种类

练一练

16 岁的小林参加中学生科技创意大赛，其作品“厨房定时器”获得组委会奖励。张某对此非常感兴趣，现场支付给小林 5 万元，买下该作品的制作方法。下列关于该合同效力的表述，符合合同法律制度规定的是（　　）。

A. 该合同可撤销，因小林是限制民事行为能力人

B. 该合同无效，因小林是限制民事行为能力人

C. 该合同有效，因该合同对小林而言是纯获利益的

D. 该合同效力待定，因需要由小林的法定代理人决定是否追认

项目六　合同的履行

项目目标

◎知识目标

1．了解当事人就有关合同内容约定不明确时的确定规则。

2．熟悉执行政府定价或者政府指导价的合同的价格履行规则。

3．熟悉合同履行中的 3 种抗辩形式和保全措施。

◎技能目标

有能力认定当合同条款有欠缺时、政府价格调整时如何履行合同；当对方提出主张时如何抗辩；当对方不履行合同时如何保全。

任务一　合同履行的规则

导学引思

1. 建龙钢厂与兴龙钢贸公司于 2016 年 3 月 1 日签订一份钢材购销合同，约定 6 月 1 日交货，9 月 1 日付款，合同未订明价格条款。钢材价格 3 月 1 日每吨 2 500 元，6 月 1 日每吨 3 000 元，9 月 1 日每吨 3 500 元。钢厂如约交货，9 月 1 日索款时，双方对价格发生纠纷。

思考：该合同价格应如何执行？

2. 甲向乙出售 100 吨铝材，约定价格以交付期日的政府指导价为准，在约定的交付日，铝材的政府指导价是每吨 2 万元，但甲因生产不足而未向乙交付铝材。后在甲向乙交付铝材时，铝材的政府指导价变为每吨 2.5 万元，双方就铝材价格发生争议。

思考：对铝材执行哪一价格？

一、当事人就有关合同内容约定不明确时的确定规则

合同生效后，当事人就质量、价款或者报酬、履行地点等内容没有约定或者约定不明确，可以协议补充；不能达成补充协议的，按照合同有关条款或者交易习惯确定。仍不能确定的，按下列规则确定。

1）质量要求不明确的，按照国家标准、行业标准履行；没有国家标准、行业标准的，按照通常标准或者符合合同目的的特定标准履行。

议一议

甲厂和乙公司签订了一份化工产品购销合同，合同未订明质量条款，根据《合同法》，该合同质量

应如何执行？

2）价款或者报酬不明确的，按照订立合同时履行地的市场价格履行；依法应当执行政府定价或者政府指导价的，按照规定履行。

3）履行地点不明确，给付货币的，在接受货币一方所在地履行；交付不动产的，在不动产所在地履行；其他标的，在履行义务一方所在地履行。

4）履行期限不明确的，债务人可以随时履行，债权人也可以随时要求履行，但应当给对方必要的准备时间。

议一议

李林向赵国庆借款2万元，打有借条。借条上只写明金额，未写利息及还款时间，赵国庆何时可以向李林索款？为什么？

5）履行方式不明确的，按照有利于实现合同目的的方式履行。

6）履行费用的负担不明确的，由履行义务一方承担。

议一议

百货商场承诺大件商品送货上门，但并未说明送货费用由谁负责。根据《合同法》，送货费应由谁负责？为什么？

二、执行政府定价或者政府指导价的合同的价格履行规则

执行政府定价或者政府指导价的，在合同约定的交付期限内政府价格调整时，按照交付时的价格计价。逾期交付标的物的，遇价格上涨时，按照原价格执行；价格下降时，按照新价格执行。逾期提取标的物或者逾期付款的，遇价格上涨时，按照新价格执行；价格下降时，按照原价格执行。

任务二　行使合同履行中的抗辩权

导学引思

甲公司与乙饮料厂签订一份买卖纯净水的合同，约定提货时付款。甲公司提货时称公司出纳员突发急病，支票一时拿不出来，要求先提货，过两天再把货款送来，乙饮料厂拒绝了甲公司的要求。

思考：乙饮料厂拒绝甲公司的要求合法吗？为什么？

一、合同履行中的抗辩

抗辩权就是指在双务合同中，一方当事人有依法对抗对方要求或否认对方权利主张的权利。《合同法》规定了同时履行抗辩权、后履行抗辩权和不安抗辩权3种。

1. 同时履行抗辩权

同时履行抗辩权是指当事人互负债务，没有先后履行顺序的，应当同时履行；一方在对方履行之前有权拒绝其履行要求，一方在对方履行债务不符合约定时，有权拒绝其相应的履行要求。

同时履行抗辩权的行使，须具备以下条件。

1）需基于同一双务合同，双方当事人因同一合同互负债务，在履行上存在关联性，形成对价关系，这是同时履行抗辩权成立的前提条件。单务合同因只有一方有履行义务，无法发生抗辩权。

2）根据合同约定或合同性质要求当事人同时履行合同义务。同时履行是指合同订立后，在合同期限内，双方当事人不分先后地履行各自的义务，如买卖合同、租赁合同等合同当事人之间的关系。

3）双方债务已届清偿期。当事人行使抗辩权必须双方债务都已到清偿期，否则不能抗辩。

4）一方当事人有证据证明应同时履行义务的对方当事人未履行或未适当履行合同。

同时履行抗辩权只是暂时阻止对方当事人请求权的行使，非永久的抗辩权。当对方当事人履行了合同义务，同时履行抗辩权即消灭，主张抗辩权的当事人就应当履行自己的义务。

议一议

甲向乙购买5 000千克大米，约定一手交钱一手交货。某日，乙交付4 000千克大米给甲，提出先交4 000千克大米，另1 000千克大米10天后再交，甲表示同意。但乙要求甲在当天付清5 000千克大米的价款，甲拒绝了乙的要求。甲拒绝乙的要求合法吗？试说明理由。

2. 后履行抗辩权

后履行抗辩权是指合同当事人互负债务，有先后履行顺序，先履行一方未履行的，后履行一方有权拒绝其履行要求；先履行一方履行债务不符合约定的，后履行一方有权拒绝其相应的履行要求。

后履行抗辩权的行使须具备以下4个条件。

1）需基于同一双务合同。

2）该合同需由一方当事人先履行。

3）应当先履行的当事人不履行合同或不适当履行合同。

4）后履行抗辩权的行使人是履行义务顺序在后的一方当事人。

议一议

甲与乙签订了一份买卖合同，双方约定，甲提供一批货物给乙，货到后一个月内付款。合同签订后甲迟迟没有发货，乙催问甲，甲称由于资金紧张，暂无法购买生产该批货物的原材料，要求乙先付货款，乙拒绝了甲的要求。乙拒绝甲的要求合法吗？试说明理由。

3. 不安抗辩权

不安抗辩权，又称先履行抗辩权，是指双务合同成立后，应当先履行债务的当事人，有确切证据证明对方不能履行义务或者有不能履行义务的可能时，在对方没有履行或者没有提供担保之前，有权中止履行合同义务。

（1）不安抗辩权的行使应具备的条件

不安抗辩权的行使应具备以下条件。

1）需基于同一双务合同，即双方当事人因同一双务合同而互负债务。

2）该合同由一方当事人先履行。

3）后履行义务的当事人已丧失或者可能丧失履行义务的能力。

4）不安抗辩权的行使人是履行义务顺序在前的一方当事人。

规定不安抗辩权是为了切实保护当事人的合法权益，防止借合同进行欺诈，促使对方履行义务。但是对不安抗辩权要严格加以限制，必须依法行使，不能滥用。《合同法》规定，应当先履行债务的当事人，有确切证据证明对方有下列情形之一的，可以中止履行：①经营状况严重恶化；②转移财产、抽逃资金，以逃避债务；③丧失商业信誉；④有丧失或者可能丧失履行债务能力的其他情形。

（2）行使不安抗辩权的当事人的义务

《合同法》对行使不安抗辩权的当事人规定了两项义务。

1）举证责任。应当先履行债务的当事人，只有在有确切证据证明对方丧失或者可能丧失履约能力时，才可以中止履行合同。没有确切证据而中止履行的，应当承担违约责任。在诉讼或仲裁中，主张不安抗辩权一方应负举证义务。

2）通知义务。不安抗辩权的行使无须征得对方的同意，但为了避免对方因此受到损害，《合同法》规定，行使不安抗辩权要及时通知对方。

中止履行合同是指暂停履行或延期履行合同，而非终止合同。对方提供适当担保或在合同期限内恢复履行能力时，应当恢复合同的履行，不安抗辩权即归于消灭。只有当对方在合理期限内未恢复履行能力并且未提供适当担保的，中止履行的一方（即行使不安抗辩权的一方当事人）才可以解除合同。

议一议

2014年3月10日，万宁公司与兴隆啤酒厂签订了买卖啤酒的合同。合同约定：万宁公司在4月30日前支付2万元预付款，兴隆啤酒厂在7月10日交货。4月5日，兴隆啤酒厂突发火灾，设备、原料大部分被烧毁，严重影响了履行合同的能力。万宁公司闻讯后，认为兴隆啤酒厂极有可能丧失履行合同的能力，于是通知兴隆啤酒厂中止履行合同，不再支付预付款。万宁公司有权中止吗？试说明理由。

二、保全措施

1. 保全措施的概念

为防止因债务人的财产不当减少而给债权人的债权带来危害，法律允许债权人为保全其债权的实现而采取的法律措施，称作合同的保全措施。

2. 保全措施的种类

保全措施包括代位权和撤销权两种。

（1）代位权

代位权是指因债务人怠于行使其到期债权，对债权人造成损害，债权人可以向人民法院请求以自己的名义代位行使债务人的债权。

例如，甲与乙订有货物买卖合同，甲交付了货物，乙应当履行向甲支付货款的义务。另外，丙向乙借有一笔款项，丙应向乙偿还本金和利息。如果丙不还乙的借款，就可能影响乙向甲支付货款。在这种情况下，乙应当积极向丙追索到期借款，以便向甲支付货款。如果乙怠于向丙追索到期债权，就会对甲造成损害。在这种情况下甲可以请求人民法院准许甲以自己的名义向丙行使债权。

代位权的行使须具备 4 个条件。

1）债务人与债权人的合同关系已到期，债务人已陷于迟延履行。

2）债务人对第三人享有到期债权，并且是非专属于债务人自身的权利。

专属于债务人自身的权利是指基于扶养关系、抚养关系、赡养关系、继承关系产生的给付请求权和劳动报酬、退休金、养老金、抚恤金安置费、人寿保险、人身伤害赔偿请求权等权利。

3）债务人怠于行使其债权。

4）因债务人怠于行使自己的债权，损害到对债权人履行债务。

代位权的行使范围以债权人的债权为限。债权人行使代位权的必要费用，由债务人负担。

（2）撤销权

撤销权是指因债务人放弃其到期债权或者无偿转让财产，对债权人造成损害的，或者债务人以明显不合理的低价转让财产，对债权人造成损害，并且受让人知道该情形的，债权人可以请求人民法院撤销债务人的行为。

撤销权的行使是有时效限制的。撤销权自债权人知道或者应当知道撤销事由之日起一年内行使。自债务人的行为发生之日起 5 年内没有行使撤销权的，该撤销权消灭。

议一议

1. 甲欠乙一笔借款一直未还，后乙得知甲在某小区有一高档住宅，遂申请法院查封，当法院去查封时发现该住宅甲已经赠送给其妹妹。乙下一步应采取什么措施索要欠款？

2. 甲企业委托乙企业为其生产一批通用机械配件，双方约定 4 月 1 日交货，验货合格后 10 日内甲企业支付货款。2 月 1 日，乙企业有确切证据得知甲企业经营状况严重恶化，已丧失履行债务能力，遂停止为其生产配件，并与甲企业交涉，要求其在一个月内提供担保，否则无法继续履行合同。3 月 25 日，乙企业在甲企业仍未恢复履行债务能力且未提供合同担保的情况下，通知与其解除合同。乙企业单方中止履行合同并要求甲企业提供担保的行为是否合法？乙企业单方解除合同的行为是否合法？试说明理由。

项目七　担保相关规定

项目目标

◎**知识目标**

1. 掌握物权法和担保法关于保证、抵押、质押、留置、定金的相关规定。
2. 明确找人担保和给人担保的责任与结果。

◎**技能目标**

能够办理抵押和质押，并能够使用定金做担保。

任务一　保证的责任

导学引思

2015 年 6 月，甲因经营需要，向乙借款 12 万元并订有借款合同，合同约定还款期为 2 年，丁为甲还款的保证人。2016 年 1 月，甲还给乙 6 万元。2016 年 9 月，甲因急需资金又向乙借款 12 万元，并约定与前次未还借款到期一并还清，双方均未告知丁。两年期满后，甲无力偿还 18 万元借款，乙请求丁偿还借款。

思考：丁是否应该偿还？若应该，应偿还多少？

一、保证和保证人

1. 保证

保证是指第三人为债务人的债务履行作担保，由保证人和债权人约定，当债务人不履行债务时，保证人按照约定履行债务或者承担责任的行为。

2. 保证人的资格

根据《中华人民共和国担保法》（以下简称《担保法》）的规定，具有代为清偿债务能力的法人、其他组织或者公民，可以作保证人。国家机关、学校、幼儿园、医院等以公益为目的的事业单位、社会团体，企业法人的分支机构、职能部门，不得作保证人。但是，在经国务院批准为使用外国政府或者国际经济组织贷款进行转贷的情况下，国家机关可以作保证人；企业法人的分支机构有法人书面授权的，可以在授权范围内提供保证。

练一练

甲啤酒有限公司欲向某商业银行借款100万元，银行要求其提供担保。甲啤酒有限公司向银行提供了如下保证人，符合《担保法》规定，能够为其做保证人的是（　　）。

A. 乙市财政局　　B. A省红十字会

C. 某国有独资企业　　D. 私营业主杨某

二、保证内容和保证方式

1. 保证的内容

保证的内容应当由保证人与债权人在以书面形式订立的保证合同中加以确定，具体包括被保证的主债权（即主合同债权，下同）种类、数额，债务人履行债务的期限，保证的方式，保证担保的范围，保证的期间，以及双方认为需要约定的其他事项。保证合同不完全具备以上规定内容的，可以补正。

第三人单方以书面形式向债权人出具担保书，债权人接受且未提出异议的，保证合同成立；主合同中虽然没有保证条款，但是保证人在主合同上以保证人的身份签字或者盖章的，保证合同成立。

练一练

私营业主于某向私营业主杨某借款5万元，杨某要求于某提供担保，于某分别找到友人张某、林某、谷某、赵某，他们各自做出以下表示，其中构成保证的有（　　）。

A. 张某在于某向杨某出具的借据上签署“保证人张×”

B. 林某向杨某出具字据称“如于×到期不向杨某还款，本人愿代还3万元”

C. 谷某给杨某打电话表示愿意担保5万元

D. 赵某向杨某出具字据称“如于×到期不向杨某还款，由本人以××处私房抵债”

2. 保证的方式

保证分为一般保证和连带责任保证两种。当事人在保证合同中约定，债务人不能履行债务时，由保证人承担保证责任的，为一般保证。一般保证的保证人在主合同纠纷未经审判或者仲裁，并就债务人财产依法强制执行仍不能履行债务前，对债权人可以拒绝承担保证责任。

当事人在保证合同中约定保证人与债务人对债务承担连带责任的，为连带责任保证。连带责任保证的债务人在主合同规定的债务履行期届满没有履行债务的，债权人可以要求债务人履行债务，也可以要求保证人在保证范围内承担保证责任。

当事人对保证方式没有约定或者约定不明确的，按照连带责任保证承担保证责任。

议一议

甲向乙借款10万元，丙在借条上以保证人的身份签字，但未写明做哪种保证人。甲到期未能向乙清偿借款，乙能立即请求丙承担代偿责任吗？试说明理由。

三、保证责任

1. 一般责任

保证人在约定的保证担保范围内承担保证责任。保证担保的范围包括主债权及利息、违约金、损害赔偿金和实现债权的费用。保证合同另有约定的，按照约定。当事人对保证担保的范围没有约定或者约定不明确的，保证人应当对全部债务承担责任。

同一债务有两个以上保证人的，保证人应当按照保证合同约定的保证份额，承担保证责任。没有约定保证份额的保证人承担连带责任，债权人可以要求任何一个保证人承担全部保证责任，保证人都负有担保全部债权实现的义务。已经承担保证责任的保证人，有权向债务人追偿，或者要求承担连带责任的其他保证人清偿其应当承担的份额。

议一议

甲公司向乙银行贷款100万元，丙、丁公司为一般保证人。保证合同约定丙承担90%、丁承担10%的保证责任，甲可供执行的财产为40万元。如果甲到期不能向银行清偿100万元，则丙和丁应各承担多少？

2. 几种特殊情况下的责任

（1）债权转让的责任

保证期间，债权人依法将主债权转让给第三人的，保证债权同时转让，保证人在原保证担保的范围内对受让人承担保证责任。但是保证人与债权人事先约定仅对特定的债权人承担保证责任或者禁止债权转让的，保证人不再承担保证责任。

（2）债务转让的责任

保证期间，债权人许可债务人转让部分债务未经保证人书面同意的，保证人对未经其同意转让部分的债务，不再承担保证责任。但是，保证人仍应当对未转让部分的债务承担保证责任。

（3）合同变更的责任

保证期间，债权人与债务人对主合同数量、价款、币种、利率等内容作了变动，未经保证人同意的，如果减轻债务人的债务，保证人仍应当对变更后的合同承担保证责任；如果加重债务人的债务，保证人对加重的部分不承担保证责任。

债权人与债务人对主合同履行期限作了变动，未经保证人书面同意的，保证期间为原合同约定的或者法律规定的期间。

读一读

保证人与债权人未约定保证期间的，保证期间为主债务履行期届满之日起 6 个月。在合同约定的保证期间或者法律规定的保证期间，债权人未对债务人提起诉讼或者申请仲裁的，或者债权人未要求保证人承担保证责任的，保证人免除保证责任。

任务二 物的担保

导学引思

一日清晨，农民老李发现一头牛趴在自家门前，打探失主未果，便将其拴在自家院内。时值春耕，老李用该牛抵押给老张借款买种子并签有字据。

思考：该抵押有效吗？为什么？

一、抵押和抵押物

1. 抵押的概念

抵押是指债务人或者第三人不转移对其确定的财产的占有，将该财产作为债权的担保。当债务人不履行债务时，债权人有权依照法律规定，以该财产折价或者以拍卖、变卖该财产的价款优先受偿。该债务人或者第三人为抵押人，债权人为抵押权人，提供担保的财产为抵押物。

2. 可以抵押的财产

按照《中华人民共和国物权法》（以下简称《物权法》）第一百八十条的规定，债务人或者第三人有权处分的下列财产可以抵押。

1）建筑物和其他土地附着物。

2）建设用地使用权。

3）以招标、拍卖、公开协商等方式取得的荒地等土地承包经营权。

4）生产设备、原材料、半成品、产品。

5）正在建造的建筑物、船舶、航空器。

6）交通运输工具。

7）法律、行政法规未禁止抵押的其他财产。

抵押人可以将上述所列财产一并抵押。

经当事人书面协议，企业、个体工商户、农业生产经营者可以将现有的，以及将有的生产设备、原材料、半成品、产品抵押，债务人不履行到期债务或者发生当事人约定的实现抵押权的情形，债权人有权就实现抵押权时的动产优先受偿。

3. 不得抵押的财产

《物权法》第一百八十四条规定了下列财产不得抵押。

1）土地所有权。

2）耕地、宅基地、自留地、自留山等集体所有的土地使用权，但法律规定可以抵押的除外。

3）学校、幼儿园、医院等以公益为目的的事业单位、社会团体的教育设施、医疗卫生设施和其他社会公益设施。

4）所有权、使用权不明或者有争议的财产。

5）依法被查封、扣押、监管的财产。

6）法律、行政法规规定不得抵押的其他财产。

4. 抵押合同

《物权法》第一百八十五条规定，设立抵押权，当事人应当采取书面形式订立抵押合同。

抵押合同一般包括下列条款。

1）被担保债权的种类和数额。

2）债务人履行债务的期限。

3）抵押财产的名称、数量、质量、状况、所在地、所有权归属或者使用权归属。

4）担保的范围。

抵押权人在债务履行期届满前，不得与抵押人约定债务人不履行到期债务时抵押财产归债权人所有。

5. 抵押合同登记

下列财产抵押应当办理抵押登记。抵押权自登记时设立：①建筑物和其他土地附着物；②建设用地使用权；③以招标、拍卖、公开协商等方式取得的荒地等土地承包经营权；④正在建造的建筑物抵押的。

下列财产抵押的自愿办理抵押登记，抵押权自抵押合同生效时设立，未经登记，不得对抗善意第三人：①生产设备、原材料、半成品、产品；②交通运输工具；③正在建造的建筑物、船舶、航空器。

议一议

个体工商户林某将其现有的一辆汽车抵押给某银行，签有抵押合同但未办理抵押登记。抵押期间林某未经银行同意以合理价格将该辆汽车出卖给善意第三人个体户张某。后林某不能向银行履行到期债务，银行能否向张某主张该汽车？为什么？

6. 抵押的其他规定

1）订立抵押合同前抵押财产已出租的，原租赁关系不受该抵押权的影响。抵押权设立后抵押财产出租的，该租赁关系不得对抗已登记的抵押权。

2）抵押期间，抵押人经抵押权人同意转让抵押财产的，应当将转让所得的价款向抵押权人提前清偿债务或者提存。转让的价款超过债权数额的部分归抵押人所有，不足部分由债务人清偿。

3）抵押期间，抵押人未经抵押权人同意，不得转让抵押财产，但受让人代为清偿债务消灭抵押权的除外。

议一议

甲公司向某银行贷款 100 万元，乙公司以其所有的一栋房屋作抵押担保，并完成了抵押登记。现乙公司拟将房屋出售给丙公司，可以吗？为什么？

4）抵押财产折价或者拍卖、变卖后，其价款超过债权数额的部分归抵押人所有，不足部分由债务人清偿。

5）在抵押物灭失、毁损或者被征用的情况下，抵押权人可以就该抵押物的保险金、赔偿金或者补偿金优先受偿。

抵押物灭失、毁损或者被征用的情况下，抵押权所担保的债权未届清偿期的，抵押权人可以请求人民法院对保险金、赔偿金或补偿金等采取保全措施。

练一练

1. 陈某用自己的轿车作抵押向银行借款 40 万元，并办理了抵押登记手续。陈某驾驶该车出行时，不慎发生交通事故。经鉴定，该车的价值损失了 30%，保险公司赔偿了该车损失。根据合同法律制度的规定，下列关于该抵押担保的表述，正确的有（　　）。

A. 该轿车不再担保银行债权

B. 该轿车应担保银行债权

C. 保险赔偿不应担保银行债权

D. 保险赔款应担保银行债权

2. 模拟签订一份抵押合同，要求符合抵押合同的条款及格式，并说明该合同是否需要办理抵押登记。

导学引思

小张去银行借款，将家里珍藏的一件古董拿来抵押给银行，这种担保方式在法律上称为什么？

二、质押

1. 质押的概念

质押包括动产质押和权利质押。动产质押是指债务人或者第三人将其动产移交债权人占有，将该动产作为债权的担保。当债务人不履行债务时，债权人有权依照法律规定，以该动产折价或者以拍卖、变卖该动产的价款优先受偿。该债务人或者第三人为出质人，债权人为质权人，移交的动产为质物。

权利质押是指以汇票、支票、本票、债券、存款单、仓单、提单，依法可以转让的股份、股票，依法可以转让的商标专用权、专利权、著作权中的财产权，依法可以质押的其他权利等作为质权标的的担保。

2. 质押合同的内容

出质人和质权人应当以书面形式订立质押合同。质押合同包括以下内容：被担保的主债权种类、数额，债务人履行债务的期限，质物的名称、数量、质量、状况，质押担保的范围，质物移交的时间，以及当事人认为需要约定的其他事项。质押合同不完全具备以上规定内容的，可以补正。

质押合同自质物移交于质权人占有时生效。以汇票、支票、本票、债券、存款单、仓单、提单出质的，质押合同自权利凭证交付之日起生效。

以依法可以转让的股票、商标专用权、专利权、著作权中的财产权出质的，应当向有关部门办理出质登记，质押合同自登记之日起生效。以有限责任公司的股份出质的，适用《公司法》股份转让的有关规定。质押合同自股份出质记载于股东名册之日起生效。

3. 质押的范围和效力

质押担保的范围包括主债权及利息、违约金、损害赔偿金、质物保管费用和实现质权的费用。质押合同另有约定的，按照约定。

债务履行期届满债务人履行债务的，或者出质人提前清偿所担保的债权的，质权人应当返还质物。债务履行期届满质权人未受清偿的，可以与出质人协议出质物折价，也可以依法拍卖、变卖质物。质物折价或者拍卖、变卖后，其价款超过债权数额的部分归出质人所有，不足部分由债务人清偿。为债务人质押担保的第三人，在质权人实现质权后，有权向债务人追偿。

质权因质物灭失而消灭。因灭失所得的赔偿金，应当作为出质财产。

质权与其担保的债权同时存在，债权消灭的，质权也消灭。

同一财产法定登记的抵押权与质权并存时，抵押权人优先于质权人受偿。

议一议

1. 神牛公司用其“神牛”商标向银行质押借款，签有质押合同并将商标证书移交给银行保管。该质押合同有效吗？为什么？

2. 王某与刘某签订借款合同，并约定由刘某将自己的钻戒出质给王某，但其后刘某并未将钻戒如约交付给王某，而是把该钻戒卖给了范某。后刘某未能按时偿还借款，王某能否向范某请求偿还该借款？为什么？

三、留置

1. 留置的概念

留置是指根据《担保法》和其他法律的规定，债权人按照合同约定占有债务人的动产，债务人不按照合同约定的期限履行债务的，债权人有权依照法律规定留置该财产，以该财产折价或者以拍卖、变卖该财产的价款优先受偿。

2. 留置的范围

因保管合同、运输合同、加工承揽合同及法律规定可以留置的其他合同发生的债权，债务人不履行债务的，债权人有留置权。留置担保的范围包括主债权及利息、违约金、损害赔偿金、留置物保管费用和实现留置权的费用。

3. 留置的后果

债权人与债务人应当在合同中约定，债权人留置财产后，债务人应当在不少于两个月的期限内履行债务。债权人与债务人在合同中未约定的，债权人留置债务人财产后，应当确定两个月以上的期限，通知债务人在该期限内履行债务。债务人逾期仍不履行的，债权人可以与债务人协议以留置物折价，也可以依法拍卖、变卖留置物。留置物折价或者拍卖、变卖后，其价款超过债权数额的部分归债务人所有，不足部分由债务人清偿。

留置权因债权消灭，或者债务人另行提供担保并被债权人接受而消灭。

同一财产抵押权与留置权并存时，留置权人优先于抵押权人受偿。

练一练

王某向赵某借款10万元，以其卡车抵押并办理了抵押登记。后因发生交通事故，王某将该卡车送到甲修理厂修理。修理完毕，王某因无法支付1万元维修费，该卡车被甲修理厂留置。后来，王某欠赵某的借款到期，赵某要求对该卡车行使抵押权，甲修理厂以王某欠修理费为由拒绝，双方发生争议。根据合同法律制度的规定，下列关于如何处理该争议的表述，正确的是（　　）。

A. 甲修理厂应同意赵某对该卡车行使抵押权，所欠修理费只能向王某要求清偿

B. 赵某应向甲修理厂支付修理费，之后甲修理厂向赵某交付该卡车

C. 如果经甲修理厂催告，王某两个月后仍不支付修理费，甲修理厂有权行使留置权，所得价款偿付修理费后，剩余部分赵某有优先受偿权

D. 甲修理厂应将该卡车交给赵某行使抵押权，所得价款偿付借款后，剩余部分甲修理厂有优先受偿权

读一读

《物权法》第二百三十一条规定："债权人留置的动产，应当与债权属于同一法律关系，但企业之间留置的除外。"第二百三十二条规定："法律规定或者当事人约定不得留置的动产，不得留置。"第二百三十三条规定："留置财产为可分物的，留置财产的价值应当相当于债务的金额。"

练一练

下列情形中，甲享有留置权的是（　　）。

A. 甲为乙修理汽车，乙拒付修理费，待乙前来提车时，甲将该汽车扣留

B. 甲为了迫使丙偿还欠款，强行将丙的一辆汽车拉走

C. 甲为丁有偿保管某物，保管期满，丁取走保管物却未支付保管费。于是甲谎称丁取走的保管物有问题，要求丁送回调换。待丁送回该物，甲即予以扣留，要求丁支付保管费

D. 甲为了确保对戊的一项未到期债权能够顺利实现，扣留戊交其保管的某物不还

任务三　定金及其相关规定

导学引思

甲公司与乙公司签订了一份手机买卖合同，约定：甲公司供给乙公司某型号手机 1 000 部，每部单价 1 000 元，乙公司支付定金 30 万元。

思考：双方约定的定金数额合法吗？为什么？

一、定金的概念

定金是指合同当事人约定一方向对方给付一定数额的货币作为债权的担保。债务人履行债务后，定金抵作价款或者收回。给付定金的一方不履行约定的债务的，无权要求返还定金；收受定金的一方不履行债务的约定的，应当双倍返还定金。当事人一方不完全履行合同的，应当按照未履行部分所占合同约定内容的比例，适用定金罚则。

议一议

甲公司与乙公司签订了一份手机买卖合同，约定：甲公司供给乙公司某型号手机 1 000 部，每部单价 1 000 元，乙公司支付定金 20 万元。乙公司交付定金后，甲公司只交付 500 部手机，其余部分不能交货。若乙公司请求甲公司返还定金，可请求返还多少？

二、定金的数额

定金应当以书面形式约定。当事人在定金合同中应当约定交付定金的期限。定金合同从实际交付定金之日起生效。定金的数额由当事人约定，但不得超过主合同标的额的 20%。超过的部分，人民法院不予支持。

当事人约定以交付定金作为订立主合同担保的，给付定金的一方拒绝订立主合同的，无权要求返还定金；收受定金的一方拒绝订立合同的，应当双倍返还定金。

三、定金的相关规定

当事人约定以交付定金作为主合同成立或者生效要件的，给付定金的一方未支付定金，

但主合同已经履行或者已经履行主要部分的，不影响主合同的成立或者生效。

定金交付后，交付定金的一方可以按照合同的约定以丧失定金为代价而解除主合同，收受定金的一方可以双倍返还定金为代价而解除主合同。对解除主合同后责任的处理，适用《合同法》的规定。

当事人交付留置金、担保金、保证金、订约金、押金或者订金等，但没有约定定金性质，当事人主张定金权利的，人民法院不予支持。

议一议

甲砖厂与乙建筑公司签订了一份供应机制砖的合同。合同约定："供砖 100 万块，计 20 万元。交货日期为 11 月 1 日到 10 日，每天供应 10 万块，乙于 11 月 10 日付清全部货款。"为保证甲能按时供货，合同生效后，甲付给乙定金 6 万元，约定违约金为 10%。至 11 月 10 日，甲供乙 90 万块，尚有 10 万块未给，乙付货款 18 万元，乙要求甲给付违约金 2 万元，定金不予返还，并要求甲继续履行余下 10 万块砖的义务。合同中约定的定金是否符合规定？甲有权要求乙返还多少定金？试说明理由。

项目八　合同的变更、解除和违约责任的承担

项目目标

◎**知识目标**

1. 了解合同变更与转让的法律规定。
2. 掌握合同解除的法律规定。
3. 掌握违约的概念、违约责任的承担、免责情形。

◎**技能目标**

1. 会变更、转让、解除合同。
2. 做到诚信履约，并能依法追究对方的违约责任，维护自身的合法权益。

任务一　合同的变更与转让

导学引思

甲厂和乙公司签订了一份供货合同，交货时间是2016年10月底，由于当地供电局限电，甲厂不能按时交货，就通知乙公司将交货时间由10月底推迟到11月底，乙公司不同意。

思考：该合同变更了吗？试说明理由。

一、合同的变更

依法订立的合同即具有法律约束力，受法律保护，当事人必须全面履行合同规定的义务，任何一方都不得擅自变更或者解除合同。但是，在合同的履行过程中，由于主、客观情况的变化，原合同的履行已经不可能或者不必要时，为了减少不必要的损失，合同当事人可以依法变更合同。

合同的变更是指合同没有履行或者没有完全履行时，当事人双方根据客观情况的变化，依照法律规定的条件和程序，对原合同进行修改或者补充。《合同法》第七十七条规定，当事人协商一致，可以变更合同。法律、行政法规规定变更合同应当办理批准、登记等手续的，依照其规定。合同依法变更后，当事人按照变更后的合同享受权利和承担义务。

当事人对合同变更的内容约定不明确的，推定为未变更。

二、合同的转让

1. 合同转让的概念

合同的转让是指合同当事人一方将其合同的权利和义务全部或者部分转让给第三人。合同的转让，一般由当事人自主决定，但法律、行政法规规定转让权利或者转移义务应当办理批准、登记等手续的，依照其规定。

2. 合同转让的种类

按照转让的权利义务不同，合同转让可分为债权让与、债务承担和合同承受 3 种形式。

（1）债权让与

债权让与，也就是合同权利转让，是指不改变合同的内容，由债权人将合同权利的全部或者部分转让给第三人。这里转让债权的人称为让与人，受让债权的第三人称为受让人。合同权利全部转让的，受让人取代原债权人的地位，成为新的债权人，原债权人脱离合同关系。合同权利部分转让的，受让人作为第三人加入合同关系中，与原债权人共同享有债权。债权人转让权利时，附属于主权利的从权利也一并转让，受让人在取得债权时，也取得与债权有关的从权利，但该从权利专属于债权人自身的除外。

债权人转让权利不需要经债务人同意，但应当通知债务人。未经通知，该转让对债务人不发生效力。债务人接到债权转让通知后，债权让与行为就生效，债务人对让与人的抗辩，可以向受让人主张。债权人转让权利的通知不得撤销，但经受让人同意的除外。

议 一 议

1. 甲公司向银行借款 100 万元，在还贷前银行想把其 100 万元债权转给乙公司，还需要征得甲公司的同意吗？试说明理由。

2. 2015 年 4 月 10 日，永兴商厦向万方服装厂订购一批服装。合同约定，永兴商厦 4 月 20 日前支付全部货款 100 万元，万方服装厂 7 月 10 日交货。双方未就合同转让事宜进行约定。永兴商厦按照合同约定支付了货款。5 月 10 日，永兴商厦因忙于改制，将该合同转让给梅园商场，并通知了万方服装厂。7 月 10 日，梅园商场要求万方服装厂按期交货，万方服装厂予以拒绝，称合同是与永兴商厦签订的，永兴商厦将合同转让给梅园商场应经过万方服装厂同意，未经同意，该转让行为无效。万方服装厂认为永兴商厦将合同转让给梅园商场应经过万方服装厂同意的观点是否符合法律规定？永兴商厦将合同转让给梅园商场的行为是否有效？试说明理由。

（2）债务承担

债务承担，即合同义务的转移，是指经债权人同意，债务人将合同的义务全部或者部分转移给第三人。

债务人转移义务，新的债务人取得了合同债务人的地位，承担履行合同义务的责任，享有债务人所应享有的抗辩权，可以主张原债务人对债权人的抗辩。同时，与所转移的主债务有关的从债务，也应当由新债务人承担，但该从债务专属于原债务人自身的除外。

议一议

甲公司向银行借款 100 万元，在还贷前甲公司想把其 100 万元债务转给乙公司，还需要征得银行的同意吗？试说明理由。

（3）合同承受

合同承受，也就是合同权利义务的一并转让，是指当事人一方将自己在合同中的权利和义务一并转让给第三人。

《合同法》规定，当事人一方经对方同意，可以将自己在合同中的权利义务一并转让给第三人。但是，根据合同性质、按照当事人约定或者依照法律规定不得转让的除外。

议一议

甲慕名到乙公司定做一套木制家具，双方就定做的样式、规格、质量、价格、交货日期等都作了明确规定。后由于乙公司另外承揽了一批大宗活计，无法安排制作甲定做的家具，便擅自将其转让给丙加工制作。到了交货日期，甲才发现家具是丙制作的，其质量并未达到自己与乙公司所签合同规定的水平，故拒绝接受丙制作的家具，并要求乙承担责任。甲的做法是否正确？乙公司是否需要承担违约责任？试说明理由。

对于当事人订立合同后发生合并、分立的情况，法律规定，当事人订立合同后合并的，由合并后的法人或者其他组织行使合同权利，履行合同义务。当事人订立合同后分立的，除债权人和债务人另有约定的以外，由分立的法人或者其他组织对合同的权利和义务享有连带债权，承担连带责任。

练一练

1. 甲公司将两个业务部门分出设立乙公司和丙公司，并在公司分立决议中明确，甲公司以前所负的债务由新设的乙公司承担。分立前甲公司欠丁企业货款 12 万元，现丁企业要求偿还。根据《合同法》的规定，下列关于该 12 万元债务承担的表述，正确的是（　　）。

A. 由甲公司承担

B. 由乙公司承担

C. 由甲、乙、丙 3 个公司平均承担

D. 由甲、乙、丙 3 个公司连带承担

2. 甲公司欠乙公司 300 万元货款。后甲公司将部分优良资产分享出去另成立丙公司，甲、丙公司在分立协议中约定，该笔债务由甲、丙公司按 3∶7 比例分担，但甲、丙公司未与乙公司达成债务清偿协议。债务到期后，乙公司要求甲公司清偿 300 万元，遭到拒绝。根据合同法律制度的规定，下列关于该笔债务清偿的表述，正确的是（　　）。

A. 乙公司只能向甲公司主张清偿

B. 乙公司只能向丙公司主张清偿

C. 应当由甲、丙公司按连带责任方式向乙公司清偿

D. 应当由甲、丙公司按分立协议约定的比例向乙公司清偿

任务二　合同的解除

导学引思

绿岛养殖场与某肉食公司签订了一份家禽供货合同，后因养殖场发生了禽流感家禽被杀光，养殖场要求与肉食公司解除合同。

思考：养殖场能单方解除合同吗？为什么？

一、合同解除的概念及种类

1. 合同解除的概念

合同解除是指合同依法成立后，当具备法律规定的合同解除条件时，因当事人一方或双方的意思表示而使合同关系归于消灭的行为。

2. 合同解除的种类

合同解除有两种情况：一是协议解除；二是法定解除。

1）协议解除是指当事人双方在合同订立后，未履行或者未完全履行之前，通过协商一致解除合同或者在订立合同时就约定了解除合同的条件，当条件成熟时合同自然被解除。

2）法定解除是指在合同成立后，没有履行或者没有完全履行完毕之前，由于出现了法定解除情形，当事人一方行使法定解除权而使合同终止。

根据《合同法》的规定，有下列情形之一的，当事人可以解除合同：①因不可抗力致使不能实现合同目的；②在履行期限届满之前，当事人一方明确表示或者以自己的行为表明不履行主要债务；③当事人一方迟延履行主要债务，经催告后在合理期限内仍未履行；④当事人一方迟延履行债务或者有其他违约行为致使不能实现合同目的；⑤法律规定的其他情形。

当事人一方主张解除合同时，应当通知对方。合同自通知到达对方时解除。对方有异议的，可以请求人民法院或者仲裁机构确定解除合同的效力。法律、行政法规规定解除合同应当办理批准、登记等手续的，依照其规定。法律规定或者当事人约定解除权行使期限，期限届满当事人不行使的，该权利消灭。法律没有规定或者当事人没有约定解除权行使期限，经对方催告后在合理期限内不行使的，该权利消灭。

合同解除后，尚未履行的，终止履行；已经履行的，根据履行情况和合同性质，当事人可以要求恢复原状、采取其他补救措施，并有权要求赔偿损失。合同的权利义务终止，不影响合同中结算和清理条款的效力。

练一练

甲小学为了“六一”儿童节学生表演节目的需要，向乙服装厂订购了100套童装，约定在“六一”儿童节前一周交付。5月28日，甲小学向乙服装厂催要童装，却被告知，因布匹供应问题6月3日才能交付童装，甲小学因此欲解除合同。根据《合同法》的规定，下列关于该合同解除的表述，正确的是（　　）。

A. 甲小学应先催告乙服装厂履行，乙服装厂在合理期限内未履行的，甲小学才可以解除合同

B. 甲小学可以解除合同，无须催告

C. 甲小学无权解除合同，只能要求乙服装厂承担违约责任

D. 甲小学无权自行解除合同，但可以请求法院解除合同

二、债务人依法将标的物提存

1. 提存的概念

提存是指由债权人的原因，债务人无法向其交付合同标的物而将该标的物交给提存机关，从而消灭合同的制度。

债务的履行往往需要债权人的协助，如果债权人无正当理由拒绝受领或者不能受领，债权人虽应负担受领迟延的责任，但债务人的债务却不能消灭，债务人仍得随时准备履行，这对债务人是不公平的，因此法律规定在一定情形下债务人可以通过提存标的物终止合同。

2. 提存的原因

根据《合同法》的规定，当有下列情形之一，难以履行债务的，债务人可以将标的物提存。

1）债权人无正当理由拒绝受领。

2）债权人下落不明。

3）债权人死亡未确定继承人或者丧失民事行为能力未确定监护人。

4）法律规定的其他情形。

3. 提存的后果

标的物不适于提存或者提存费用过高的，债务人依法可以拍卖或者变卖标的物，提存所得的价款。

议一议

张某和李某订有大米买卖合同，合同订立后，张某就交付了大米货款，约定5天之内来提货。但是，5天后仍不见张某来。后在报纸上看到张某亲属登的寻人启事，李某找到张某的亲属要求其提货，张某的亲属拒绝提货。李某便将大米变卖后，将价款交给当地公证机关办理了提存。李某这样做算是履行合同了吗？试说明理由。

标的物提存后，除债权人下落不明的以外，债务人应当及时通知债权人或者债权人的继承人、监护人。标的物提存后，毁损、灭失的风险由债权人承担。提存期间，标的物的孳息（指由标的物产生的收益）归债权人所有，提存费用由债权人负担。标的物提存后，债权人可以随时领取提存物，但债权人对债务人负有到期债务的，在债权人未履行债务或者提供担保之前，提存部门根据债务人的要求应当拒绝其领取提存物。债权人领取提存物的权利，自提存之日起5年内不行使而消灭，提存物扣除提存物费用后归国家所有。

练一练

债权人甲下落不明，致使债务人乙难以履行债务，乙依法将标的物提存。提存期间，该标的物发生意外毁损。根据《合同法》的规定，下列关于对该标的物损失承担的表述，正确的是（　　）。

A. 应由甲承担　　B. 应由乙承担

C. 应由甲、乙共同承担　　D. 应由提存机关承担

任务三　违约责任的承担

导学引思

旺旺农场与发发肉食公司签订一份生猪供货合同，合同约定一方违约交违约金2万元，肉食公司交给农场定金2万元。后因生猪价格上涨，农场违约没有交货，造成肉食公司3万元的损失。

思考：

1）肉食公司能否要求农场支付违约金3万元？为什么？

2）肉食公司能否要求农场既支付违约金3万元，又双倍返还定金？为什么？

3）假如农场给肉食公司送货的货车被一物流公司车辆撞翻，跑失一批生猪，肉食公司应向谁追究责任？为什么？

4）假如农场发生瘟疫，生猪被掩埋未能交货，农场还应支付违约金吗？为什么？

一、违约责任的概念

违约责任，即违反合同的民事责任，是指合同当事人一方不履行合同义务或者履行合同义务不符合约定时，依照法律规定或者合同约定所承担的法律责任。当事人双方都违反合同的，应当各自承担相应的责任。

依法订立的有效合同，对当事人双方来说，都具有法律约束力。如果不履行或者履行义务不符合约定，就要承担违约责任。只有这样，才能促使当事人双方及时全面地履行合同，保护当事人的合法权益。否则，合同就可能成为一纸空文。规定合同违约责任制度，是保证当事人履行合同义务的重要措施，有利于促进合同的履行和弥补违约造成的损失，对合同当事人和整个社会都是有益的。

二、承担违约责任的主要形式

根据《合同法》的规定，违约的当事人承担违约责任的主要形式有继续履行、采取补救措施、赔偿损失、支付违约金及给付或者双倍返还定金等。具体使用哪种违约责任，由当事人根据自己的要求加以选择。

1. 继续履行

订立合同的目的是实现合同的约定，即实际履行合同。继续履行合同，既是为了实现合同目的，又是一种违约责任。当事人一方违反合同约定，不履行或者履行不符合约定，对方当事人有权要求其继续履行，以维护自己的合法权益。

根据《合同法》的规定，当事人一方未支付价款或者报酬的，对方可以要求其支付价款或报酬。当事人一方不履行非金钱债务或者履行非金钱债务不符合约定的，对方可以要求履行，但有下列情形之一的除外：①法律上或者事实上不能履行；②债务的标的不适于强制履行或者履行费用过高；③债权人在合理期限内未要求履行。

议一议

甲卖给乙一个古董并签订了合同，在交货期内甲的古董被盗导致无法交货，甲还负有继续履行的责任吗？试说明理由。

2. 采取补救措施

根据《合同法》的规定，质量不符合约定的，应当按照当事人的约定承担违约责任。对违约责任没有约定或者约定不明确的，当事人可以协议补充或者按照合同有关条款或者交易习惯确定；仍不能确定的，受损害方根据标的的性质及损失的大小，可以合理选择要求对方承担修理、更换、重作、退货、减少价款或者报酬等违约责任。

3. 赔偿损失

当事人一方不履行合同义务或者履行合同义务不符合约定的，在履行义务或者采取补救措施后，对方还有其他损失的，应当赔偿损失。

支付赔偿金也是承担违约责任的一种主要形式。它虽然是对违约方的一种经济制裁，但不具有惩罚性，主要目的在于弥补损失，具有补偿性质。

当事人一方不履行合同义务或者履行合同义务不符合约定，给对方造成损失的，损失赔偿额应当相当于因违约所造成的损失，包括合同履行后可以获得的利益，但不得超过违反合同一方订立合同时预见到或者应当预见到的因违反合同可能造成的损失。

议一议

某人坐飞机去外地谈生意，由于飞机晚点，到达目的地后未能见到客户，导致生意未能谈成，遂要求航空公司赔偿300万元，理由是生意谈成有可能赚300万元。该要求能支持吗？试说明理由。

当事人一方违约后，对方应当采取适当措施预防损失的扩大，没有采取适当措施致使损失扩大的，不得就扩大的损失要求赔偿。当事人因防止损失扩大而支出的合理费用，由违约方承担。

4. 支付违约金

为了保证合同的履行，保护自己的利益不受损失，合同当事人可以约定一方违约时应当根据情况向对方支付一定数额的违约金，也可以约定因违约产生的损失赔偿额的计算方法。

违约金是指合同当事人一方由于不履行合同或者履行合同不符合约定时，按照合同的约定，向对方支付一定数额的货币。违约金是对不能履行或者不能完全履行合同的一种带有惩罚性质的经济补偿手段，不论违约的当事人一方是否已给对方造成损失，都应当支付。

约定的违约金低于造成损失的，当事人可以请求人民法院或者仲裁机构予以增加；约定的违约金过分高于造成的损失的，当事人可以请求人民法院或者仲裁机构予以适当减少。当事人就迟延履行约定违约金的，违约方支付违约金后，还应当履行债务。

议一议

一方违约，对方能否要求违约方既支付违约金，又赔偿实际损失？试说明理由。

5. 给付或者双倍返还定金

当事人可以根据《担保法》的规定，约定一方向对方给付定金作为债权的担保。债务人履行债务后，定金应当抵作价款或者收回。给付定金的一方不履行约定的债务的，无权要求返还定金；收受定金的一方不履行约定的债务的，应当双倍返还定金。

当事人既约定违约金，又约定定金的，一方违约时，对方可以选择适用违约金或者定金条款。实践中，有些当事人在合同中既约定违约金，也约定定金，在一方违约时，对方要求违约金与定金条款并用。一般来说，选择适用违约金条款或者定金条款，就可以达到弥补因违约所受到的损失的目的。守约方可以在违约金条款和定金条款中选择对自己最有利的条款。

议一议

甲公司与乙公司签订了一份购销钢材的合同，甲公司为买方，乙公司为卖方。合同约定一方违约支付违约金 3 万元，买方给付卖方定金 2 万元。后因卖方的供货商未能履行合同，导致无法交付钢材。买方可以最大限度地要求卖方给付多少钱？

三、违约责任的免除

一般来说，在合同订立之后，如果一方当事人没有履行合同或者履行合同不符合约定，不论是自己的原因，还是第三人的原因，都应当向对方承担违约责任。但是，如果当事人一方违约是某些无法防止的客观原因造成的，则可以根据情况免除违约方的违约责任。

根据《合同法》的规定，因不可抗力不能履行合同的，根据不可抗力的影响，部分或者全部免除责任，但法律另有规定的除外。当事人迟延履行后发生不可抗力的，不能免除责任。

议一议

甲卖给乙一个古董并签订了合同，后由于市面上古董价格比合同价高，甲迟迟不向乙交付古董。不幸的是发生地震，该古董被震坏。甲可以免责吗？试说明理由。

《合同法》所称不可抗力，是指不能预见、不能避免并不能克服的客观情况。当事人一方因不可抗力不能履行合同的，应当及时通知对方，以减轻可能给对方造成的损失，并应当在合理期限内提供证明。

练一练

甲公司与乙公司签订一份买卖合同，合同约定，甲公司须在1个月内向乙公司提供200台电视机，总价款100万元。合同签订后，乙公司按约定向甲公司交付了定金20万元。甲公司依约分两批发运电视机，不料，第一批100台电视机在运输过程中遭遇泥石流，致使电视机全部毁损；第二批100台电视机在运输过程中被甲公司的债权人丙强行扣押、变卖。最终，乙公司未能收到电视机，欲向甲公司主张定金责任。根据担保法律制度的规定，下列关于甲公司定金责任承担的表述，正确的是(　　)。

A. 甲公司无须承担定金责任，因为没有交付电视机是不可抗力和第三人原因导致的，甲公司没有过错

B. 甲公司须承担全部定金责任，因为甲公司违反合同约定，未将电视机交付给乙公司

C. 甲公司只须承担一半定金责任，因为不可抗力导致的第一批100台电视机未能交付，不适用定金罚则

D. 甲公司只须承担一半定金责任，因为第三人原因造成的第二批100台电视机未能交付，不适用定金罚则

项目九　各种具体合同的有关规定

项目目标

◎**知识目标**

1．熟悉买卖合同的内容、所有权转移的时间、风险转移的情形及几种特殊的买卖合同。
2．了解订立租赁合同的相关法律知识。

◎**技能目标**

能够订立一份严谨、有效的买卖合同或者租赁合同，并做到防范风险、避免纠纷。

任务一　买卖合同的订立

导学引思

小夏在北京工作，打算在北京五环以内购买一套小户型的房子，经过中介很快找到了合适的房源。小夏先跟房主签订了一份购买该房的意向书。意向书约定，双方在一个月内订立买房合同。之后办理过户手续。后来小夏的老家出事，急需用钱，决定先不买房子了，但房主要求小夏赔偿。

思考：小夏应该赔偿吗？为什么？

一、买卖合同的概念

买卖合同是出卖人转移标的物的所有权于买受人，买受人支付价款的合同。买卖关系的主体是出卖人和买受人，转移买卖标的物的一方为出卖人，即卖方；受领买卖标的物、支付价款的一方是买受人，即买方。买卖合同是双务、诺诚、有偿合同。

二、买卖合同的内容

买卖合同除了包括一般合同应当具备的条款，即当事人的名称或者姓名和住所，标的，数量，质量，价款或者报酬，履行期限、地点和方式，违约责任，解决争议的方法外，还应当包括包装方式、检验标准和方法、结算方式、合同使用的文字及其效力等条款。

知识拓展：买卖合同书范本

三、买卖合同的成立

当事人之间没有书面合同，一方以送货单、收货单、结算单、发票等主张存在买卖合同关系的，人民法院应当结合当事人之间的交易方式、交易习惯及其他相关证据，对买卖合同是否成立做出认定。

当事人签订认购书、订购书、预订书、意向书、备忘录等预约合同，约定在将来一定期限内订立买卖合同，一方不履行订立买卖合同的义务，对方请求其承担预约合同违约责任或者要求解除预约合同并主张损害赔偿的，人民法院应予支持。

练一练

分角色扮演买卖双方并签订一份买卖合同，要求格式正确、条款齐备、内容详尽并合法。

任务二　买卖合同的标的物交付及所有权的转移

导学引思

王某通过中介公司租了张某的房子，张某在国外并不知情，后王某通过补办户口本和身份证将房屋低价卖给了不知情的李某。

思考：以上案例中的合同是否有效？为什么？

一、交付标的物的要求

出卖的标的物，应当属于出卖人所有或者出卖人有权处分。法律、行政法规禁止或者限制转让的标的物，依照其规定。出卖人就交付的标的物，负有保证第三人不得向买受人主张任何权利的义务，但法律另有规定的除外。

出卖人应当履行向买受人交付标的物或者交付提取标的物的单证，并转移标的物所有权的义务。出卖人应当按照约定或者交易习惯向买受人交付提取标的物单证以外的有关单证和资料。

读一读

“提取标的物单证以外的有关单证和资料”，主要应当包括保险单、保修单、普通发票、增值税专用发票、产品合格证、质量保证书、质量鉴定书、品质检验证书、产品进出口检疫书、原产地证明书、使用说明书、装箱单等。

出卖具有知识产权的计算机软件等标的物的，除法律另有规定或者当事人另有约定的以外，该标的物的知识产权不属于买受人。

出卖人多交标的物的，买受人可以接收或者拒绝接收多交的部分。买受人接收多交部分的，按照合同的价格支付价款；买受人拒绝接收多交部分的，应当及时通知出卖人。

买受人拒绝接收多交部分标的物的，可以代为保管多交部分标的物。买受人主张出卖人负担代为保管期间的合理费用的，人民法院应予支持。

标的物在交付之前产生的孳息，归出卖人所有，交付之后产生的孳息，归买受人所有。

议一议

1. 出卖人除了要向买方提交提货单，根据不同的标的物还有可能要向买方提交哪些单证？

2. 甲与乙签订一份买牛合同。甲将一头牛交付给乙，后来乙请人宰杀牛后得到牛黄100克，卖后获得8 000元。甲、乙就该牛黄发生争执。牛黄应归谁？试说明理由。

二、所有权转移

1. 所有权转移的一般规定

标的物的所有权自标的物交付时起转移，但法律另有规定或者当事人另有约定的除外。标的物在订立合同之前已为买受人占有的，合同生效的时间为交付时间。

议一议

甲将一辆自行车借给乙使用，乙使用后非常喜爱该物，于是向甲提出购买该物。甲同意将该物卖给乙，那么交付的时间是从借用时开始还是买卖合同生效时起算？

2. 所有权转移的特殊规定

（1）登记过户转移

房屋、土地等不动产，商标权、专利权、著作权等知识产权，船舶、航空器、汽车等特殊动产，必须依法办理所有权转移的登记手续；未办理登记手续的，即使买卖合同生效，标的物的所有权也不发生转移。

（2）所有权保留买卖

所有权保留买卖是指当事人可以在买卖合同中约定买受人未履行支付价款或者其他义务的，标的物的所有权属于出卖人。所有权保留买卖制度有利于保护出卖人的利益。

读一读

《最高人民法院关于审理买卖合同纠纷案件适用法律问题的解释》第三十五条规定，当事人约定所有权保留，在标的物所有权转移前，买受人有下列情形之一，对出卖人造成损害，出卖人主张取回占有标的物的，人民法院应予支持。

1）未按约定支付价款的。

2）未按约定完成特定条件的。

3）将标的物出卖、出质或者做出其他不当处分的。

取回占有的标的物价值显著减少，出卖人要求买受人赔偿损失的，人民法院应予支持。

第三十六条规定，买受人已经支付标的物总价款的75%以上，出卖人主张取回标的物的，人民法院不予支持。

议一议

甲公司与乙公司订立一份汽车买卖合同，约定甲公司向乙公司出售汽车一辆，且在乙公司按约定支付全部价款前该汽车所有权仍归甲公司。在甲公司交付汽车后，乙公司破产失去清偿能力。那么，该汽车能否作为乙公司的破产财产？试说明理由。

三、标的物不符合合同要求的后果

因标的物的主物不符合约定而解除合同的，解除合同的效力及于从物。因标的物的从物不符合约定被解除的，解除的效力不及于主物。

例如，甲向乙购买包括船桨在内的渔船一艘。如果乙交付的渔船不符合约定，船桨符合约定，那么甲因主物渔船不符合约定而解除合同，其效力当然及于船桨。因为船桨作为从物，离开主物根本无法发挥其效用。相反，如果乙交付的渔船符合约定，但船桨不符合约定，甲只能就船桨解除合同，但是不能解除渔船。原因在于，从物不符合约定通常不会对主物的效用产生决定性影响，不会导致合同目的根本无法实现。

标的物为数物，其中一物不符合约定的，买受人可以就该物解除，但该物与他物分离使标的物的价值显受损害的，当事人可以就数物解除合同。

练一练

甲、乙签订一份买卖合同，甲向乙购买机器5台及附带的维修工具，机器编号分别为E、F、G、X、Y，拟分别用于不同厂区。乙向甲如期交付5台机器及附带的维修工具；经验收，E机器存在重大质量瑕疵而无法使用，F机器附带的维修工具亦属不合格品，其他机器及维修工具不存在质量问题。根据《合同法》的规定，下列关于甲如何解除合同的表述，正确的是（　　）。

A. 甲可以解除5台机器及维修工具的买卖合同

B. 甲只能就买卖合同中E机器的部分解除

C. 甲可以就买卖合同中E机器与F机器的部分解除

D. 甲可以就买卖合同中F机器的维修工具与E机器的部分解除

出卖人分批交付标的物的，出卖人对其中一批标的物不交付或者交付不符合约定，致使该批标的物不能实现合同目的的，买受人可以就该批标的物解除。

议一议

甲买了一对耳环，其中一个有瑕疵，另一个也可以要求解除合同吗？试说明理由。

任务三　标的物的风险负担

导学引思

两位农民在集市上达成一桩买卖，买卖一头耕牛，要价900元。但由于买主只有500元，双方商量买主先将500元交给卖主，卖主将牛拉回家，买主第二天再带上400元去取牛。牛拉回家当天晚上遭雷击而死，买主要求退回先前交付的500元。而卖主辩称合同已经成立，不但不能退回500元，买主还应支付400元，死牛由买主处理。

思考：谁的说法应得到支持？为什么？

一、标的物风险负担的一般规定

标的物毁损、灭失的风险，在标的物交付之前由出卖人承担，交付之后由买受人承担，但法律另有规定或者当事人另有约定的除外。

在法律没有特别规定或者当事人没有特别约定的情况下，风险负担与标的物交付时间相一致，也与标的物所有权转移的时间相一致，这既符合“所有权人负担风险”原则，也符合“交付转移风险”的原则。

出卖人按照约定未交付有关标的物的单证和资料的，不影响标的物毁损、灭失风险的转移。

二、标的物风险负担的特殊规定

1. 买受人违约交付的风险负担

因买受人的原因致使标的物不能按照约定的期限交付的，买受人应当自违反约定之日起承担标的物毁损、灭失的风险。

2. 在途标的物的风险负担

出卖人出卖交由承运人运输的在途标的物，除当事人另有约定的以外，毁损、灭失的风险自合同成立时起由买受人承担。

出卖人出卖交由承运人运输的在途标的物，在合同成立时知道或者应当知道标的物已经毁损、灭失却未告知买受人，买受人主张出卖人负担标的物毁损、灭失的风险的，人民法院应予支持。

议一议

2015年1月1日，甲公司将一批货物发往某地，预计10天后到达。同年1月3日，甲公司与位于该地的乙公司订立买卖合同，将该批货物卖给乙公司。同年1月5日，由于暴风雪袭击，导致货物遭到重大损失。损失应由谁承担？试说明理由。

3. 标的物的瑕疵担保责任

因标的物质量不符合质量要求，致使不能实现合同目的的，买受人可以拒绝接受标的物或者解除合同。买受人拒绝接受标的物或者解除合同的，标的物毁损、灭失的风险由出卖人承担。

任务四　几种特殊的买卖合同

导学引思

1. 甲公司为一古建筑商，乙公司为一古建筑材料供应商。甲公司因承建一古建筑，需要琉璃瓦，遂前往乙公司。在乙公司的柜台上摆了各种琉璃瓦，经甲公司的指认，将某种琉璃瓦封存作为样品，双方签订了一份买卖合同。乙公司交货后，甲公司将该批琉璃瓦置于古建筑屋顶。但未出3个月，该屋顶上的琉璃瓦便成了泥汤。经查，该批琉璃瓦为半成品，即只是在模坯上涂了彩釉，而未进行烧制。该样品也是未经烧制的半成品，为此双方发生纠纷。

思考：乙公司是否应赔偿甲公司的损失？为什么？

2. 2013年5月，刘某与某电器公司签订了一份分期付款买卖合同。合同约定，刘某从该电器公司购买别墅用净水系统一套，总价8万元，首期支付2万元，余下6万元每月支付5 000元，12个月支付完毕。刘某支付首期货款后未再进行支付，至2013年11月未支付到期货款为3万元。

思考：该电器公司可以怎么做才能维护自己的权益？

3. 刘女士从某商场买了一套瘦身内衣，价格988元，约定试用期一周，一周内如果有效果再来缴款。刘女士穿了一周后发现没什么效果，和平常内衣一样，价格又贵，决定不再购买。但商场要求刘女士支付一周的使用费。

思考：商场的要求合法吗？为什么？

一、样品买卖合同

凭样品买卖的当事人应当封存样品，并可以对样品质量予以说明。出卖人交付的标的物应当与样品及其说明的质量相同。

凭样品买卖的买受人不知道样品有隐蔽瑕疵的，即使交付的标的物与样品相同，出卖人交付的标的物的质量也应当符合同种物的通常标准。

读一读

《最高人民法院关于审理买卖合同纠纷案件适用法律问题的解释》第四十条规定，合同约定的样品质量与文字说明不一致且发生纠纷时当事人不能达成合意，样品封存后外观和内在品质没有发生变化的，人民法院应当以样品为准；外观和内在品质发生变化，或者当事人对是否发生变化有争议而又无法查明的，人民法院应当以文字说明为准。

二、分期付款买卖合同

分期付款买卖是一种特殊的买卖形式，指买受人将其应付的总价款按照一定期限分批向出卖人支付的买卖。一般适用于房屋、汽车等价格较高的商品。

分期付款的买受人未支付到期价款的金额达到全部价款的 1/5 的，出卖人可以要求买受人支付全部价款或者解除合同。出卖人解除合同的，可以向买受人要求支付该标的物的使用费。

当事人对标的物的使用费没有约定的，人民法院可以参照当地同类标的物的租金标准确定。

三、试用买卖合同

试用买卖合同是指当事人双方约定，于合同成立时，出卖人将标的物交付买受人试用或检验，并以买受人在约定期限内对标的物的认可为生效要件的买卖合同。试用买卖一般常常适用于新产品的买卖。

试用买卖的买受人在试用期内可以购买标的物，也可以拒绝购买。试用期间届满，买受人对是否购买标的物未作表示的，视为购买。

试用买卖的买受人在试用期内已经支付一部分价款的，人民法院应当认定买受人同意购买，但合同另有约定的除外。

在试用期内，买受人对标的物实施了出卖、出租、设定担保物权等非试用行为的，人民法院应当认定买受人同意购买。

试用买卖的当事人没有约定使用费或者约定不明确，出卖人主张买受人支付使用费的，人民法院不予支持。

试用买卖的当事人可以约定标的物的试用期间。对试用期间没有约定或者约定不明确，依照《合同法》第六十一条的规定仍不能确定的，由出卖人确定。

任务五　租赁合同的订立

导学引思

冯某与张某口头约定将一处门面房租给张某，租期2年，租金每月1 000元。合同履行1年后，张某经冯某同意转租给李某。李某接手后，擅自拆除了门面房隔墙，冯某得知后欲收回房屋。

思考：

1）该租赁合同是什么性质？

2）冯某应向张某还是李某要求恢复原状或赔偿损失？为什么？

一、租赁合同的基本知识

租赁合同是出租人将租赁物交付承租人使用、收益，承租人支付租金的合同。

知识拓展：个人租房合同范本

租赁合同的内容包括租赁物的名称、数量、用途、租赁期限、租金及其支付期限和方式、租赁物维修等条款。租赁期限不得超过 20 年。超过20年的，超过部分无效。租赁期间届满，当事人可以续订租赁合同，但约定的租赁期限自续订之日起不得超过20年。

租赁期限6个月以上的，应当采用书面形式。当事人未采用书面形式的，视为不定期租赁。

导学引思

2017 年 4 月，甲租用乙的一间平房经营日用品，双方约定，租用期为 3 年，每年租金为 6 000 元；每半年结算一次租金。双方未就维修义务的承担做出约定。

2017 年 7 月，由于当地连日降雨，致使该租赁房屋承重墙下沉并出现了 3 厘米宽的裂缝，房屋有倒塌的危险。甲要求乙维修，乙未答复。甲无奈自己请来建筑队，对房屋进行加固维修，共花费人民币 1 260 元。但房屋倒塌危险仍未消除。当年 10 月，甲与乙结算当期的房租时，要求扣除其花费的维修费用并提出解除合同，乙不同意，甲随后搬离该房屋。

思考：

1）甲是否有权要求扣除维修费用？简要说明理由。

2）甲是否有权解除租赁合同？简要说明理由。

二、出租人和承租人的权利义务

出租人应当按照约定将租赁物交付承租人，并在租赁期间保持租赁物符合约定的用途。

出租人应当履行租赁物的维修义务，但当事人另有约定的除外。承租人在租赁物需要维修时可以要求出租人在合理期限内维修。出租人未履行维修义务的，承租人可以自行维修，维修费用由出租人负担。因维修租赁物影响承租人使用的，应当相应减少租金或者延长租期。

出租人出卖租赁房屋的，应当在出卖之前的合理期限内通知承租人，承租人享有以同等条件优先购买的权利。租赁物在租赁期间发生所有权变动的，不影响租赁合同的效力。

承租人应当按照约定的方法或者租赁物的性质使用租赁物。承租人未按照约定的方法或者租赁物的性质使用租赁物，致使租赁物受到损失的，出租人可以解除合同并要求赔偿损失。

承租人应当妥善保管租赁物，因保管不善造成租赁物毁损、灭失的，应当承担损害赔偿责任。

承租人经出租人同意，可以对租赁物进行改善或者增设他物。承租人未经出租人同意，对租赁物进行改善或者增设他物的，出租人可以要求承租人恢复原状或者赔偿损失。

承租人经出租人同意，可以将租赁物转租给第三人。承租人转租的，承租人与出租人之间的租赁合同继续有效，第三人对租赁物造成损失的，承租人应当赔偿损失。承租人未经出租人同意转租的，出租人可以解除合同。

租赁期间届满，承租人继续使用租赁物，出租人没有提出异议的，原租赁合同继续有效，但租赁期限为不定期。

议一议

2012 年，甲租用乙的房屋，双方签订了租赁合同，约定租赁期限为 5 年。2013 年，甲因租用的房屋年久失修，乙又无力维修，故提议乙出卖，乙同意以 3 万元的价格卖给甲，甲表示价格太高不买。此时丙愿意以 3.2 万元的价格购买此房。乙、丙的房屋买卖合同是否影响甲对该房屋的租用？试说明理由。

模块三 侵权责任法律制度

《中华人民共和国侵权责任法》（以下简称《侵权责任法》）于 2009 年 12 月 26 日，由第十一届全国人民代表大会常务委员会第十二次会议审议通过，它是中国特色社会主义法律体系中的支架性法律，内容涉及我国经济建设及广大群众工作、生活的方方面面，如产品质量缺陷、机动车交通事故、医疗损害、环境污染、网络侵权、动物致人损害等。《侵权责任法》的通过，标志着我国民商事法律体系得到完善，有利于更好地维护公民合法权益，是中国法制化进程中的一件大事，对经济生活中各个部门都有长远的影响。

《侵权责任法》共 12 章，分为总则性规定和分则性规定两大部分，区分总则性和分则性规定的意义在于其法律适用的方法不同：总则性规定在所有侵权责任纠纷中都适用；分则性规定则要根据具体侵权行为类型对号入座。

本模块只对《侵权责任法》总则进行系统介绍，学生通过学习本模块，应认识到《侵权责任法》的一般性规定，如侵权责任归责原则、责任形态，以及不承担责任和减轻责任的免责事由等，还要明确相关法律如何规范日常生活及市场经济中常见的侵权责任事件，维护社会和谐。

项目十 《侵权责任法》的一般规定

项目目标

◎知识目标

1. 了解《侵权责任法》的立法目的及适用范围、侵权责任请求权和侵权责任优先制度。
2. 理解侵权责任一般法与特别法的适用原则。

◎技能目标

利用一般规定能区分清楚市场经济和日常生活中的侵权纠纷如何适用侵权责任法解决。

任务一 立法目的和适用范围

导学引思

2011 年 12 月 4 日 10 时许，原告陈某到某超市内拿了两个发夹（标价分别为 35 元和 25 元）及 3 颗糖果（每颗售价 2 元）藏于身后而未经超市收银台计价收费便走到超市门口，后被超市两名员工，即被告莫某、邹某发现，认为原告陈某盗窃超市物品，便用绳子将其绑在超市门前的电线杆上，并在原告陈某身上悬挂一块写有"小偷"的字牌，引起在场群众围观。随后，原告陈某家属向当地县公安局派出所报警，该派出所调查后，县公安局当天分别对被告莫某、邹某做出拘留 10 天、罚款 500 元的行政处罚决定。同年 12 月 9 日，县公安局做出决定对原告陈某不予处罚，责令其监护人严加管教。事发当天，原告陈某爷爷将其送往当地卫生院治疗，后将原告陈某转至当地县人民医院住院治疗 11 天，诊断为急性支气管炎，共花去医疗费 2 058.6 元。经原告申请，一审法院依法委托该市第五人民医院司法鉴定所对原告的精神损害进行司法鉴定，于 2012 年 6 月 14 日做出鉴定意见，诊断为创伤后应激障碍，目前处于发病期；遭受人身损害是其患创伤后应激障碍的直接原因。

思考：

1）被告莫某、邹某对原告捆绑示众是否构成侵权？如果构成侵权，两人侵犯了原告的何种权利？

2）对原告陈某的盗窃行为，被告莫某、邹某应该如何处理？

一、侵权责任法的立法目的

《侵权责任法》第一条明确规定："为保护民事主体的合法权益，明确侵权责任，预防并制裁侵权行为，促进社会和谐稳定，制定本法。"由此可见，《侵权责任法》的立法目的主要集中在以下几个方面。

1. 保护民事主体的合法权益

保护民事主体的合法权益是《侵权责任法》最基本的作用，也可以说是其最主要的作用，这部法律处处都能体现“以人为本”的立法精神。在导学引思中原告陈某以小偷的身份被捆绑示众，陈某的身体权、名誉权等民事合法权益受到侵害是显而易见的，《侵权责任法》确认了原告陈某的侵权请求权，即请求法院判决被告莫某、邹某的行为构成侵权，并通过由被告莫某、邹某承担侵权责任的方式，救济原告陈某的民事权利，使其恢复至没有受到侵害时的状态。所以，《侵权责任法》最主要的目的就是保护民事主体的合法权益。

2. 明确侵权责任

侵权责任是法律责任的一种，要认识侵权责任首先要知道什么是法律责任。法律责任是指因违反了法定义务或契约义务，或不当行使法律权利、权力所产生的，由行为人承担的不利后果。依照违法行为，法律责任可以分为民事责任、刑事责任、行政责任等。法律责任的承担方式依照分类不同，表现方式也有所不同，如刑事责任的承担方式表现为管制、拘役、有期徒刑、无期徒刑等，行政责任的承担方式表现为罚款、拘留、驱逐出境等。侵权责任是指行为人因实施侵权行为而承担的一种法律责任，其责任承担方式主要是赔偿损失、停止侵害、赔礼道歉等。《侵权责任法》的基本内容就是归责原则和责任方式，所以整部《侵权责任法》从不同角度回答了侵权责任是否构成及责任如何承担这两个问题。

3. 预防并制裁侵权行为

《侵权责任法》通过追究侵权责任，惩罚侵权行为，对社会公众产生教育和威慑作用，让公众明白何为侵权行为，当身边发生侵权行为时应如何正确解决，从而可以预防侵权行为的发生，抑制侵害结果的蔓延。导学引思中原告陈某虽然有偷窃行为，但这并不能成为被告莫某、邹某侵犯他人人身权的正当理由。对于被告而言，可以及时报警，将情况反映给附近的公安机关，由其取证、调查后决定如何处置原告陈某。《侵权责任法》要求我们不得侵害国家、集体和他人的合法权益，要求企业加强管理，诚信经营。当前，企业在生产经营过程中经常会发生侵权行为，如产品质量责任、环境污染、生产安全事故等。为避免此类事件的发生，《侵权责任法》要求企业提高产品安全性能、促进清洁生产、加强安全管理，从而预防侵害结果的发生，保护生命财产安全。

侵权行为具有一定的社会危害性，应受到法律的制裁。例如，《中华人民共和国食品安全法》第一百四十八条规定：“生产不符合食品安全标准的食品或者经营明知是不符合食品安全标准的食品，消费者除要求赔偿损失外，还可以向生产者或者经营者要求支付价款十倍或者损失三倍的赔偿金。”制裁侵权行为是对侵犯他人及社会公共利益、漠视法律行为的谴责和惩戒。

议一议

你是否遇到过侵权行为？你是如何解决的？

二、《侵权责任法》的适用范围

《侵权责任法》第二条明确了其适用范围，其第一款规定：“侵害民事权益，应当依照本法承担侵权责任。”第二款规定：“本法所称民事权益，包括生命权、健康权、姓名权、名誉权、荣誉权、肖像权、隐私权、婚姻自主权、监护权、所有权、用益物权、担保物权、著作权、专利权、商标专用权、发现权、股权、继承权等人身、财产权益。”

本条第一款明确《侵权责任法》的保护对象为“民事权益”，民事权益之外的其他合法权益受到侵害时不应诉诸《侵权责任法》。例如，用人单位没有按照合同约定足额支付劳动者报酬，侵犯劳动者依法取得报酬的合法权益，应受《中华人民共和国劳动合同法》（以下简称《劳动合同法》）的保护，不受《侵权责任法》的保护。第二款明确规定了民事权益的具体内容，列举了一些具体的民事权益。民事权益主要包括以下内容。

1）生命权。生命权是指人身不受伤害和杀害的权利或得到保护以免遭伤害和杀害的权利，取得维持生命和最低限度的健康保护的物质必需的权利。

2）健康权。健康权是指自然人以其机体生理机能正常运作和功能完善发挥，以其维持人体生命活动的利益为内容的人格权。

3）姓名权。姓名权是指公民决定、使用和依照规定改变自己姓名的权利。

4）名誉权。名誉权是指人们依法享有的对自己所获得的客观社会评价、排除他人侵害的权利。它为人们自尊、自爱的安全利益提供法律保障。名誉权主要表现为名誉利益支配权和名誉维护权。

5）荣誉权。荣誉权是指公民、法人所享有的，因自己的突出贡献或特殊劳动成果而获得的光荣称号或其他荣誉的权利。

6）肖像权。肖像权是指公民对在自己的肖像上体现的精神利益和物质利益所享有的人格权。简单来说，肖像权人既可以对自己的肖像权利进行自由处分，又有权禁止他人在未经其同意的情况下，擅自使用其专有的肖像。

7）隐私权。隐私权是指自然人享有的对其个人的，与公共利益、群体利益无关的个人信息、私人活动和私有领域进行支配的人格权。

8）婚姻自主权。婚姻自主权是指自然人享有的结婚、离婚自由，不受他人干涉的权利。

9）监护权。监护权是指监护人对被监护人在人身和财产方面的管教和保护的权利。

10）所有权。所有权是指所有权人对自己的不动产或者动产，依法享有的占有、使用、收益和处分的权利。

11）用益物权。用益物权是指用益物权人对他人所有的不动产或者动产，依法享有的占有、使用或者收益的权利。

12）担保物权。担保物权是指担保物权人在债务人不履行到期债务或者发生当事人约定的实现担保物权的情形，依法享有的就担保财产优先受偿的权利。担保物权包括抵押权、质权和留置权。

13）著作权。著作权是指著作权人对其作品享有的人身权和财产权的总和，包括发表权、署名权、修改权、保护作品完整权、复制权、发行权、出租权、展览权、表演权、放映权、广播权、信息网络传播权、摄制权、改编权、翻译权、汇编权和应当由著作权人享有的其他权利。

14）专利权。专利权是指发明创造人或其权利受让人对特定的发明创造在一定期限内依法享有的独占实施权，是知识产权的一种。

15）商标专用权。商标专用权是指注册商标的所有人在核准的商品或者服务项目上使用其注册商标的权利，以及禁止其他人未经许可擅自在与核准商品或者服务项目相同或者类似的商品或者服务项目上使用与其注册商标相同或者类似商标的权利。

16）发现权。发现权是指集体或者个人在探索阐明自然现象、特性或者规律的科学研究中，取得前人未知的、对科技发展有重大意义的成果而依法享有的权利。

17）股权。股权是指投资者因投资于公司成为公司股东而享有的权利。股权根据行使目的和方式的不同可分为自益权和共益权两部分。自益权指股东基于自身利益诉求而享有的权利，可以单独行使，包括资产收益权、剩余财产分配请求权、股份转让权、新股优先认购权等；共益权指股东基于全体股东或者公司团体的利益诉求而享有的权利，包括股东会表决权、股东会召集权、提案权、质询权、公司章程及账册的查阅权、股东会决议撤销请求权等。

18）继承权。继承权是指公民依照法律的规定或者被继承人生前立下的合法有效的遗嘱而承受被继承人遗产的权利。

19）其他人身、财产权益。除了上述权利之外，《侵权责任法》还保护其他民事权益，之所以没有一一列举是因为现实生活中的民事权益多种多样，如死者名誉、胎儿人格利益等，《侵权责任法》不可能一一列举，但这并不代表那些没有列举到条款中的民事权益就不受《侵权责任法》的保护。

议 一 议

女主持人沈某在某餐饮有限公司和朋友相约吃饭。大家落座正要点菜之际，沈某的手机响了，她起身走出包间接听电话，来到了包间斜对面三四米处的木制消防通道门旁。后沈某被人发现坠落楼下，经抢救无效身亡，经鉴定为高坠死亡。原告沈某家属起诉至该市人民法院，认为沈某坠楼身亡是被告某餐饮有限公司和被告该市某宾馆使用不合规范的工程且没有在危险地段设置警示标志而造成的。两者的违法行为严重损害了消费者的权益，主观上具有明显过错，因此负有不可推卸的责任。请求法院判令被告赔偿交通费、抚养费和精神损失费等 246 万元。沈某的什么权利受到了侵害？原告的诉求能否得到支持？试说明理由。

任务二 侵权责任请求权

导学引思

日升旅行社为吸引更多游客推出了“日韩 7 日游”的旅行套餐，并征集了 20 名游客。为节约成本，日升旅行社随便指派了一名游客作为领队。旅游途中，发现其中一名游客患有乙肝，其他 19 名乘客备感不安，后这名患乙肝的游客在返程时死亡，更让这 19 名游客惊慌恐惧，他们认为日升旅行社的行为已经严重地影响了他们的正常旅行，要求旅行社退还出发时所缴纳的旅行费用并赔偿他们的精神损失。

思考：

1）游客缴纳的旅行费用可否退还？为什么？

2）游客主张的精神损失赔偿是否应该支持？为什么？

《侵权责任法》第三条规定了被侵权人的侵权请求权，即“被侵权人有权请求侵权人承担侵权责任”。侵权责任请求权是指侵权法律关系发生后，被侵权人享有的请求侵权人承担责任的权利。

侵权责任请求权是一种民事权利的保护权、救济权。要了解侵权责任请求权首先要知道以下 4 点。

1）侵权责任请求权产生的基础是侵权行为的存在，即确实有侵权行为发生，被侵权方才会享有请求对方赔偿损失的权利。

2）有侵权法律事实存在。产生请求权的法律事实不单只有侵权行为，还有无因管理、违约行为、不当得利等法律事实，基于这些法律事实产生的请求权不是侵权责任请求权。如导学引思中的法院认为，游客与日升旅行社签订了合同，双方当事人存在合同关系。游客因为日升旅行社未尽到合同义务将其诉至法院，要求其赔偿的请求权基于该旅行社的违约行为，而不是侵权行为。因此，游客的请求权是违约责任请求权，而不是侵权责任请求权。

3）侵权责任请求权产生基于损害结果产生，这种损害可以是人身权的损害，也可以是财产权的损害，甚至可以是精神损害，但精神损害的产生也是以侵权人侵犯民事主体合法权益为基础的，如隐私权、名誉权等。导学引思中的游客并未产生实际意义上的精神损害，所以其主张精神损害赔偿的请求法院不予支持。

4）侵权行为与损害结果之间有直接的因果关系，若损害结果并不是由侵权行为引起的，则损害结果不由侵权人来承担。

议一议

2017 年某日上午 10 时左右，突然下起大雨。某中职学校的体育老师临时决定，所有上体育课的学生统一转移到地下室进行室内活动。甲同学（18 周岁）也在上体育课，但他是残疾人士，一直靠轮椅行动，在下楼梯时遇到了困难。乙同学（16 周岁）主动要求协助甲下楼梯（楼梯未安装无障碍设施），甲表示同意。乙背着甲下楼时，因地上湿滑而跌倒，两人一起摔下楼梯，致甲颅骨破裂、四肢多处骨折。甲在意识清楚的时候多次请求不要对乙进行责罚。下午 6 时左右，甲因颅内大量出血抢救无效身亡。经查，甲的抢救费用由甲父母支付，乙无自己的财产。后甲父母要求乙及其监护人承担所有抢救治疗费用，并赔偿甲精神损失。甲父母请求乙和乙的监护人承担治疗费用，并赔偿甲精神损失，是否存在相应的请求权基础？试说明理由。

任务三　侵权责任优先保障原则

导学引思

甲服装公司未经商标权人乙服装公司的许可，擅自使用了乙服装公司的注册商标，并将该商标的服装大量投放市场。乙服装公司发现后，向商标管理部门举报投诉，商标管理部门经过详细调查取证后确认甲服装公司构成侵害注册商标专用权，对其做出罚款 30 万元的处罚决定，已经执行。后乙服装公司向法院起诉，请求甲服装公司承担商标侵权责任。法院确认侵权事实存在，遂判决甲服装公司承担 90 万元的赔偿金。但在判决执行期间，甲服装公司经营不善导致资不抵债，不足以全部支付 90 万元的赔偿金。后乙服装公司请求法院支持用商标管理部门的罚款清偿损害赔偿责任。

思考：

1）甲服装公司缴纳的 30 万元罚款属于承担什么责任？

2）商标管理部门的罚款可否用来清偿损害赔偿责任？为什么？

《侵权责任法》第四条规定了侵权责任请求权的优先保障原则："侵权人因同一行为应当承担行政责任或者刑事责任的，不影响依法承担侵权责任。""因同一行为应当承担侵权责任和行政责任、刑事责任，侵权人的财产不足以支付的，先承担侵权责任。"

法律责任按照不同的标准可以作不同的分类。根据法律责任的类型，法律责任可以分为民事责任、行政责任和刑事责任。侵权责任是民事责任的一种，而民事责任是指公民或法人因违反民事法律、违约或者因法律规定的其他事由而依法承担的不利后果。民事责任、行政责任和刑事责任作为 3 种不同性质的法律责任，各自有其不同的发生根据和特定的适用范围。一般情况下，三者各自独立存在，并行不悖，但也有例外，如一责任主体的财产不足以同时满足承担民事赔偿责任和承担罚款、罚金及没收财产等行政或刑事责任时，3 种责任就发生冲突，难以同时适用，必然会产生哪一种责任优先适用的问题。民事责任优先原则就是解决这类责任竞合时的法律原则，即责任主体的财产不足以同时满足民事责任、行政责任或者刑事责任时，优先承担民事责任。侵权责任是民事责任的一种，因此，《侵权责任法》第四条第二款规定，因同一行为应当承担侵权责任和行政责任、刑事责任，侵权人的财产不足以支付的，先承担侵权责任。

任务四　侵权特别法的效力

导学引思

张某晚上驾驶轿车自东向西行驶，在路口与骑自行车自南向北骑行的谢某相撞，致使谢某颅内出血过多死亡，车辆损坏，造成交通事故。事故发生后张某由于害怕驾车逃逸。公安局交通巡逻警察大队做出交通事故认定书，认定被告张某醉酒驾车，发生事故后驾车逃逸，应负此事故的全部责任，谢某在此事故中无责任。谢某的丈夫何某向法院起诉，要求张某承担全部赔偿责任。法院依照《侵权责任法》第四十八条和《中华人民共和国道路交通安全法》（以下简称《道路交通安全法》）第七十六条确定侵权责任。

思考：

1）被告张某的行为已经构成侵权，法院适用《侵权责任法》后，为什么要再适用《道路交通安全法》？

2）法院依照这两部法律判决的依据是什么？

侵权责任法只是规定了侵权责任构成和承担的一般规则，可以视为侵权法的一般法，除此之外，还存在一些侵权特别法规范。例如，《道路交通安全法》对道路交通事故归责的规定；《中华人民共和国国家赔偿法》（以下简称《国家赔偿法》）专门规定了国家机关作为侵权人应如何承担侵权责任；《中华人民共和国产品质量法》（以下简称《产品质量法》）明确产品质量责任；《中华人民共和国消费者权益保护法》（以下简称《消费者权益保护法》）保护消费者的合法权益，维护社会经济秩序；《中华人民共和国反不正当竞争法》（以下简称《反不正当竞争法》）打击不正当市场竞争行为等。一般法只适用于一般的事项，而特别法适用于特别事项。

侵权特别法的适用有以下几个原则：①特别法优于普通法原则；②新法优于旧法原则；③实事求是的综合分析原则。

项目十一　侵权责任构成和责任方式

项目目标

◎知识目标

1. 了解侵权责任法的归责原则。

2. 掌握共同侵权行为，教唆、帮助型共同侵权行为，共同危险行为，无意思联络分别侵权行为的相关规定。

◎技能目标

能够利用归责原则和侵权责任形态对现实中的侵权案例进行具体分析，清楚区分侵权人的责任构成。

任务一　侵权责任归责原则

导学引思

2005 年 3 月 20 日，某镇发生一起强奸（未遂）案，被告某公安分局立案后，于同年 4 月 13 日下午将犯罪嫌疑人朱某抓获。当晚，某公安分局欲安排被害人对犯罪嫌疑人进行混合指认，要求被告某实验学校予以协助，提出需要数名与犯罪嫌疑人朱某年龄相仿的初中男生配合指认。当晚 9 时下自习时，某实验学校教导主任对该校初二某班班主任张某说明了此事，张某即带领原告李某、高某、陈某、张某和孙某前往某公安分局。该局民警向张某及 6 名原告说明了混合指认的相关内容，张某在谈话笔录上签字后，6 名原告按照民警要求手举号牌与犯罪嫌疑人朱某一起列队接受指认，这一过程被民警摄像和拍照。次日，被告某电视台记者前往某公安分局采集新闻，该公安分局遂将本案指认过程的相关录像资料等交给电视台记者，未作任何交代。2005 年 4 月 16 日，某电视台“第一时间”栏目播报的新闻中，出现李某等 6 名原告手持号码牌参与辨认的图像，面部无任何技术遮盖，时长约 2 秒。电视台播报此新闻前未通知某公安分局和某实验学校。李某等 6 名原告先后看到该条新闻，随即向学校及某公安分局提出异议，未果，后被同学和其他人以“嫌疑犯”和“几号强奸犯”等字眼称呼。李某等 6 名原告因与 3 名被告未能就赔偿事宜达成一致意见，遂起诉至某人民法院。

思考：

1）被告某公安分局、某电视台、某实验中学的行为是否侵犯了 6 名原告的合法权益？为什么？

2）被告某公安分局、某电视台、某实验中学是否存在过错？为什么？

3）被告某公安分局、某电视台、某实验中学是否应该赔偿 6 名原告的损失？为什么？

一、过错责任原则

《侵权责任法》第六条第一款规定："行为人因过错侵害他人民事权益，应当承担侵权责任。"简单理解即"无过错即无责任"，我们将其称为过错责任原则，即只有行为人主观上有过错时，才会对自己的侵权行为承担侵权责任。如果没有主观上的过错，即使行为人的行为造成了损害结果，损害结果和该行为之间存在因果关系，行为人也不承担赔偿责任。过错责任原则在侵权纠纷中是一般性的原则。例如，导学引思中的案例便适用过错责任原则。3 名被告是否要承担赔偿责任，关键是看他们是否存在过错。就某公安分局而言，为尽快查清案情，需要公民给予适当配合，完成对犯罪嫌疑人的混合指认，在指认过程中的拍照、摄像也是执法需要，这些行为对 6 名未成年人而言并不存在过错。但是某电视台向其索取这些照片、视频材料用于报道时，某公安分局应该可以预测这一行为可能会侵害 6 名原告的名誉权，该公安分局就有义务向电视台说明混合指认的情况，避免侵权事件发生，但其并未说明，可见该公安分局存在未尽说明义务的过错。电视台作为新闻机构，更应该注意并核实对外报道中有无不当内容，是否可能侵犯他人合法权益。电视台没有对 6 名原告进行适当的技术处理，导致 6 名原告名誉受损，也存在过错。本案当中的某实验学校召集 6 名原告配合某公安分局完成对犯罪嫌疑人的指认，这是每个公民应尽的义务，是没有过错的。而且，学校也无法预测电视台会报道此事，并将有关指认的图像不进行任何说明地公之于众，所以某实验学校不存在过错。因此，虽然 3 名被告的行为共同导致了损害结果，但因某实验学校并无过错，对原告的赔偿责任由公安分局和电视台两名被告来承担。

二、过错推定原则

《侵权责任法》第六条第二款规定："根据法律规定推定行为人有过错，行为人不能证明自己没有过错的，应当承担侵权责任。"本法条规定的是过错推定原则，在侵权行为法上，如果被侵权人在诉讼中能证明违法行为与损害事实之间存在因果关系，而侵权人不能证明损害的发生自己没有过错，那么就从损害事实的本身推定侵权人在致人损害的行为中有过错，并要为此承担赔偿责任。过错推定原则并未改变过错归责的基础，只是对"谁主张，谁举证"的举证责任实行了倒置。过错推定原则只适用于特殊的情景。例如：监护人责任，无民事行为能力人在教育机构被侵权的；机动车交通事故中，机动车造成非机动车或行人人身损害的；在医疗损害赔偿案件中，被侵权人是弱者并且缺乏专业医疗知识，在举证方面有很大难度，为保证被侵权人合法权益不被损害，医疗损害纠纷实行过错推定原则，即被侵权人只要证明损害事实存在，损害事实与医疗单位的行为就有因果关系，如果医疗单位不能证明自己无过错，就应推定医疗单位有过错，需要承担民事责任；动物园的动物造成人身损害结果的；建筑物或建筑物上的悬挂物致人损害、建筑物倒塌责任等。

三、无过错原则

《侵权责任法》第七条规定："行为人损害他人民事权益，不论行为人有无过错，法律规定应当承担侵权责任的，依照其规定。"这是无过错责任原则，即行为人只要给他人造成损失，不问其主观上是否有过错而都应承担的责任。当前，随着社会经济的不断发展，产品缺陷、环境污染等致人损害的情况越来越多，对于此类特定事故，被侵权人举证的难度往往很大，基于公平正义的法律精神和照顾弱者、稳定社会的政策考虑，我国规定了无过错责任原则，该原则为特别原则，目的在于保护被侵权人的合法权益，有效弥补被侵权人因特殊侵权行为所造成的损失，但其仅适用法律规定的特别情形：①产品责任；②高度危险责任；③环境污染责任；④动物损害中的部分责任；⑤司法实践中，对于工伤事故的责任。

议一议

1. 死者张某居住在某市某小区 21 楼，因生活压力过大选择跳楼自杀，张某在跳楼落地时，正好砸中了从楼下经过的李某，李某因外力所致创伤失血性休克死亡。李某的子女悲痛过度，遂将该小区的物业公司和房屋管理局一并告上了法院，并索赔 20 万元。两名被告是否应该就李某的死亡承担赔偿责任？为什么？

2. 甲在一家生产企业工作，有一天在上班时间，甲的右手手指不慎被机器压断，单位以甲未按照操作规程工作为由拒绝赔偿。企业能否以甲操作失误为由拒绝赔偿？为什么？

3. 高某与多年未见的朋友李某相约在某 KTV 唱歌，到达之前高某从楼下超市购买了 3 件某品牌啤酒带到 KTV 包间。在唱歌期间，啤酒发生爆炸造成高某右眼受伤，共花去医药费 15 000 元有余。经司法鉴定机构鉴定，高某已构成八级伤残，高某到该啤酒有限公司索赔遭到拒绝，遂起诉至人民法院。本案中原告高某是否需要举证该啤酒有限公司存在过错？为什么？

任务二　侵权责任形态

导学引思

原告某影视发行有限公司享有某部电影的独占性信息网络传播权。原告在被告经营的网络上发现有这部电影的视频，原告认为被告侵犯了自己的合法权益，故将被告诉至法院，要求被告赔偿损失。被告在答辩状中承认其网上确实存在这部涉案电影，但是被告辩称这部电影并非自己上传，而是网络用户自己上传至被告网络上的，被告作为网络服务提供者难以发现，并称其已于收到诉状后将影片删除。

思考：

1）被告是否应当赔偿原告的损失？为什么？

2）上传涉案电影的网络用户与被告是否构成共同侵权？为什么？

要了解导学引思中网络用户与被告是否构成共同侵权，就要先认识《侵权责任法》中关于共同侵权的规定。

一、共同侵权

《侵权责任法》第八条规定：“二人以上共同实施侵权行为，造成他人损害的，应当承担连带责任。”该条是对共同侵权的一般性规定。连带责任是指被侵权人可以要求任意一个行为人承担全部责任，也可以要求数个行为人共同承担赔偿责任。构成共同侵权需要满足以下几个要件：①行为人两人或两人以上。共同侵权的行为人不单只有一个，可以是法人，也可以是自然人；②行为人共同实施侵害行为。这里的共同实施包含共同故意，也包含共同过失，以及故意和过失的结合。例如，甲对丙怀恨在心，故意在丙的周围手持烟花，要求不知情的乙帮忙点火燃放，结果造成丙脸部烧伤，甲和乙的行为构成对丙的共同侵权，应当对第三人承担赔偿责任。

二、教唆、帮助型共同侵权行为

《侵权责任法》第九条规定：“教唆、帮助他人实施侵权行为的，应当与行为人承担连带责任。教唆、帮助无民事行为能力人、限制民事行为能力人实施侵权行为的，应当承担侵权责任；该无民事行为能力人、限制民事行为能力人的监护人未尽到监护责任的，应当承担相应的责任。”

《侵权责任法》第九条第一款是针对完全民事行为能力人做出的规定。教唆、帮助行为是指行为人主观故意实施了对侵权人的教唆或帮助行为，造成第三人的合法权益受到侵害。与共同侵权相比较，教唆型共同侵权的特点是“意思共同”，但“行为不共同”，即教唆人并未直接参与侵权行为，但只需要认定行为人对侵权行为的发生或扩大起到一定的推动作用即可认定教唆、帮助型共同侵权的成立。

《侵权责任法》第九条第二款是规定行为人对无民事行为能力人或限制民事行为能力人实施了教唆、帮助行为。与第一款最大的差别是法律后果的不同：①行为人只要实施了教唆、帮助行为就应当承担侵权责任，不以行为人是否知道被教唆、帮助人为无民事行为能力人或限制民事行为能力人为转移；②规定了监护人的责任，如果监护人没有尽到监护职责对无民事行为能力人或限制民事行为能力人实施的侵权行为有一定的推定作用，监护人应当承担一定的责任。《中华人民共和国民法通则》规定，监护人的职责主要有以下几项：①保护被监护人的人身、财产及其他合法权益；②管理被监护人的财产；③代理被监护人参加各类民事活动；④教育和照顾被监护人；⑤在被监护人的权利受到侵害或发生争议时，代理其进行诉讼。

三、共同危险行为

《侵权责任法》第十条规定：“二人以上实施危及他人人身、财产安全的行为，其中一人或者数人的行为造成他人损害，能够确定具体侵权人的，由侵权人承担责任；不能确定具体侵权人的，行为人承担连带责任。”本条规定的是共同危险行为，行为人之间的行为是相互独立的，没有意思联络，但他们有一个共同特征：具有危险性。发生损害结果后，如果能够确定具体侵权人，则由具体侵权人承担赔偿责任；如果无法确定具体侵权人，鉴于行为都具有危险性，法律将其认定为共同危险行为，从保护被侵权人角度出发，由各行为人共同承担赔偿责任。例如，清晨 5 名学生在路边比赛扔石子，结果其中一名学生扔的石子砸中了路人甲，如果能够确定砸中甲的石子是由谁扔出的，则由其承担对甲的赔偿责任；

如果无法确定具体侵权人，则认定 5 名学生的行为构成共同危险行为，由 5 名学生共同承担赔偿责任。

四、无意思联络分别侵权

《侵权责任法》第十一条规定：“二人以上分别实施侵权行为造成同一损害，每个人的侵权行为都足以造成全部损害的，行为人承担连带责任。”本条是关于无意思联络分别侵权的规定。适用本条规定要满足以下几个构成要件：①行为人分别侵权，即行为人之间的行为是相互独立的，没有任何故意或过失的意思联络。如果行为人存在意思联络，则适用《侵权责任法》第八条规定，构成共同侵权。②无意思联络的行为造成同一个损害结果。例如，甲开车不小心将丙撞倒致丙左腿受伤，骑电车过来的乙来不及躲闪撞在丙的右腿上致丙右腿受伤，甲和乙的行为没有任何的意思联络，虽都侵犯到丙但不构成无意思联络的侵权，因为甲和乙的行为没有造成同一损害结果。③无意思联络的侵权人中每一个行为人都足以造成全部损害结果，即不管有无共同侵权人都会产生一样的损害结果。例如，甲和乙不认识，但都对丙仇恨在心，事前也没有任何商量，分别在丙的水壶中投放了足量的毒药，每个人所投的药量都能致丙死亡，丙因喝了水壶中的水而死亡。这一事件中，甲和乙的行为构成无意思联络共同侵权行为。

《侵权责任法》第十二条规定：“二人以上分别实施侵权行为造成同一损害，能够确定责任大小的，各自承担相应的责任；难以确定责任大小的，平均承担赔偿责任。”侵权损害结果发生后，要适用本条法规同样需要满足一定的构成要件：①无意思联络的分别侵权；②造成同一损害结果，与第十一条相比，缺少了每个行为人的侵权行为足以造成全部损害结果这一构成要件，所以在责任承担上与第十一条也有差别，即适应本条可以确定行为人各自责任大小的，按照责任大小承担；不能确认责任大小的，平均承担赔偿责任。

议 一 议

某公司预搭建一座临时仓库，为节约成本，将该搭建工程发包给没有建筑资质的李某。李某雇用了工人谢某，李某与谢某商议好工资为 200 元/天，按日结算。某施工日下午，李某的吊机开始工作，因吊机工人操作不当，扯断了路旁的高压线，其中一根高压线落在谢某的身上造成谢某重伤，谢某住院治疗共产生各种费用 35 万余元，谢某被评定为八级伤残。后谢某将某公司、李某、吊车司机诉至法院，要求被告承担所有治疗费用并赔偿谢某各项损失。如果你是法官，你对该案将做出怎样的判决？

项目十二　不承担责任及减轻责任情形

项目目标

◎**知识目标**

掌握过失相抵、受害人故意、第三人原因、不可抗力、正当防卫、紧急避险的概念及适用原则。

◎**技能目标**

能够准确判断现实生活中的具体案例是否可以适用侵权责任减轻或免除条款，并知道如何适用。

导学引思

1. 王某有一家自营的模具厂，雇用了工人安某和蔡某，他们均负责模具工作。一天安某让蔡某帮忙掀火，结果蔡某因为忘记挂地锚而被砸伤，送至医院共花费医疗费 20 000 余元，王某主动承担了蔡某的治疗费用。后蔡某去司法鉴定机关被鉴定为八级伤残，预计仍需后期治疗。蔡某要求王某承担后期治疗费用、营养费、误工费，共计 15 000 元。王某不予认可，认为蔡某在此事故中存在重大过失，应自行负担一部分损失。双方协商未果，遂蔡某诉至法院。

思考：

1）蔡某在事故中是否存在过失？为什么？

2）王某是否应该承担所有的赔偿责任？为什么？

2. 小高在家中与丈夫吵架后，自行翻越障碍来到铁轨处，看到列车驶来距离自己 30 米左右时，径直走到铁轨中间，火车及时鸣笛并紧急制动，但小高没有离开的意思，最后被火车当场撞死。事后，小高的丈夫参与了事故的处理并领取了 1 万元的事故处理费。小高的父母接受不了女儿死亡的事实，多次找铁路部门交涉未果，于是将铁路局告上法院，要求铁路局赔偿因小高死亡所造成的各项损失。

思考：

1）铁路局在此事件中是否存在过错？为什么？

2）铁路局是否应该承担小高死亡的各项损失？为什么？

一、过失相抵原则

《侵权责任法》第二十六条规定：“被侵权人对损害的发生也有过错的，可以减轻侵权人的责任。”该条规定的是侵权责任法中减轻责任的情景之一：过失相抵原则。在侵权人应当依法承担赔偿责任的前提下，如果被侵权人对损害结果的发生或扩大有一定的过错，则可以减轻侵权人的赔偿责任。

适用过失相抵原则需要具备一定的主客观要件。主观要件是指被侵权人主观上有过失，过失一般分为故意、重大过失和一般过失。换言之，如果被侵权人没有过失，即使被侵权人的行为对损害结果的发生或扩大有一定的推动作用，也不能依据此因果关系而减免侵权人的责任。客观要件是指侵权人的过失与被侵权人的过失引发了同一个损害结果，即损害结果的同一和原因力的竞合。如果双方互相侵权，都发生了损害结果，且产生损害结果的原因不同，则不适用过失相抵原则。需要注意的是，损害结果同一与原因力竞合，这两个条件缺少任何一个都会造成因果关系的中断。

二、受害人故意

《侵权责任法》第二十七条规定："损害是因受害人故意造成的，行为人不承担责任。"本条规定是指受害人故意造成损害结果的，行为人不承担侵权责任。"故意"是指受害人明知自己的行为会导致损害结果的产生，仍希望或者放任这种结果的发生。以本项目导学引思中的案例二为例，受害人小高明知自己站在铁轨中间的后果，仍坚持为之，正是受害人自己的故意造成了死亡结果的发生。依照《侵权责任法》第二十七条的规定，铁路局不承担侵权责任，小高父母的诉讼请求得不到法院的支持。

三、第三人原因

《侵权责任法》第二十八条规定："损害是因第三人造成的，第三人应当承担侵权责任。""第三人过错"是指侵权人提出的损害完全或者部分由第三人的过错造成，从而提出免除或者减轻自己责任的抗辩事由。第三人的过错包括故意和过失。适用《侵权责任法》第二十八条要求的第三人与侵权人之间不存在任何隶属关系。例如，某公司的工作人员在工作过程中造成了他人的损害，公司需要承担侵权责任，不能提出"第三人过错"的抗辩理由。因为工作人员与某公司之间存在隶属关系，工作人员不属于第三人。

议一议

2016年11月3日下午6时左右，甲和乙两人因琐事在马路边争吵，这时正值下班高峰期，路上车辆较多。甲因乙出言不逊怀恨在心，看到迎面过来一辆车速较快的汽车后，趁着乙不注意将其推到马路中间。汽车驾驶员来不及刹车将乙撞倒在地，经过医院诊断，乙头皮裂伤，右腿骨折。乙遂向法院起诉要求汽车驾驶员赔偿个人医疗费、护理费、误工费等共计6万余元。汽车驾驶员辩称：撞倒乙是事实，但其损害结果是由甲将其推倒在马路中间所致，对乙的赔偿责任应该由甲承担。甲将乙推到马路中间的行为是否构成乙被侵权的第三人原因？甲是否应该就乙的受伤承担赔偿责任？试说明理由。

四、不可抗力

《侵权责任法》第二十九条规定："因不可抗力造成他人损害的，不承担责任。法律另有规定的，依照其规定。"本条是关于不可抗力的规定。不可抗力是指不能预见、不能避免和不能克服的客观情况，它不以人的意志为转移，独立于人的行为之外。不可抗力包括自然原因，如台风、地震、洪水、海啸等；社会原因，如战争、武装冲突、罢工等。在适用不可抗力免责条款时，应该注意以下两个方面：第一，因不可抗力免责的，不可抗力必须是损害结果发生的唯一原因，当事人对损害结果的发生和扩大不能起到任何作用。第二，法律有特别规定不可抗力不能作为免责事由的，依照特别规定。这一情况在侵权案例中的应用相对较少，但在合同中应用较广，如《中华人民共和国邮政法》第四十八条规定，保价的给据邮件即使因为不可抗力损失的，邮政企业也不能免除赔偿责任。第三，不可抗力作为免责事由还需附带其他条件的，如《中华人民共和国大气污染防治法》规定，经及时采取合理措施，仍然不能避免造成大气污染损失的，才能免于承担责任。

五、正当防卫

《侵权责任法》第三十条规定：“因正当防卫造成损害的，不承担责任。正当防卫超过必要的限度，造成不应有的损害的，正当防卫人应当承担适当的责任。”正当防卫是指行为人为了防止国家利益、本人或他人的合法权益遭受不法侵害，对侵权人正在进行的不法侵害所采取的防卫措施。认定正当防卫减轻或免除侵权责任的必须满足以下几个条件。

1）必须有侵害事实的发生。正当防卫以侵害事实存在为前提，没有侵害事实，不得进行正当防卫。侵害要有即时性，即时性的特点是已经着手、正在进行、尚未结束。

2）以防卫为目的。以保护自己或他人或社会公共利益不受侵害为前提，不能以非法侵害或报复泄愤为目的。

3）必须针对不法行为，不能针对合法行为。例如，警察在执行公务时对犯罪嫌疑人的有效控制，不能进行正当防卫；逃犯在面对抓捕时不能以正当防卫为由拘捕。

4）必须针对不法侵害人本人进行。正当防卫的目的是制止侵害人的不法行为，必须针对侵害人本人进行，可以是人身的，也可以是财产的，但不允许针对第三人进行。因为正当防卫造成第三人受到侵害的，防卫人必须对第三人承担责任。

5）防卫必须在必要的限度内。必要的限度是指为了制止不法侵害所必须具有的，足以有效制止侵害行为的程度。如果正当防卫超出了必要的限度，造成不应有的损害，防卫人应当承担一定的责任。

练一练

张某有两个儿子甲和乙，乙平时不尽孝道，经常惹是生非，甚至对张某无端打骂。某日，乙与妻子发生争吵，张某过来劝说。乙转而辱骂张某并将其踢倒在地，并拿起桌子上的水果刀欲刺张某，张某起身逃跑，乙持水果刀紧追其后。甲见状，随手拿起棒子朝乙的颈部砸去，乙晕倒在地。张某转身拿起地上的石头朝乙的头部猛砸数下，致乙死亡。对本案中张某、甲的行为表述正确的是（　　）。

A. 张某的行为构成故意杀人罪，甲的行为属于正当防卫

B. 张某的行为构成故意杀人罪，甲的行为属于防卫过当

C. 张某的行为属于防卫过当，构成故意杀人罪，甲的行为属于正当防卫

D. 张某和甲的行为均构成故意杀人罪

六、紧急避险

《侵权责任法》第三十一条规定："因紧急避险造成损害的，由引起险情发生的人承担责任。如果危险是由自然原因引起的，紧急避险人不承担责任或者给予适当补偿。紧急避险采取措施不当或者超过必要的限度，造成不应有的损害的，紧急避险人应当承担适当的责任。"紧急避险是指为了使国家、公共利益、本人或者他人的人身、财产和其他权利免受正在发生的危险，不得已采取的致国家、公共利益、本人或者他人的合法权益损害的行为。构成紧急避险，必须具备以下几个条件。

1）危险正在发生。危险的发生具有紧迫性并且威胁到公共利益、本人或他人的合法权益。危险要有即时性，正在发生，尚未结束。对于尚未发生或想象中的危险，不存在紧急避险行为。

2）在不得已情况下采取紧急避险。不得已是指如果不采取紧急避险措施就会造成更大的损失，即避险确有必要。但不是说避险的手段是唯一的，可以采取多种方式或手段，只要最终避险行为造成的损害小于可能发生的损害即可。

3）不得超过合理避险范围。紧急避险制度设计的目的是以损害较小合法权益为代价来保全更大的利益，如果避险行为所造成的损害结果超过避险范围，造成了更大的损害，这个行为是没有必要和意义的，构成避险过当。避险过当的，避险人应当承担相应的赔偿责任。

练一练

乙的鱼塘紧挨甲的工厂，某日甲工厂仓库着火，甲用水泵从乙的鱼塘抽水救火，致鱼塘中价值2万元的鱼苗死亡。仓库中价值4万元的商品因灭火及时未被烧毁。甲承认仓库边还有其他几家鱼塘。关于本案，下列说法正确的是（　　）。

A. 甲出于报复动机损害乙的财产，缺乏避险意图

B. 甲从乙的鱼塘抽水，是不得已采取的避险行为

C. 甲未能保全更大的权益，不符合避险限度要件

D. 对2万元鱼苗的死亡，甲要承担赔偿责任

模块四

市场运行法律制度

随着我国经济与经济体制的进一步发展与改革，国家通过制定一系列法律来管理、规范经济秩序过程中发生的经济关系。本模块从经济法的这一职能入手，通过设置不同的课堂项目引导学生逐步了解《产品质量法》《反不正当竞争法》《消费者权益保护法》这几部法律的核心内容，更深入地理解国家颁布市场规制法规的重要性，体会法律对政府、社会、市场发挥的平衡协调作用，熟悉我国在质量监督、市场监管和消费者保护方面的法律法规，提高解决实际法律问题的能力。

项目十三　产品质量相关规定

项目目标

◎知识目标

1．理解产品质量责任。

2．明确产品生产者和销售者各自的义务。

◎技能目标

1．能够运用相关知识区分一般产品质量责任和产品责任。

2．能够在生产经营过程中明确自己的责任义务。

任务一　产品和产品标准

导学引思

我们每天都在使用各种产品，产品质量关乎生命安全。表 13.1 中的哪些消费对象出现问题，我们可以寻求《产品质量法》的保护？

表 13.1　消费对象

消费对象	是	否
自种南瓜		
实验中的防震玻璃		
用燕麦加工制成的燕麦片		
英国生产的厨具		
军工用品		
建房子所用的钢筋		
新鲜空气		
烟草制品		
玉米		
出口产品		

一、我国产品质量法所称的产品的范围

产品质量法是调整产品质量监督关系和产品质量责任关系的法律规范的总称。我们通常所说的《产品质量法》是指 1993 年 2 月 22 日颁布、9 月 1 日起施行的，该法于 2000 年

进行了修订。作为生产者和消费者，首先要了解什么是产品，这样才能更好地运用产品质量法来维护自己的权益。

《产品质量法》适用的产品，是经过加工、制作、用于销售的产品。也就是说，各种直接取之于自然界，未经加工制作的产品，如稻、麦、蔬菜、饲养的鱼虾等种植业、养殖业的初级产品，采矿业的原油、原煤等直接开采出来未经炼制、洗选加工的原矿产品等，均不适用《产品质量法》的规定，但这些产品质量与合同约定不符的，也要承担违约责任；若因过错造成他人损害的需承担民法上的侵权责任，而不适用产品质量法关于产品责任的规定。《产品质量法》所称的产品，必须是用于销售的产品。不作为商品的产品，如自己制作、自己使用或馈赠他人的产品，不属于国家进行质量监督管理的范围，不适用《产品质量法》。

建设工程，包括房屋、公路、桥梁、隧道等工程。由于建设工程的质量问题与一般加工、制作的产品有较大的不同，对建设工程的质量问题，应当适用《中华人民共和国建筑法》等法律。但用于建设工程的各种建筑材料和建筑构配件、设备等，属于产品范围内的，适用《产品质量法》。

综上所述，产品必须是经过加工、制作，并且用于销售，出了质量问题才可以适用《产品质量法》关于产品责任的规定；否则，就要通过其他民事法律的规定来进行追责和维权。

议一议

通过对法律知识的学习，在回答导学引思中的问题后，说明自己判断的理由。例如，为什么用燕麦加工制成的燕麦片属于产品？

导学引思

2016 年 8 月 4 日，A 地的质监执法人员对某公司生产的电热锅产品进行执法检查。经抽样检测，有 926 件产品不符合国家标准。检查过程中，执法人员还发现该公司生产的功率为 1 100 瓦的电热锅产品未经强制性产品认证证书扩展。对此，质监部门依法予以行政处罚。

思考：

1）类似电热锅的产品为什么必须符合国家标准？

2）何为不合格产品？

二、产品标准的相关概念

产品标准是对产品所做的技术规定，它是判断产品合格与否的主要依据。

《产品质量法》第十二条规定，产品质量应当检验合格。合格是指产品的质量状况符合标准中规定的具体指标。我国现行的标准分为国家标准、行业标准、地方标准和经备案的企业标准。凡有强制性国家标准、行业标准的，必须符合该标准；没有强制性国家标准、行业标准的，允许适用其他标准，但必须符合保障人体健康及人身、财产安全的要求。同时，国家鼓励企业赶超国际先进水平。对不符合强制件国家标准、行业标准的产品，以及不符合保障人体健康和人身、财产安全标准和要求的产品，禁止生产和销售。

标准是进行商品生产的“法则”，关乎产品质量和公众的生命安全。如果我们的生活中没有产品标准，会让国民经济发展及我们的工作生活出现混乱，那么法律的保护也就无从说起。

对于企业和行业来说，标准制定出来以后，执行是关键，只有这样，才能保证消费者的安全。如果企业擅自降低执行的产品标准，或者不执行国家规定的标准，就意味着没有承担最低的商品生产的责任，也就是安全保障责任，直接关系着一个企业的信誉和生存。更重要的是，标准起到的是事前防范的作用。

三、产品标准的层级和从属关系

目前，我国的产品标准分为国家标准、行业标准、地方标准和企业标准四级，一级比一级严格。也就是说，企业标准应是四级标准中最为严格的。在产品标签上，标准前面的英文字母即标准的代号，“GB”表示国家标准，“DB”表示地方标准，而“Q”开头的标准是企业标准。

《中华人民共和国标准化法》（以下简称《标准化法》）对标准执行的层级做出了规定：对没有国家标准而又需要在全国某个行业范围内统一的技术要求，可以制定行业标准。在公布国家标准之后，该项行业标准即行废止。

对没有国家标准和行业标准而又需要在省、自治区、直辖市范围内统一的工业产品的安全、卫生要求，可以制定地方标准。在公布国家标准或者行业标准之后，该项地方标准即行废止。

除此之外，我国还存在国际标准和采用国际标准的相关规定。国际标准是指国际标准化组织（International Organization for Standardization，ISO）、国际电工委员会（International Electrotechnical Commission，IEC）和国际电信联盟（International Telecommunication Union，ITU）制定的标准，以及国际标准化组织已列入《国际标准题内关键词索引》中的27个国际组织制定的标准和公认具有国际先进水平的其他国际组织制定的某些标准。

导学引思

分组讨论下列产品质量“好”的要素。

A. 运动鞋　B. 冰箱　C. 手机　D. 吸尘器　E. 床

四、产品质量的含义和产品质量责任

产品质量是指产品“反映实体满足明确和隐含需要的能力和特性的总和”，这是根据国际标准化组织制定的国际标准——《质量管理和质量保证术语》（ISO 8402—1994）定义的。不同的产品具有不同的特征和特性，其总和便构成了产品质量的内涵。产品质量要求反映了产品的特性和特性满足顾客和其他相关方要求的能力。这些质量要求可以转化成具有具体指标的特征和特性，通常包括使用性能、安全性、可用性、

知识拓展：用最笨的办法制造最好的空调

可靠性、可维修性、经济性和环境等几个方面。

通过以上论述，我们要明确的是产品质量是产品实现全过程的结果，产品质量要经历一个从产生、形成和实现的过程，在这一过程中的每一个环节都直接或间接地影响到产品的质量，并不能片面说哪一环节决定了产品的质量，而是它由一整套的生产服务体系决定。

议一议

生活中你曾经遇到过哪些产品质量问题？你是怎么解决的？

任务二　我国产品质量监督制度

导学引思

2016 年年底，国家质量监督检验检疫总局针对网络销售的旅行箱包、电磁灶、移动电话、智能马桶盖、羊绒针织品、婴儿纸尿裤（片）、运动鞋 7 种电子商务产品组织开展了产品质量国家监督专项抽查。本次抽查采取“神秘买家”从电商平台买样的方式，抽查了 257 家企业生产的 275 批次产品（不涉及出口产品）。经检验，有 200 批次产品合格，监督抽查合格率为 72.7%；检出 75 批次产品不合格，不合格产品检出率为 27.3%。

针对本次产品质量国家监督专项抽查中发现的问题，各省、自治区、直辖市质量技术监督部门（市场监督管理部门）要按照《产品质量法》《产品质量监督抽查管理办法》等法律法规的规定，认真做好后续处理工作。例如，对于本次抽查中产品质量不合格的生产企业，特别是抽查发现产品质量不符合国家强制性标准的，应依法责令企业停止生产销售不合格产品，按照有关规定监督销毁或者进行必要的技术处理。

思考：

1）我国由哪个部门负责产品质量监督检查？

2）上述案例中的部门在行使哪种职责？这种检查属于哪种监督方式？

3）该部门的执法依据是我国的哪部法律？

4）责令企业停止生产不合格产品属于何种处罚？

产品质量监督管理制度是指执行产品质量监督的方式、形式和方法的总称。我国对产品质量实行统一立法、区别管理的原则，对可能危及人身健康和生命、财产安全方面的产品实行强制管理，其他产品主要通过市场竞争和企业自我约束的机制去解决。对产品质量的监督管理，采取事先保证和事后监督相结合的原则。产品质量的执法监督按照行政区划统一管理、组织协调的原则。在加强国家监督的同时发挥行业监督、社会监督的作用。

一、产品质量监督管理体制

《产品质量法》第八条规定：“国务院产品质量监督部门主管全国产品质量监督工作。国务院有关部门在各自的职责范围内负责产品质量监督工作。县级以上地方产品质量监督部门主管本行政区域内的产品质量监督工作。县级以上地方人民政府有关部门在各自的职责范围内负责产品质量监督工作。法律对产品质量的监督部门另有规定的，依照有关法律的规定执行。”从该条可以看出，我国目前的产品质量管理体制是“统一领导，分级、分部门管理”。

二、产品质量监督检查制度

产品质量监督检查制度由国务院产品质量监督部门统一规划和组织，实行以抽查为主要方式的监督检查制度，对可能危及人体健康和人身、财产安全的产品，影响国计民生的重要工业产品，以及用户、消费者、有关组织反映有质量问题的产品进行抽查。县级以上地方人民政府管理产品质量监督工作的部门在本行政区域内也可以组织监督抽查。但是要防止重复抽查。产品质量抽查的结果应当公布。

三、企业质量体系认证制度

企业质量体系认证是认证机构根据企业申请，对企业的产品质量保证能力和质量管理水平所进行的综合性检查和评定，并对符合质量体系认证标准的企业颁发认证证书的活动。企业质量体系认证制度是指国务院产品质量监督管理部门或者由它授权的部门认可的认证机构，依据国际通用的“质量管理和质量保证”系列标准，对企业的质量体系和质量保证能力进行审核合格，颁发企业质量体系认证证书，以资证明的制度。

导学引思

2017 年夏，全球著名的邮递和物流集团 DHL 发布通知称指尖陀螺已经被欧洲联盟（以下简称“欧盟”）市场认定为玩具，因此所有发往欧盟地区的该类产品均需要有欧盟 CE 标志（CE marking）和测试报告（EN 71），否则货物将被退回。

据了解，CE 标志是产品进入欧盟境内销售的通行证。在欧盟市场 CE 标志属强制性认证标志，不论是欧盟内部企业生产的产品，还是其他国家生产的产品，要想在欧盟市场上自由流通，就必须加贴 CE 标志，以表明产品符合欧盟《技术协调与标准化新方法》指令的基本要求。这是欧盟法律对产品提出的一种强制性要求。而 EN 71 则是欧盟市场玩具类产品的规范标准。该认证的意义是通过 EN 71 标准对进入欧洲市场的玩具产品进行技术规范，从而减少或避免玩具对儿童的伤害。

绍兴辖区内有不少玩具出口企业。为此绍兴检验检疫部门提醒辖区内生产指尖陀螺玩具的出口企业及时关注欧盟市场安全指令新变化，严格按进口国产品质量要求生产，确保产品质量符合进口国的法律法规要求，避免不必要的经济损失。

思考：

1）案例中的 CE 标志是什么认证？

2）利用网络，查找图 13.1 中标志的名称，并简单了解这类认证的概况。

3）产品质量认证和产品质量体系认证有什么区别？

（a） （b） （c） （d）

图 13.1 认证标志

四、产品质量认证制度

产品质量认证是依据产品标准和相应技术要求，经国家认证机构确认并通过颁发认证证书和认证标志来证明某一产品符合相应标准和技术要求的活动。产品质量认证分为安全认证和合格认证。实行安全认证的产品，必须符合《产品质量法》《标准化法》的有关规定。产品质量认证部门依法对符合规定条件的企业批准认证，颁发认证证书，并允许企业在该产品上使用认证标志。

五、生产许可证制度

生产许可证是指国家对于具备生产条件并对其产品检验合格的工业企业，发给其许可生产该项产品的凭证。为了有效地治理产品质量问题，1984 年 4 月 7 日国务院发布了《工业产品生产许可证试行条例》，做出了有关工业产品生产许可证的若干重要规定。可能危及人体健康和人身、财产安全的工业产品，必须符合保障人体健康、人身、财产安全的国家标准。

练一练

登录国家质量监督检验检疫总局产品质量监督司的官方网站，完成以下两项任务。

1）查看“司局介绍”栏目，将产品质量监督司的主要职能记录下来并制作成简报。

2）查找“工业产品生产许可证”办理流程，熟悉其中第一步的申请和受理过程，并记录核心内容。

任务三　生产者和销售者的产品质量义务

导学引思

我们在日常生活中不可避免地会接触各种类型的商品和服务，商品的质量关系到每个人的安全和利益，也直接影响企业的生存。那么，作为生产者和销售者要承担什么样的责任？通过以下案例对比和自学法律知识，分辨两者的不同并回答相关问题。

1. 消费者杨女士向北京市丰台区消费者协会投诉称，2015 年她在迎马邦德电动自行车木樨园分店购买了一辆电动自行车。2016 年 4 月 5 日晚，电动车在家内充电过程中，电池发生爆炸，引发家中失火，家具、乐器等受到了不同程度的损毁。随即杨女士与销售电动车的经营者及该品牌电动自行车北京区总代理和该电动自行车电池厂家取得联系，进行索赔。由于双方主张的赔偿金额相差太大，未达成一致，最终消费者向丰台区消费者协会提出维护其合法权益的请求。

经消费者协会了解，双方争议的焦点在损毁物品赔偿的价格问题上。一是杨女士家中损坏的钢琴、架子鼓在北京无法修理，需运送到其他地方，修理费用无法确定。二是消费者没考虑折旧，以原价标价，要求赔付 22 万元。但电动车电池厂家投保的保险公司勘查人员口头报价赔付金额仅 3 万多元，厂家也表示赔偿不会高于保险公司定价。

对此，丰台区消费者协会告知电池厂家，保险公司的赔付对象是电池厂家，与消费者之间没有赔付关系，厂家不能以保险公司业务员口头的报价为衡量标准。最终经过消费者协会的积极协调，双方达成和解，电池厂家赔付消费者共计7万元。

思考：

1）电池爆炸事件属于产品的缺陷吗？

2）最终进行赔付的是销售者还是生产者？采用的是哪种规则原则？

2. 贵港市港南区勇兴蔬菜种植专业合作社在种植香瓜的过程中，依照农药供应商吴某的农药配方分别于2015年7月30日和8月3～5日对其所种植的香瓜进行农药喷洒护理，8月6日发现喷洒过农药的80亩（1亩≈666.67平方米）香瓜叶子全部干枯，导致香瓜失收，造成直接经济损失约25万元。8月11日，瓜农投诉至贵港市工商局12315消费者投诉举报中心请求维权。接诉后，市工商局执法人员即前往香瓜种植基地进行现场勘查，发现瓜地损失情况属实，立即封存剩余农药，并依法查封了吴某的农药仓库。经检查核对，发现吴某涉嫌销售过期农药，并且不排除瓜农因使用了过期失效农药而导致香瓜失收。8月25日，执法人员组织双方进行调解，最终达成调解协议，瓜农获得赔偿20万元。

思考：

1）由谁来承担赔偿责任？为什么？

2）吴某违反了什么法律规定？

一、产品质量责任和产品责任

我们在日常经济生活中经常会听到厂家或商家负有产品质量责任和产品责任这样的说法，那么这两种责任是同一种责任，还是两种不同的责任呢？

1. 产品质量责任

产品质量责任是指生产者、销售者及其他对产品质量负有责任的人违反我国质量法规定的产品义务所应当承担的法律责任。

《产品质量法》明确规定了认定产品质量责任的3种情况：一是国家法律、行政法规明确规定的对于产品质量规定的必须满足的条件，即商品生产者和销售者生产、销售商品必须具有一定的安全性和普通公众能够知晓期待的使用性能。例如，《产品质量法》规定，可能危及人体健康和人身、财产安全的工业产品，必须符合保障人体健康和人身、财产安全的国家标准或者行业标准；未制定国家标准、行业标准的，必须符合保障人体健康和人身、财产安全的要求。二是明示采用的产品标准，作为认定产品质量是否合格及确定产品质量责任的依据。无论何种标准，一经生产者采用，并明确标注在产品标志上，即成为生产者对消费者的明示承担有关责任的担保承诺。三是产品缺陷。产品缺陷是指存在于产品的设计、原材料和零部件、制造装配或说明指示等方面的，未能满足消费或使用产品所必须合理安全要求的情形，即存在不合理的危险。

2. 产品责任

产品责任，又称产品侵权损害赔偿责任，是指产品存在可能危及人身、财产安全的不合理危险，造成消费者人身或者除缺陷产品以外的其他财产损失后，缺陷产品的生产者、销售者应当承担的特殊的侵权法律责任。根据《产品质量法》的规定，我国产品责任可以大致分为两类：①生产者应当承担的产品责任，即产品存在缺陷，造成人身或者除缺陷产品以外的其他财产损失后，缺陷产品的生产者应当承担的赔偿责任；②销售者应当承担的产品责任，即由于销售者的过错，使产品存在缺陷造成人身或者除缺陷产品以外的其他财产损失后，销售者应当承担的赔偿责任。销售者不能指明缺陷产品的生产者或者不能指明缺陷产品的供货人的，销售者也应当承担赔偿责任。

综上所述，产品责任是产品质量责任中的一种，是产品对消费者存在不合理危险发生后所要承担的责任。

练一练

产品质量责任中的产品质量瑕疵担保责任与产品的责任的关系及比较如表13.2所示，尝试在熟记的基础上互相提问各种不同之处。

表 13.2　产品质量责任中两种责任的关系及比较

责任类型	责任性质	损害结果	责任承担形式	救济途径	求偿权主体	举证责任	归责原则
产品质量瑕疵担保责任	违约责任	不需要现实损害结果	主要为修理、更换、退货	一般先向合同相对人要求补救或赔偿	合同当事人	谁主张、谁举证	过错责任
产品责任	侵权责任	要有现实损害	主要是损害赔偿	可以直接向法院起诉	扩大到受害人	举证责任倒置	（生产者）无过错责任；（销售者）过错责任

3. 产品质量责任与产品责任的区别

产品责任是一种民事责任，生产者和销售者只承担侵权的损害赔偿责任。产品质量责任除侵权损害赔偿责任以外，其责任形式还有合同责任、行政责任和刑事责任。可以说，产品质量责任是包含产品责任概念在内的一个大的综合的责任概念。产品责任是产品质量责任的内容之一。

议一议

1. 产品责任和产品质量责任是一回事吗？你认为哪个包括的范围大？试说明理由。
2. 导学引思两个案例中，所售商品都出现了问题，是产品责任还是产品质量责任？试说明理由。

二、生产者、销售者的产品质量义务

1. 生产者的产品质量义务

1）生产者应当对其生产的产品负责，并使其生产的产品质量符合下列要求：不存在危及人身、财产安全的不合理的危险，有保障人体健康和人身、财产安全的国家标准、行业标准的，应当符合该标准；具备产品应当具备的使用性能，但是对产品存在使用性能的瑕疵做出说明的除外；符合在产品或者其包装上注明采用的产品标准，符合以产品说明、实物样品等方式表明的质量状况。

2）遵守产品质量表示制度。产品或其包装上的标志应当符合下列要求：有产品质量检验合格证明；有中文标明的产品名称、生产厂家的厂名和厂址；根据产品的特点和使用要求，需要标明产品规格、等级、所含主要成分的名称和含量的，用中文相应予以标明；需要事先让消费者知晓的，应当在外包装上标明，或者预先向消费者提供有关资料；限期使用的产品，应当在显著位置清晰地标明生产日期和安全使用期或者失效日期；使用不当，容易造成产品本身损坏或者可能危及人身、财产安全的产品，应有警示标志或者中文警示说明。裸装的食品和其他根据产品的特点难以附加标志的裸装产品，可以不附加产品标志。

3）易碎、易燃、易爆、有毒、有腐蚀性、有放射性等危险物品，以及储运中不能倒置和其他有特殊要求的产品，其包装质量必须符合相应要求，依照国家有关规定做出警示标志或者中文警示说明，标明储运注意事项。

4）生产者不得生产国家明令淘汰的产品。

5）生产者不得伪造产地；不得伪造或者冒用他人的厂名、厂址；不得伪装或者冒充合格产品。

2. 销售者的产品质量义务

1）执行进货检查验收制度。销售者具有双重法律地位，对生产者而言，它是用户，其用户的合法地位应当受到法律的保护；对消费者而言，它是产品质量责任的潜在承担者。因此，销售者必须对消费者负责，这就决定了销售者应当执行进货检查验收制度，验证产品合格证明和其他标志。

2）保护销售产品原有的质量。产品质量从根本上讲，取决于生产者，但是在销售过程中，也可能造成产品原有质量的损害。因此，销售者应当采取措施，保持其销售产品的质量。

3）不得销售失效变质的产品。如果销售者销售这类产品，轻则对消费者不起作用，重则有损消费者的健康乃至生命。因此，从保护消费者的利益出发，必须制止这种行为。

4）其他义务。除以上所列义务外，销售者销售产品的标志应当符合法律规定要求；销售者不得伪造产地，不得伪造或冒用他人的厂名、厂址；销售者不得伪造、冒用认证标志等质量标志；销售者销售产品，不得掺杂、掺假，不得以假充真、以次充好，以不合格产品冒充合格产品。

三、产品责任的归责原则

产品责任的归责原则是指以何种依据确认和追究缺陷产品的生产者或销售者就缺陷产品所致损害所应承担的责任。产品责任的归责原则在产品责任法律制度中具有十分重要的意义，是处理产品责任纠纷所应遵循的基本准则。《产品质量法》对缺陷产品的生产者和销售者规定的归责原则有所不同。

1）对生产者适用严格责任原则的归责原则。《产品质量法》第四十一条规定，因产品存在缺陷造成人身、缺陷产品以外的其他财产损害的，生产者应当承担赔偿责任。

2）对销售者适用过错责任原则为主、严格责任原则为辅的归责原则。《产品质量法》第四十二条规定，由于销售者的过错使产品存在缺陷，造成人身、他人财产损害的，销售者应当承担赔偿责任。销售者不能指明缺陷产品的生产者也不能指明供货者的，销售者应当承担赔偿责任。

3）生产者和销售者之间的责任关系。《产品质量法》第四十三条规定，因产品存在缺陷造成人身、他人财产损害的，受害人可以向产品的生产者要求赔偿，也可以向产品的销售者要求赔偿。属于产品的生产者的责任，产品的销售者赔偿的，产品的销售者有权向产品的生产者追偿。属于产品的销售者的责任，由产品的生产者赔偿的，产品的生产者有权向产品的销售者追偿。由此可见，缺陷产品生产者与销售者之间虽有明确的责任界限，但当面对缺陷产品受害人时，缺陷产品的生产者和销售者之间就存在连带责任关系。生产者、销售者内部如何承担责任、如何追偿是他们的内部关系问题，但不得因此影响对受害人的责任承担，而受害人可以选择其中之一承担侵权责任。

4）生产者可以免责的情形。《产品质量法》第四十一条第二款规定："生产者能够证明有下列情形之一的，不承担赔偿责任：（一）未将产品投入流通的；（二）产品投入流通时，引起损害的缺陷尚不存在的；（三）将产品投入流通时的科学技术水平尚不能发现缺陷的存在的。"

议一议

李某在A商场购买一台彩色电视机，并附有产品合格证。李某使用两个多月后，电视机出现图像不清的问题，后来音像全无。李某去商场要求更换，商场相关人员称电视机不是他们生产的，让宋某找电视机厂进行交涉。电视机音像全无是严重的质量问题，是否属于缺陷产品？为什么？A商场的理由成立吗？若不成立，他们需要承担什么责任？如果你是商场的主管经理，你会如何解决这件事？

四、生产者、销售者如何承担法律责任

在明确了生产者和销售者的义务及产品责任的规则原则后，《产品质量法》用"罚则"的形式规定了对产品质量负有义务的市场主体所应承担的法律责任。

1. 销售者的先行负责及赔偿义务

我国的产品质量法又是一部产品质量责任法。《产品质量法》规定，售出的产品有下列情形之一的，销售者应当负责修理、更换、退货；给购买产品的消费者造成损失的，销售者应当赔偿损失。

1）不具备产品应当具备的使用性能而事先未作说明的。

2）不符合在产品或者其包装上注明采用的产品标准的。

3）不符合以产品说明、实物样品等方式表明的质量状况的。

2. 销售者的追偿权

依照规定负责修理、更换、退货、赔偿损失后，属于生产者的责任或者属于向销售者提供产品的其他销售者的责任的，销售者有权向生产者、供货者追偿。

由于在绝大多数情况下，用户、消费者只知销售者为何人，且双方存在着买卖合同关系，法律规定首先由销售者承担赔偿责任是非常明智的。同时，为了充分尊重合同当事人的定约自由权，《产品质量法》规定，生产者之间、销售者之间、生产者与销售者之间订立的买卖合同、承揽合同对责任承担顺序有不同约定的，按照合同约定执行。

3. 生产者、销售者的行政责任

（1）生产者、销售者违反产品质量法的行为

生产者、销售者有下列行为之一的，由产品质量监督部门、工商行政管理部门给予行政处罚。

1）生产、销售不符合保障人体健康和人身、财产安全的国家标准、行业标准的产品的。

2）在产品中掺杂、掺假，以假充真，以次充好，或者以不合格产品冒充合格产品的。

3）生产国家明令淘汰的产品的、销售国家明令淘汰并停止销售的产品的。

4）销售失效、变质的产品的，伪造产品产地的，伪造或者冒用他人厂名、厂址的，伪造或者冒用各种质量标志的。

5）使用的产品标识不符合《产品质量法》规定的。

6）拒绝接受依法进行的产品质量监督检查的。

7）隐匿、转移、变卖、损毁被依法查封、扣押的物品的。

（2）行政处罚的种类

行政处罚的种类包括责令停止违法行为、没收违法所得、罚款、吊销营业执照。拥有行政处罚权的质量监督部门、其他行政管理部门应根据具体情节决定处罚的种类及单处还是并处。此外，没收的对象除违法生产、销售的产品和违法所得外，对生产者专门用于生产假冒伪劣产品、不合格产品的原辅材料、包装物、生产工具应予没收。罚款的幅度最高可达违法生产、销售产品货值金额的 3 倍。

需要注意的是，应当承担民事赔偿责任和缴纳罚款、罚金的，其财产不足以同时支付

时，先承担民事赔偿责任，也就是要先赔偿受害者。

议一议

导学引思案例 1 中，如果能确定电池存在缺陷，杨女士直接向电动车经营者索赔，经营者能否推脱？索赔成功后，经营者能否向厂家要求赔偿？试说明理由。

4. 法律赔偿的范围

《产品质量法》第四十四条第一款对人身损害赔偿作了具体的规定：“因产品存在缺陷造成受害人人身伤害的，侵害人应当赔偿医疗费、治疗期间的护理费、因误工减少的收入等费用；造成残疾的，还应当支付残疾者生活自助具费、生活补助费、残疾赔偿金以及由其抚养的人所必需的生活费等费用；造成受害人死亡的，并应当支付丧葬费、死亡赔偿金以及由死者生前扶养的人所必需的生活费等费用。”

项目十四　法律对不正当竞争行为的约束

为了制止不正当竞争行为，保护经营者和消费者的合法权益，鼓励和保护公平的市场竞争，保障社会主义市场经济的健康发展，我国于 1993 年 9 月 2 日颁布了《反不正当竞争法》，在建立社会主义市场经济体制的过程中，经营者之间的不正当竞争关系均由此法来调整，并且由于我国特殊的国情，政府及经营者之间涉及竞争的关系也由此法来调整。但是随着时代的发展，一些妨碍公平竞争的新现象、新问题相继出现。2017 年 11 月 4 日，第十二届全国人民代表大会常务委员会第三十次会议表决通过了新修订的《反不正当竞争法》，自 2018 年 1 月 1 日起施行。

此次修订是《反不正当竞争法》实施后时隔 24 年的首修。新修订的《反不正当竞争法》针对当前市场竞争中出现的新情况、新问题，进一步明确了对不正当竞争行为的规制规则，相关规定更加明确、具体，便于操作，并有一定的前瞻性，能够适应实践发展的需要，有利于鼓励和保护公平竞争，保护经营者和消费者的合法权益。

项目目标

◎知识目标

1. 理解不正当竞争行为的表现和法律责任。
2. 了解垄断的危害和法律后果。

◎技能目标

1. 能够根据法律知识辨别不正当竞争行为。
2. 能够判断分析垄断的方式，并清楚垄断需要承担的法律责任。

任务一　不正当竞争行为的种类

社会主义市场经济体制的建立和发展需要市场的主体遵守市场规律和国家法律法规，竞争法是市场竞争的基本法，是每一个商品生产经营者需要遵守的规矩。那么，作为普通的市场主体，在竞争中需要规避哪些不正当的行为，是本任务需要解决的重点问题。

新修订的《反不正当竞争法》第二章列举规定了 7 种不正当竞争行为，即混淆行为、商业贿赂、虚假宣传行为、侵犯商业秘密、不正当有奖销售、诋毁商誉行为和利用互联网技术实施的不正当竞争行为。

导学引思

阅读法律知识中的相关内容，说明下列案例分别属于哪种混淆行为。

1）某厂未经授权使用“海飞丝”牌洗发水的包装及商标用于销售自己生产的劣质洗发水。

2）某厂将雕牌洗衣粉的外包装的“雕”字样改为“周住”，用于自己产品的销售。

3）某企业未经任何质量检测，通过网络购买大量“绿色食品”标志用于自己生产的茶饼的销售。

4）某小型加工厂使用了某知名企业的简称，在相同区域内宣传生产销售机电产品，造成多个厂家误以为是某知名公司的产品，继而订立了买卖合同。

一、混淆行为

混淆行为是指经营者在市场经营活动中，以种种不实手法对自己的商品或服务作虚假表示、说明或承诺，或不当利用他人的智力劳动成果推销自己的商品或服务，使用户或者消费者产生误解，扰乱市场秩序，损害同业竞争者的利益或者消费者利益的行为。

根据新修订的《反不正当竞争法》第六条的规定，经营者不得实施下列混淆行为，引人误认为是他人商品或者与他人存在特定联系。

1）擅自使用与他人有一定影响的商品名称、包装、装潢等相同或者近似的标识。

2）擅自使用他人有一定影响的企业名称（包括简称、字号等）、社会组织名称（包括简称等）、姓名（包括笔名、艺名、译名等）。

3）擅自使用他人有一定影响的域名主体部分、网站名称、网页等。

4）其他足以引人误认为是他人商品或者与他人存在特定联系的混淆行为。

新修订的《反不正当竞争法》第十八条针对第六条所列不正当竞争行为做出了相应的行政处罚规定，具体分为两种情况：“经营者违反本法第六条规定实施混淆行为的，由监督检查部门责令停止违法行为，没收违法商品。违法经营额五万元以上的，可以并处违法经营额五倍以下的罚款；没有违法经营额或者违法经营额不足五万元的，可以并处二十五万元以下的罚款。情节严重的，吊销营业执照。经营者登记的企业名称违反本法第六条规定的，应当及时办理名称变更登记；名称变更前，由原企业登记机关以统一社会信用代码代替其名称。”

根据新修订的《反不正当竞争法》第十七条的规定，其他经营者的合法权益受到上述不正当竞争行为损害的，可以提起侵权诉讼，以便获得赔偿。“经营者违反本法第六条、第九条规定，权利人因被侵权所受到的实际损失、侵权人因侵权所获得的利益难以确定的，由人民法院根据侵权行为的情节判决给予权利人三百万元以下的赔偿。”此规定为新修订的内容，对于赔偿数额给予了直接规定。

导学引思

几年前，重庆市北碚区工商分局接到投诉，称某电信公司通过向某小区的开发商行贿，使小区业主只能使用该电信公司的业务，其他运营商均无法进入。工商部门调查发现，电信公司以所谓配套名义支付给小区开发商重庆某房地产开发公司4万元，已首付2万元；同时签订协议规定其他运营商若要进入该小区，须先经过电信公司同意。该电信公司还与开发商签订了分享业务收入的协议，以达到排挤对手、独立入驻的目的。工商执法人员经反复调查取证，最终确认该电信公司的行为构成商业贿赂。工商分局对其罚款10万元，对房地产开发公司罚款10万元、没收其非法所得2万元。

思考：

1）商业贿赂案例由哪一国家机关进行调查？

2）商业贿赂的主要危害是什么？

3）对于商业贿赂的主要处罚方式有哪些？

二、商业贿赂

有很长一段时期，我国市场上以回扣、折扣、佣金、咨询费、介绍费等名义争取交易机会的现象非常普遍，如何判断其是否违法，我们必须以法律为标准得出正确结论。

新修订的《反不正当竞争法》第七条规定，经营者不得采用财物或者其他手段贿赂下列单位或者个人，以谋取交易机会或者竞争优势，并对贿赂手段做了列举。

1）交易相对方的工作人员。

2）受交易相对方委托办理相关事务的单位或者个人。

3）利用职权或者影响力影响交易的单位或者个人。

经营者在交易活动中，可以以明示方式向交易相对方支付折扣，或者向中间人支付佣金。经营者向交易相对方支付折扣、向中间人支付佣金的，应当如实入账。接受折扣、佣金的经营者也应当如实入账。

经营者的工作人员进行贿赂的，应当认定为经营者的行为；但是，经营者有证据证明该工作人员的行为与为经营者谋取交易机会或者竞争优势无关的除外。

经营者在账外暗中给予对方单位或者个人回扣的，按行贿论处；对方单位或者个人在账外暗中收受回扣的，以受贿论处。若只是许诺给予财物，并不构成商业贿赂；给予的财物或好处数额过小，如为联络感情赠送小礼物，也不构成该行为。

新修订的《反不正当竞争法》第十九条规定：“经营者违反本法第七条规定贿赂他人的，由监督检查部门没收违法所得，处十万元以上三百万元以下的罚款。情节严重的，吊销营业执照。”

导学引思

学习法律知识后，说明工商行政管理部门有可能对以下案例中的商家做出哪些处罚。如果你今后从事商品营销工作，在产品广告宣传方面必须做到什么？

1）某品牌双效炫白牙膏在电视上以S为代言人，宣称“只需一天，牙齿真的白了”，但画面中突出显示S使用牙膏后的美白效果，系通过计算机修图软件后期过度处理产生的，并非广告牙膏的实际使用效果，构成虚假广告。

2）某品牌PM2.5专业防护口罩在产品外包装上宣称“微滤技术升级版，有效阻隔空气中PM2.5颗粒，过滤率达99%以上；有效阻隔空气中病毒，病毒过滤率达到99.9%”，而实际检验的结果均未达到广告宣称的过滤率，构成虚假宣传。

三、虚假宣传行为

虚假宣传行为是指经营者利用广告和其他方法，对产品的质量、性能、成分、用途、产地等所做的引人误解的不实宣传。以广告或其他方式销售商品，是现代社会常见的促销手段。但各类虚假广告和其他虚假宣传，或乱人视听，有害社会主义精神文明；或直接误导用户及消费者，使其做出错误的消费决策，引发大量社会问题；或侵犯其他经营者，特别是同行业竞争对手的合法利益，造成公平竞争秩序的混乱。《中华人民共和国广告法》(以下简称《广告法》)、《反不正当竞争法》均将此类行为作为必须禁止的违法行为予以规范。

新修订的《反不正当竞争法》第八条规定：“经营者不得对其商品的性能、功能、质量、销售状况、用户评价、曾获荣誉等作虚假或者引人误解的商业宣传，欺骗、误导消费者。经营者不得通过组织虚假交易等方式，帮助其他经营者进行虚假或者引人误解的商业宣传。”

《广告法》第三条规定：“广告应当真实、合法，以健康的表现形式表达广告内容，符合社会主义精神文明建设和弘扬中华民族优秀传统文化的要求。”第四条规定：“广告不得含有虚假或者引人误解的内容，不得欺骗、误导消费者。”

新修订的《反不正当竞争法》第二十条规定：“经营者违反本法第八条规定对其商品作虚假或者引人误解的商业宣传，或者通过组织虚假交易等方式帮助其他经营者进行虚假或者引人误解的商业宣传的，由监督检查部门责令停止违法行为，处二十万元以上一百万元以下的罚款；情节严重的，处一百万元以上二百万元以下的罚款，可以吊销营业执照。经营者违反本法第八条规定，属于发布虚假广告的，依照《中华人民共和国广告法》的规定处罚。”

导学引思

阅读法律知识中的相关内容，判断下列行为是否属于不正当竞争行为，如果是，说明其种类。

1）一家大型饭店在与一家食品公司进行合同谈判时，知晓了对方食品成分构成，将其配方转卖给了与食品公司有竞争关系的另一家公司。

2）一家超市为了尽快卖出快死的鱼，低于进价好多进行促销活动。

3）某商城举办有奖销售活动，最高奖金为 5 000 元购物券，并规定用获奖的购物券再次购物满 2 000 元的，可再获得一次抽奖机会。

4）某乳制品生产公司在微博等公共媒体及门户网站购买大量营销号发表所谓“科普文章”，其中暗指其竞争对手的乳制品中加有有毒物质，致使对方销量猛然下降。

四、侵犯商业秘密

商业秘密是指不为公众所知悉，能为权利人带来经济利益，具有实用性并经权利人采取保密措施的技术信息和经营信息。商业秘密权是权利人劳动成果的结晶，商业秘密权是权利人拥有的一种无形财产权，《反不正当竞争法》将侵犯商业秘密行为作为不正当竞争行为予以禁止是十分必要的。商业秘密不同于专利和注册商标，只要获得及使用手段合法，它就可以为多个权利主体同时拥有和使用，如自主研究开发，或者通过反向工程破译他人商业秘密等。

侵犯商业秘密行为是指以不正当手段获取、披露、使用他人商业秘密的行为。新修订的《反不正当竞争法》规定，经营者不得采用下列手段侵犯商业秘密。

1）以盗窃、贿赂、欺诈、胁迫或者其他不正当手段获取权利人的商业秘密。

2）披露、使用或者允许他人使用以前项手段获取的权利人的商业秘密。

3）违反约定或者违反权利人有关保守商业秘密的要求，披露、使用或者允许他人使用其所掌握的商业秘密。

第三人明知或者应知商业秘密权利人的员工、前员工或者其他单位、个人实施上述所列违法行为，仍获取、披露、使用或者允许他人使用该商业秘密的，视为侵犯商业秘密。

新修订的《反不正当竞争法》第二十一条规定："经营者违反本法第九条规定侵犯商业秘密的，由监督检查部门责令停止违法行为，处十万元以上五十万元以下的罚款；情节严重的，处五十万元以上三百万元以下的罚款。"实践中，权利人还可依照合同法、劳动法的有关规定，对违反约定侵犯商业秘密的行为要求制裁。此外，《中华人民共和国刑法》（以下简称《刑法》）也规定了侵犯商业秘密罪。

五、不正当有奖销售

不正当有奖销售是指经营者在销售商品或提供服务时，以提供奖励（包括金钱、实物、附加服务等）为名，实际上采取欺骗或者其他不当手段损害用户、消费者的利益，或者损害其他经营者合法权益的行为。

有奖销售是一种有效的促销手段，其方式大致可分为两种：一种是奖励给所有购买者的附赠式有奖销售；另一种是奖励部分购买者的抽奖式有奖销售。法律并不禁止所有的有奖销售行为，而仅仅对可能造成不良后果、破坏竞争规则的有奖销售加以禁止。

我国相关法律规定的不正当竞争行为具体有以下几种：①所设奖的种类、兑奖条件、奖金金额或者奖品等有奖销售信息不明确，影响兑奖；②采用谎称有奖或者故意让内定人员中奖的欺骗方式进行有奖销售；③抽奖式的有奖销售，最高奖的金额超过 5 万元。

新修订的《反不正当竞争法》第二十二条规定："经营者违反本法第十条规定进行有奖销售的，由监督检查部门责令停止违法行为，处五万元以上五十万元以下的罚款。"有关当事人因有奖销售活动中的不正当竞争行为受到侵害的，可根据《反不正当竞争法》第十七条的规定，向人民法院起诉，请求赔偿。

六、诋毁商誉行为

诋毁商誉行为是指经营者捏造、散布虚假事实，损害竞争对手的商业信誉、商品声誉，从而削弱其竞争力的行为。

商誉是社会公众对市场经营主体名誉的综合性积极评价。它是经营者长期努力追求，刻意创造，并投入一定的金钱、时间及精力才取得的。良好的商誉本身就是一笔巨大的无形财富。在经济活动中，它最终又通过有形的形式（如销售额、利润）回报它的主人。法律对通过积极劳动获得的商誉给予尊重和保护，对以不正当手段侵犯竞争者商誉的行为予以严厉制裁。

新修订的《反不正当竞争法》第十一条规定："经营者不得编造、传播虚假信息或者误导性信息，损害竞争对手的商业信誉、商品声誉。"

七、利用互联网技术实施的不正当竞争行为

新修订的《反不正当竞争法》第十二条规定，经营者利用网络从事生产经营活动，也应当遵守本法的各项规定。

经营者不得利用技术手段，通过影响用户选择或者其他方式，实施下列妨碍、破坏其他经营者合法提供的网络产品或者服务正常运行的行为。

1）未经其他经营者同意，在其合法提供的网络产品或者服务中，插入链接、强制进行目标跳转。

2）误导、欺骗、强迫用户修改、关闭、卸载其他经营者合法提供的网络产品或者服务。

3）恶意对其他经营者合法提供的网络产品或者服务实施不兼容。

4）其他妨碍、破坏其他经营者合法提供的网络产品或者服务正常运行的行为。

以上所述的几种行为均为我国有关法律直接规定的不正当竞争行为，县级以上人民政府履行工商行政管理职责的部门负责对不正当竞争行为进行查处；法律、行政法规规定由其他部门查处的，依照其规定。相关部门调查涉嫌不正当竞争行为，可以采取下列措施：①进入涉嫌不正当竞争行为的经营场所进行检查；②询问被调查的经营者、利害关系人及其他有关单位、个人，要求其说明有关情况或者提供与被调查行为有关的其他资料；③查询、复制与涉嫌不正当竞争行为有关的协议、账簿、单据、文件、记录、业务函电和其他资料；④查封、扣押与涉嫌不正当竞争行为有关的财物；⑤查询涉嫌不正当竞争行为的经营者的银行账户。

监督检查部门调查涉嫌不正当竞争行为，应当遵守《中华人民共和国行政强制法》和其他有关法律、行政法规的规定，并应当将查处结果及时向社会公开。

练一练

自由选择两种不正当竞争行为，列出这两种行为的要点，并制作成思维导图。

任务二　垄断的危害和法律后果

《中华人民共和国反垄断法》（以下简称《反垄断法》）由2008年8月1日起施行，是一部为了预防和制止垄断行为，保护市场公平竞争，提高经济运行效率，维护消费者利益和社会公共利益，促进社会主义市场经济健康发展而制定的法律。《反垄断法》共8章57条，包括总则；垄断协议；滥用市场支配地位；经营者集中；滥用行政权力排除、限制竞争；对涉嫌垄断行为的调查；法律责任；附则。

导学引思

1. 2012 年年底，韩国三星、LG，以及中国台湾地区奇美、友达等 6 家国际大型液晶面板生产商因实施价格垄断被中国处以 3.53 亿元人民币的经济制裁。2001～2006 年，上述 6 家企业利用优势地位，合谋操纵液晶面板价格，在中国大陆实施价格垄断行为，涉案液晶面板销售数量合计 514.62 万片，违法所得 2.08 亿元。这是我国首次向境外企业开出价格罚单。

2. 2013 年 2 月 22 日，贵州省物价局和四川省发展和改革委员会对茅台公司和五粮液公司因实施价格垄断行为，分别依法处以 2.47 亿元、2.02 亿元的罚款。

3. 2013 年 8 月 7 日，国家发展和改革委员会宣布，对广州合生元等 6 家乳粉企业价格垄断行为开出总计 6.7 亿元的天价罚单，这也是《反垄断法》实施 5 年来反垄断部门开出的金额较大的罚单。

思考：以上 3 个案例中，反垄断部门处罚这些企业的共同原因是什么？相应的处罚措施是什么？

《反垄断法》中规定了判定垄断行为的 4 种形式，即垄断协议、滥用市场支配地位、经营者集中及滥用行政权力排除、限制竞争，如图 14.1 所示。

- 垄断行为
  - 垄断协议
    - 横向垄断协议
    - 纵向垄断协议
  - 滥用市场支配地位
  - 经营者集中
  - 滥用行政权力排除、限制竞争
    - 地区封锁
      - 限制商品在地区间自由流通
      - 排斥或限制招标投标行为
      - 排斥或者限制外地投资或设立分支机构
    - 强制交易
    - 强制经营者实施危害竞争的垄断行为
    - 制定含有限制竞争内容的行政法规、行政命令

图 14.1　垄断行为的形式

一、垄断协议

1. 基本规定

垄断协议，即联合限制竞争行为，是指排除、限制竞争的协议、决定或者其他协同行为。它分为横向垄断协议和纵向垄断协议。

横向垄断协议的特点是主体处于同一经营阶段，处于同一生产或流通环节，具有同业竞争关系。其表现为：①固定价格协议；②限制数量的协议；③市场划分协议；④限制购买新技术、新设备或限制开发新技术、新产品；⑤联合抵制交易。

纵向垄断协议的特点是主体处于不同的经营阶段，处于不同生产、流通环节，不具有直接的竞争关系。其表现为：①固定向第三人转售商品的价格；②限定向第三人转售商品的最低价格。注意：只禁止有关价格的垄断协议，没有限定最高价格。

2. 法律责任

垄断协议的法律责任：①民事和行政责任；②没收违法所得，并处罚款。

导学引思

2009～2013 年，利乐在提供设备和技术服务过程中，借助其市场支配地位，以多种方式对用户使用包装材料施加限制和影响，加深客户对利乐包装材料依赖程度或延续对其使用习惯，进而实施无正当理由的搭售行为。利乐上述行为限制了设备用户的选择权，影响了其他包装材料厂商的销售，提高了其他经营者的竞争成本，损害了包装材料市场的竞争秩序。

2016 年 11 月 9 日，国家工商总局经过调查认为，2009～2013 年，利乐利用其在中国大陆液体食品纸基无菌包装的设备市场、纸基无菌包装设备技术服务市场和纸基无菌包装材料市场的支配地位，实施没有正当理由搭售、没有正当理由限定交易，以及排除、限制竞争的忠诚折扣行为，构成了《反垄断法》第十七条第一款第（4）项、第（5）项和第（7）项规定的滥用市场支配地位行为。依据《反垄断法》第四十七条，国家工商总局责令利乐停止违法行为，处以 2011 年度在中国大陆相关商品市场销售额 70%的罚款，合计 667 724 176.88 元人民币。

思考：利乐公司是如何滥用市场支配地位的？

二、滥用市场支配地位

1. 基本规定

《反垄断法》规定，有下列情形之一的，可以推定经营者具有市场支配地位：①一个经营者在相关市场的市场份额达到 1/2 的；②两个经营者在相关市场的市场份额合计达到 2/3 的；③ 3 个经营者在相关市场的市场份额合计达到 3/4 的。

2. 滥用市场支配地位的表现形式

1）以不公平的高价销售商品或者以不公平的低价购买商品（不公平的低买高卖）。

2）没有正当理由，以低于成本的价格销售商品（低价销售）。

3）没有正当理由，拒绝与交易相对人进行交易（拒绝交易）。

4）没有正当理由，限定交易相对人只能与其进行交易或者只能与其指定的经营者进行交易（强制交易）。

5）没有正当理由搭售商品，或者在交易时附加其他不合理的交易条件（不合理搭售）。

6）没有正当理由，对条件相同交易相对人在交易价格等交易条件上实行差别待遇（歧视性差别待遇）。

导学引思

2008 年 9 月 3 日，汇源集团发布公告称，可口可乐报价 179 亿港元（约合 23 亿美元），将以现金方式收购该公司。并购消息一出便受到网民及专家的一致声讨。2010 年 3 月 18 日，商务部正式宣布，根据中国反垄断法禁止可口可乐收购汇源。此次并购案成为《反垄断法》实施以来首个未获通过的案例。

思考：

1）为什么要阻止这起并购？

2）可口可乐公司的行为属于什么性质的行为？

3）我国负责经营者集中审查的行政机关是哪个？

三、经营者集中

1. 经营者集中的情形

经营者集中的情形有以下几种。

1）经营者合并。

2）经营者通过取得股权或者资产的方式取得对其他经营者的控制权。

3）经营者通过合同等方式取得对其他经营者的控制权或者能够对其他经营者施加决定性影响。

经营者集中达到国务院规定的申报标准的，经营者应当事先向国务院反垄断执法机构申报，未申报的不得实施集中。

2. 例外规定

经营者集中有下列情形之一的，可以不向国务院反垄断执法机构申报。

1）参与集中的一个经营者拥有其他每个经营者50%以上有表决权的股份或者资产的。

2）参与集中的每个经营者50%以上有表决权的股份或者资产被同一个未参与集中的经营者拥有的。

四、滥用行政权力排除、限制竞争

1. 地区封锁

1）限制商品在地区间自由流通。行政机关和法律、法规授权的具有管理公共事务职能的组织不得滥用行政权力，实施下列行为，妨碍商品在地区之间的自由流通：①对外地商品设定歧视性收费项目、实行歧视性收费标准，或者规定歧视性价格；②对外地商品规定与本地同类商品不同的技术要求、检验标准，或者对外地商品采取重复检验、重复认证等歧视性技术措施，限制外地商品进入本地市场；③采取专门针对外地商品的行政许可，限制外地商品进入本地市场；④设置关卡或者采取其他手段，阻碍外地商品进入或者本地商品运出；⑤妨碍商品在地区之间自由流通的其他行为。

2）排斥或限制招标投标行为。

3）排斥或者限制外地投资或设立分支机构。

2. 强制交易

行政机关和法律、法规授权的具有管理公共事务职能的组织不得滥用行政权力，限定或者变相限定单位或者个人经营、购买、使用其指定的经营者提供的商品。

3. 强制经营者实施危害竞争的垄断行为

行政机关和法律、法规授权的具有管理公共事务职能的组织不得滥用行政权力，强制经营者从事垄断行为。

4. 制定含有限制竞争内容的行政法规、行政命令等

行政机关不得滥用行政权力，制定含有排除、限制竞争内容的规定。

练一练

搜集限制竞争的具体案例，并分析此种行为的危害。

项目十五 《消费者权益保护法》相关规定

消费者权益保护法是维护全体公民消费权益的法律规范的总称，旨在保护消费者的合法权益，维护社会经济秩序稳定，促进社会主义市场经济健康发展。

1993 年 10 月 31 日，第八届全国人民代表大会常务委员会第四次会议通过《消费者权益保护法》，自 1994 年 1 月 1 日起施行。2009 年 8 月 27 日，第十一届全国人民代表大会常务委员会第十次会议《关于修改部分法律的决定》进行第一次修正。2013 年 10 月 25 日，第十二届全国人民代表大会常务委员会第五次会议《关于修改部分法律的决定》第二次修正。

2014 年 3 月 15 日，由全国人民代表大会修订的新版《消费者权益保护法》正式施行。《消费者权益保护法》分总则、消费者的权利、经营者的义务、国家对消费者合法权益的保护、消费者组织、争议的解决、法律责任、附则 8 章。

项目目标

◎知识目标

1. 熟悉消费者的各项权利和经营者的义务。
2. 了解消费者维权的途径。

◎技能目标

能够运用法律知识进行维权。

任务一 消费者权利和经营者的义务

导学引思

1. 张某在一家大型商场购得一台多功能早餐料理机，回家试用后发现该产品只有煎鸡蛋一种功能，遂向商场提出退货，商场回复："该产品说明书未就其性能作明确说明，这是厂家的责任，所以顾客应向厂家索赔，商场概不负责。"

思考：张某作为消费者有哪些权利？

2. 小李买了一个电火锅并按照要求进行操作，结果在请朋友涮火锅的过程中，电火锅起火，烧伤了小李的朋友小王。

思考：小王是消费者吗？产品生产者和销售者侵犯了小李和小王何种权利？

3. 龚某与家人到某超市购买日用品，在选购牙膏时，因左脚踩到一块果皮而滑倒，造成髌骨骨折和多处软组织挫伤。事发后，双方协商未果，龚某遂起诉至法院，要求超市赔偿其各项损失共计 202 363.69 元。

思考：商场负有什么责任？

4. 某旅行社组织某风景名胜区二日游，在组织旅游的过程中，在一家旅游购物商店，游客享受到“一对一”服务。所谓“一对一”，就是人盯人，游客购物达不到一定金额，就不能走出店门。还有的导游和商家通过拉卷闸门的方式强迫游客在珠宝店逗留长达3小时以上，并要挟“不买不放人”。

思考：上述行为侵害了消费者何种权利？旅行社违反了经营者的何种义务？

5. 王教授在买车的过程中将自己的身份证号和手机号码等信息提供给了汽车4S店，但是，之后每天都有很多卖车险的人给他打电话进行推销，王教授询问后得知，原来是4S店将自己的信息透露给了保险公司。

思考：4S店的做法违反了哪种义务？

一、消费者的含义

我们在日常生活中的吃、穿、住、用都涉及消费行为，每个人都不可避免地成为消费者。根据《消费者权益保护法》的规定，消费者是指为满足生活需要而购买、使用商品或接受服务的，由国家法律确认其主体地位和保护其消费权益的个人。

二、消费者的权利

根据我国法律规定，消费者拥有以下9项权利。

1）消费者在购买、使用商品和接受服务时享有人身、财产安全不受损害的权利。

2）消费者享有知悉其购买、使用的商品或者接受的服务的真实情况的权利。

3）消费者享有自主选择商品或者服务的权利。

4）消费者享有公平交易的权利。

5）消费者因购买、使用商品或者接受服务受到人身、财产损害的，享有依法获得赔偿的权利。

6）消费者享有依法成立维护自身合法权益的社会组织的权利。

7）消费者享有获得有关消费和消费者权益保护方面的知识的权利。

8）消费者在购买、使用商品和接受服务时，享有人格尊严、民族风俗习惯得到尊重的权利，享有个人信息依法得到保护的权利。

9）消费者享有对商品和服务以及保护消费者权益工作进行监督的权利。

三、经营者的义务

与上述消费者的权益相对应，《消费者权益保护法》规定了经营者的10项义务。

1）经营者向消费者提供商品或者服务，应当依照《消费者权益保护法》和其他有关法律、法规的规定履行义务。

2）经营者应当听取消费者对其提供的商品或者服务的意见，接受消费者的监督。

3）经营者应当保证其提供的商品或者服务符合保障人身、财产安全的要求。

4）经营者发现其提供的商品或者服务存在缺陷，有危及人身、财产安全危险的，应当立即向有关行政部门报告和告知消费者，并采取停止销售、警示、召回、无害化处理、销毁、停止生产或者服务等措施。采取召回措施的，经营者应当承担消费者因商品被召回支出的必要费用。

5）经营者向消费者提供有关商品或者服务的质量、性能、用途、有效期限等信息，应当真实、全面，不得作虚假或者引人误解的宣传。

6）经营者应当标明其真实名称和标记。

7）经营者提供商品或者服务，应当按照国家有关规定或者商业惯例向消费者出具发票等购货凭证或者服务单据；消费者索要发票等购货凭证或者服务单据的，经营者必须出具。

8）经营者应当保证在正常使用商品或者接受服务的情况下其提供的商品或者服务应当具有的质量、性能、用途和有效期限；但消费者在购买该商品或者接受该服务前已经知道其存在瑕疵，且存在该瑕疵不违反法律强制性规定的除外。

9）经营者提供的商品或者服务不符合质量要求的，消费者可以依照国家规定、当事人约定退货，或者要求经营者履行更换、修理等义务。没有国家规定和当事人约定的，消费者可以自收到商品之日起 7 日内退货；7 日后符合法定解除合同条件的，消费者可以及时退货，不符合法定解除合同条件的，可以要求经营者履行更换、修理等义务。

10）经营者不得对消费者进行侮辱、诽谤，不得搜查消费者的身体及其携带的物品，不得侵犯消费者的人身自由。

任务二 《消费者权益保护法》的新规范

在市场经济条件下，由于消费者与生产经营者各自的追求不同，二者的利益关系并不总是一致的，而常常会出现矛盾，消费者又往往处于弱者地位，其权益总是在不断受到侵犯。《消费者权益保护法》规定了消费者和经营者有关消费者权益争议的解决途径和经营者应承担的责任等，以法的形式对生产经营者和消费者的相互关系与市场行为进行了规范，有利于维护正常的市场秩序。

导学引思

张先生在某商场促销活动中购买了一台迷你电冰箱，可使用两个月后，电冰箱内壁便出现了裂痕。张先生拿着发票找到商场，但商场认为电冰箱系张先生人为损坏，不同意帮张先生免费修理。张先生将商场告上了法庭，但最终因拿不出证据证明所购冰箱存在质量问题而被判败诉。

思考：张先生可以采取哪些措施维护自己的权利？

一、关于举证责任的规定

《消费者权益保护法》第二十三条第三款规定："经营者提供的机动车、计算机、电视机、电冰箱、空调器、洗衣机等耐用商品或者装饰装修等服务，消费者自接受商品或者服务之日起六个月内发现瑕疵，发生争议的，由经营者承担有关瑕疵的举证责任。"

"谁主张，谁举证"是《中华人民共和国民事诉讼法》（以下简称《民事诉讼法》）规定的一般证据规则。消费者要想证明某个商品是否存在瑕疵就必须拿出证据，但因为不掌握相关技术等信息，消费者举证往往非常困难。此次《消费者权益保护法》的修改，将消费者“拿证据维权”转换为经营者“自证清白”，实行举证责任倒置，破解了消费者举证难的问题。根据新修订的《消费者权益保护法》，导学引思案例中的电冰箱有无质量问题应由商家来举证。该规则仅适用于机动车等耐用品和装饰装修等服务，且仅限于购买或者接受服务之日起 6 个月内，超过 6 个月，不再适用。

导学引思

“双十一”购物节时，王小姐在某大型购物网站上看到一双高跟鞋，款式新颖，价格较低，她毫不犹豫地支付了货款。收到货后，王小姐觉得这双高跟鞋虽然新颖，但颜色跟网页上的图片出入很大，于是便联系网店店主，要求退货，并愿意承担来往的运费，但遭到店主的拒绝。

思考：商家的做法是否正确？为什么？

二、消费者享有 7 日“后悔权”

新修订的《消费者权益保护法》第二十五条第一款、第二款规定：“经营者采用网络、电视、电话、邮购等方式销售商品，消费者有权自收到商品之日起七日内退货，且无需说明理由，但下列商品除外：（一）消费者定作的；（二）鲜活易腐的；（三）在线下载或者消费者拆封的音像制品、计算机软件等数字化商品；（四）交付的报纸、期刊。除前款所列商品外，其他根据商品性质并经消费者在购买时确认不宜退货的商品，不适用无理由退货。”

近几年，网络购物这种消费方式逐渐成为人们购物的主流方式之一。远程购物的“非现场性”导致消费者和商家的信息极不对称，因为商家可能隐瞒了商品的负面信息，但由于无法直接接触商品，消费者可能因此遭受损失。此次修改的《消费者权益保护法》针对网络等远程购物方式赋予了消费者 7 天的反悔权，旨在促进买卖双方的平等地位。

反悔权仅适用于网络等远程购物方式，消费者直接到商店购买的物品，不适用该条规定。另外，反悔权的期限是 7 日内，且根据商品性质不宜退货的商品不在此列。

导学引思

吴先生在某大酒店预订了婚宴，并留了电话。可是不久，婚庆、旅游等公司的电话便接踵而至，吴先生不堪其扰。吴先生发觉，在婚礼操办过程中，唯一留号码的就是在订酒席环节。于是他找到酒店，但酒店告诉他，打电话的婚庆公司都是酒店的合作方，这是酒店为方便新人而免费提供的一项增值服务，新人在这些公司可以享受到相应的折扣优惠。吴先生听后非常气愤。

思考：吴先生可以采取哪些措施维护自己的权利？

三、《消费者权益保护法》新增内容

新修订的《消费者权益保护法》第二十九条为新增法条，内容为：“经营者收集、使用消费者个人信息，应当遵循合法、正当、必要的原则，明示收集、使用信息的目的、方式和范围，并经消费者同意。经营者收集、使用消费者个人信息，应当公开其收集、使用规则，不得违反法律、法规的规定和双方的约定收集、使用信息。经营者及其工作人员对收集的消费者个人信息必须严格保密，不得泄露、出售或者非法向他人提供。经营者应当采取技术措施和其他必要措施，确保信息安全，防止消费者个人信息泄露、丢失。在发生或者可能发生信息泄露、丢失的情况时，应当立即采取补救措施。”

个人信息被随意泄露或买卖，消费者的正常生活受到严重干扰。新修订的《消费者权益保护法》首次将个人信息保护作为消费者权益确认下来，是消费者权益保护领域的一项重大突破。

导学引思

杜先生请朋友到某餐馆吃饭，结账时，发现餐馆多收了 24 元。杜先生询问得知，这 24 元系杜先生和朋友就餐时使用的一次性餐具费用，所有顾客都收了。杜先生认为餐馆这种强制性消费违法，遂向当地消费者协会投诉。但经调解后，消费者协会也表示爱莫能助，让杜先生到法院起诉。为了 24 元到法院打官司杜先生认为有些不值，只好作罢。

思考：杜先生可以采取哪些措施维护自己的权利？

四、消费者协会可提公益诉讼

新修订的《消费者权益保护法》第三十七条第一款规定：“消费者协会履行下列公益性职责：……（七）就损害消费者合法权益的行为，支持受损害的消费者提起诉讼或者依照本法提起诉讼。”

近年来，我国不断出现侵犯消费者权益的群体性消费事件，对于消费纠纷数额较小的事件，相当多的消费者衡量维权成本后，出于各种原因不愿意维权。在诸如三鹿奶粉、问题胶囊等群体性消费事件中，消费者往往势单力薄，举证困难，消费维权常常陷入尴尬境地。新修订的《消费者权益保护法》明确了消费者协会的诉讼主体地位，对于群体性消费事件，消费者可以请求消费者协会提起公益诉讼。导学引思案例中，根据新修订的《消费者权益保护法》，杜先生可以请求当地的消费者协会提起公益诉讼。公益诉讼针对的是群体性消费事件，对于单一消费事件，消费者只能自行提起民事诉讼。

导学引思

吴女士在某大型网购平台上的一家手表网店中购买了一款某知名进口品牌手表。实际收到货后，吴女士发现自己购买的手表并非正品，于是便联系卖家退货，但通过网店中所留的电话、邮件等均无法联系上卖家。吴女士向网购平台工作人员反映，他们在核实后表示，对方当时提供验证的身份证件系假冒，目前他们做的只能是将这家网店关闭，吴女士所遭受的损失只能自己承担。

思考：你有没有过类似的遭遇？你是如何处理的？你会采取哪些合法的措施维护自己的权利？

五、网购平台应该承担的责任

新修订的《消费者权益保护法》第四十四条为新增法条，内容为：“消费者通过网络交易平台购买商品或者接受服务，其合法权益受到损害的，可以向销售者或者服务者要求赔偿。网络交易平台提供者不能提供销售者或者服务者的真实名称、地址和有效联系方式的，消费者也可以向网络交易平台提供者要求赔偿；网络交易平台提供者作出更有利于消费者的承诺的，应当履行承诺。网络交易平台提供者赔偿后，有权向销售者或者服务者追偿。网络交易平台提供者明知或者应知销售者或者服务者利用其平台侵害消费者合法权益，未采取必要措施的，依法与该销售者或者服务者承担连带责任。”

网上购物方式与普通购物方式不同，对于商家是否具有经营资质、信誉等情况，买家无从查证，这就需要网络平台加强审查和监管。又由于卖家众多，网购平台只是提供一个交易平台，买卖自由，双方自愿，要求网购平台进行直接监管也是不现实的。为此，新修订的《消费者权益保护法》对网购平台的责任进行了清晰的定位，即网购平台不能提供销售者或者服务者的真实名称、地址和有效联系方式的，承担先行赔偿责任；且对于销售者或服务者利用其平台侵害消费者合法权益的行为具有主观过错，未采取必要措施的，依法与销售者或服务者承担连带责任。导学引思案例中，根据新修订的《消费者权益保护法》，吴女士有权要求网购平台承担赔偿责任。

导学引思

天津的张先生在一保健品专柜购买了富硒酵母片和麦绿素片，他给家人食用该营养品后不久，就有朋友提醒这种产品的质量有问题。经过查询后他发现，这两款产品的生产许可证编号对应的产品名称是“糖果（压片糖果）”，而不是“麦绿素片”“富硒酵母片”。也就是说，这两款产品属于无生产许可证编号的违法产品。张先生表示，之所以选择该品牌正是因为看中该公司形象代言人是某女演员，该女演员在张先生印象里其形象一直非常好，才导致自己的误信。

思考：张先生可以采取哪些措施维护自己的合法权利？

六、明确广告经营者、发布者、代言人、推销人的连带赔偿责任

新修订的《消费者权益保护法》第四十五条增加了两款，内容为：“广告经营者、发布者设计、制作、发布关系消费者生命健康商品或者服务的虚假广告，造成消费者损害的，应当与提供该商品或者服务的经营者承担连带责任。社会团体或者其他组织、个人在关系消费者生命健康商品或者服务的虚假广告或者其他虚假宣传中向消费者推荐商品或者服务，造成消费者损害的，应当与提供该商品或者服务的经营者承担连带责任。”

针对大量虚假广告充斥电视节目、明星代言产品质量参差不齐等损害消费者权益的情况，新修订的《消费者权益保护法》强化了虚假广告代言人及发布者的连带责任。其规定，对于关系消费者生命健康商品或者服务的虚假广告，造成消费者损害的，广告经营者、发布者及代言人、推销人与提供该商品或者服务的经营者承担连带责任。该规定对于影响我们生活质量最深的虚假广告及明星代言来说，意义非凡。其大大强化了商家制作广告、广告经营者发布广告及明星选择代言产品的谨慎度，对于遏制虚假广告、问题产品具有显著作用。连带赔偿责任仅仅适用于关系消费者生命健康的商品或者服务。

导学引思

孙小姐在某超市购物时，看到一款促销的泰国大米，原价10.5元/千克，促销价6.2元/千克。孙小姐觉得挺便宜，便买了1千克。后来孙小姐又买了1千克苹果，苹果原价15.5元/千克，促销价10.1元/千克。结账回家后，孙小姐发现超市在结账时，均是按大米和苹果的原价进行结算的，于是她找到超市要求赔偿。

思考：孙小姐应该提出何种请求？

七、对于欺诈行为加大处罚力度

新修订的《消费者权益保护法》第五十五条规定："经营者提供商品或者服务有欺诈行为的，应当按照消费者的要求增加赔偿其受到的损失，增加赔偿的金额为消费者购买商品的价款或者接受服务的费用的三倍；增加赔偿的金额不足五百元的，为五百元。法律另有规定的，依照其规定。"

新修订的《消费者权益保护法》不仅将惩罚性赔偿的倍数由"退一赔二"变为"退一赔三"，还对赔偿的最低数额进行确定。导学引思案例中的超市的行为明显构成价格欺诈，根据新修订的《消费者权益保护法》，孙小姐可能获得3倍赔偿，由于该数额低于500元，因此孙小姐可以获得500元的赔偿。此赔偿原则仅针对经营者存在欺诈消费者的行为。欺诈消费者的行为是指经营者在提供商品或者服务中，采取虚假或者其他不正当手段欺骗、误导消费者，使消费者的合法权益受到损害的行为。

任务三　消费者的维权途径

导学引思

1. 2016年4月12日，某大学学生魏某因患滑膜肉瘤病逝，其因误信百度推广的就医经过引起网友的广泛关注。国家互联网信息办公室会同国家工商总局、国家卫生和计划生育委员会成立联合调查组进驻百度公司，对魏某事件及互联网企业依法经营事项进行调查，对百度公司提出严格审核商业推广服务、明示推广内容和风险、调整排名机制等多项整改要求。国家工商总局出台《互联网广告管理暂行办法》，明确规定推销商品或服务的付费搜索广告属于互联网广告。

思考：你被互联网上的广告欺骗过吗？

2. 国家工商总局、中国消费者协会就三星Note7手机"质量门"事件分别约谈三星公司。三星公司宣布永久性停产该手机，在多个国家组织召回，包括在中国大陆销售的全部SM-N9300 Galaxy Note7手机，委托第三方机构开展独立调查，公布调查结果，并向消费者道歉。

思考：你在选择手机时最关注的是什么？如果你的手机在使用中出了故障（如无法开机），而你并不知道原因，你最先想到向谁求助？

3. 江苏常州游客陈先生春节期间到哈尔滨一家餐厅消费，共消费1万多元，其微博引起众多网友关注。哈尔滨市松北区成立的专项调查组初步调查认定店家经营行为不违规。随着"失联"投诉者的现身，调查组公布进一步调查情况，认定这是一起严重侵害消费者权益的恶劣事件，做出吊销涉事饭店营业执照、罚款50万元等处罚决定。随后松北区政府公布对相关部门问责处理结果，相关部门10名责任人被处分。

思考：如果你遇到被“宰”的情况会怎样做？

2016年8月8日，国务院同意建立由国家工商总局牵头的消费者权益保护工作部际联席会议制度，旨在加强对消费者权益保护工作的组织领导，强化部门间协作配合，进一步提升消费维权工作效能，更好保护消费者合法权益，更好发挥消费对经济发展的引领作用。国家高度重视消费者的权益，那么消费者应该怎样做才能更好地维护自己的权利呢？消费者维权的基本途径：①与经营者协商和解；②请求消费者协会调解；③向有关行政部门申诉；④根据与经营者达成的仲裁协议提请仲裁机构仲裁；⑤向人民法院提起诉讼。

消费者维权途径虽然有很多种，但是仍需要在购买时多注意以下几个方面，避免不必要的麻烦。

1）首先了解《消费者权益保护法》。清楚《消费者权益保护法》中对消费者维权各项法律法规，才能更好地行使权利、履行义务。

2）购买前了解商品属性。

3）保存购买凭证。

4）自动与商家协商。当发现购买商品与自己的需要不相符合时第一时间与商家协商沟通，指出自己的购买目的与产品不符合，申请更换或者退货。

5）网购——7天无理由退换货。从2014年3月15日起针对网上购物，商品不符合自己需求的，买家可以在签收日起7天无理由退换货。无理由退换货的前提是该商品未被拆封。

6）12315维权。在使用12315维权之前，最好能保留商家不正当交易的有效凭证。

7）媒体曝光维权。针对有背景、有影响力的违法商家，各种协商途径、各种维权受阻，可以通过各种媒体（电视台、网站、微博等）曝光其违法行为，通过舆论的压力和高层政府官员的重视来深度维权。

模块五
知识产权法律制度

我国从2005年正式启动了国家知识产权战略制定工作，同时我国政府也不断加大了知识产权保护的力度，对于今后要从事各种商事活动的学生来说，必须树立保护知识产权的意识。不论是尊重他人知识产权还是维护自己的知识产权，前提必须是知晓各项权利。随着社会的发展，知识产权领域的制度创新、法律修订，知识产权保护的新问题、新案件不断出现，这就要求学生在学习中多关注互联网领域侵犯知识产权的问题，以更好地适应时代发展的需要。

本模块主要引导学生学习商标法、专利法、著作权法等知识。通过本模块的学习，学生能够熟知商标的种类、商标专用权的内容，知道专利权的含义，认识专利侵权行为及其责任，了解著作权的种类和范围等相关法律规定，进而掌握怎样注册商标、如何取得专利权，熟知侵犯著作权的行为和责任等具体内容。

项目十六 商 标 法

项目目标

◎知识目标

1. 认识商标与商标法的概念。
2. 熟悉商标专用权注册原则与程序。
3. 了解商标管理的相关内容。
4. 理解注册商标专用权保护的具体措施。

◎技能目标

能够严格按照商标专用权的原则与程序对注册商标专用权进行保护。

任务一 商标与商标法

导学引思

A 公司原是一家主要生产油炸锅巴等小食品的乡镇企业，自 2008 年营业起就将“香脆”两个字作为商标使用于锅巴产品的包装上。几年来其产品销售量稳步增长。2010 年 3 月，A 公司决定申请注册“香脆”商标，此商标使用的商品仍为锅巴等。

思考：“香脆”两个字用作油炸锅巴商标是否具有显著特征？为什么？

一、商标、商标权与商标法

1. 商标

（1）商标的概念

商标是指商品生产经营者用以标明自己生产或经销的商品、提供的服务与他人生产或经销的商品或服务相区别的一种专用标记，通常由具有显著特征的文字、图形、字母、数字、三维标志和颜色组合或其他要素组合构成。

商标应当具备的条件。无论注册商标还是非注册商标，都应当符合下列法律规定的条件：①必须具备法定的构成要素；②必须具备显著特征，便于识别；③必须是非禁用的标志。

议一议

不得作为商标使用的情形有哪些？违规使用的商标还能继续使用吗？

（2）商标的种类

根据不同的标准，可对商标作不同的分类，具体分类如表 16.1 所示。

表 16.1　商标的种类

分类依据	举例
商标的结构组成或形态	平面商标
	立体商标
	声音商标
商标的使用对象	商品商标
	服务商标
商标的作用	集体商标
	证明商标
商标的法律状态	注册商标
	未注册商标
商标的知名度	驰名商标
	普通商标

（3）商标的作用

商标主要有以下 3 个方面的作用。

1）表明商品的来源。通过商标可区别同类商品的不同生产者，降低寻找成本。

2）标示商品的质量。相同商品因生产者不同，其质量也不同，通过商标便于区别。

3）宣传商品。通过商标宣传商品是较有效的促销手段。

2. 商标权

在我国，商标权实际上是指注册商标专用权，即商标所有人依法对其商标所享有的专有使用权。它主要包括商标使用权、商标禁止权、商标许可权和商标转让权。

3. 商标法

商标法是调整因商标注册、使用和保护商标专用权等活动，在国家机关、企业、事业单位、个体工商户及公民个人之间所发生的各种社会关系的法律规范的总和。《中华人民共和国商标法》（以下简称《商标法》）是我国新时期加强商标管理、发展商品经济、保护合法竞争、维护消费者利益的基本法。《商标法》是 1982 年 8 月 23 日第五届全国人民代表大会常务委员会第二十四次会议通过，于 1983 年 3 月 1 日起实施。此后分别在 1993 年、2001 年和 2013 年进行了三次修正，最新修改的《商标法》于 2014 年 5 月 1 日施行。

二、商标专用权法律关系

1. 商标权的主体

商标权的主体是指自然人、法人或其他组织。两个以上自然人、法人或其他组织可共同向商标局申请注册同一商标，共同享有和行使该商标专用权。法律、行政法规规定必须使用注册商标的商品，必须申请商标注册；未经核准注册的，不得在市场销售。

2. 商标权的客体

商标权的客体是指经商标局核准注册的商标，即注册商标。

3. 申请注册的商标应具备的条件

1）显著性。申请注册的商标应该便于识别，并不得与他人在先取得的合法权利相冲突。

2）可视性。申请注册的商标需具备可视性，气味标志、音响标志不能成为注册商标。

4. 不得作为商标使用的情形

1）同中华人民共和国的国家名称、国旗、国徽、国歌、军旗、军徽、军歌、勋章等相同或者近似的，以及同中央国家机关的名称、标志、所在地特定地点的名称或者标志性建筑物的名称、图形相同的。

2）同外国的国家名称、国旗、国徽、军旗等相同或者近似的，但经该国政府同意的除外。

3）同政府间国际组织的名称、旗帜、徽记等相同或者近似的，但经该组织同意或者不易误导公众的除外。

4）与表明实施控制、予以保证的官方标志、检验印记相同或者近似的，但经授权的除外。

5）同“红十字”“红新月”的名称、标志相同或者近似的。

6）带有民族歧视性的。

7）带有欺骗性，容易使公众对商品的质量等特点或者产地产生误认的。

8）有害于社会主义道德风尚或者有其他不良影响的。

县级以上行政区划的地名或者公众知晓的外国地名，不得作为商标。但是，地名具有其他含义或者作为集体商标、证明商标组成部分的除外；已经注册的使用地名的商标继续有效。

5. 不得作为商标注册的情形

1）仅有本商品的通用名称、图形、型号的。

2）仅直接表示商品的质量、主要原料、功能、用途、重量、数量及其他特点的。

3）其他缺乏显著特征的。

4）以三维标志申请注册商标的，仅由商品自身的性质产生的形状、为获得技术效果而需有的商品形状或者使商品具有实质性价值的形状，不得注册。

5）未经授权，代理人或代表人以自己的名义将被代理人或者被代表人的商标进行注册，被代理人或者被代表人提出异议的，不予注册并禁止使用。

6）商品并非来源于标志所标志的地区，误导公众的，不予注册并禁止使用。

议一议

我国漫画家张乐平先生自1936年出版漫画集《三毛第一集》起，先后出版或再版“三毛”漫画集33次之久，他去世后，其作品的使用权及获取报酬权在著作权保护期内由其配偶及子女继承。1996年2月，上海市版权处对张乐平创作的美术作品“漫画三毛形象系列”予以版权登记。1996年，张乐平先生的配偶冯雏音发现江苏三毛集团销售的产品上附有“三毛”漫画形象的产品商标，故冯雏音等以三毛集团侵犯著作权为由，向上海市第一中级人民法院起诉。原告诉求的侵犯著作权能否支持？试说明理由。

任务二　商标专用权注册原则与程序

导学引思

2008年，温州某箱包厂购买了“小博士”书包的专利并加以开发，产品投入市场后受到广大学生、家长的好评。在一年半的时间里，共销售40多万只，销售额达1500多万元，但是一直没有向国家商标总局注册该商标。

2009年11月20日，上海某皮件厂申请注册“小博士”商标，使用范围是书包等学习用品。2010年3月16日，“小博士”商标经初步审查后被公布，进入3个月的异议期。2010年4月16日，上海某皮件厂向温州某箱包厂发去公函，称：上海××皮件厂的“小博士”名称已经申请注册，希望广州××箱包厂在一个月内清理市场产品，否则将被视为侵权行为。

思考：

1）上海某皮件厂是否享有对“小博士”商标的专用权？为什么？

2）上海某皮件厂在4月16日后继续使用该商标是否构成侵权？为什么？

一、商标专用权注册原则与程序

1. 商标注册申请的原则

商标注册申请人应当按规定的商品分类表填报使用商标的商品类别和商品名称，提出注册申请。商标注册申请人可以通过一份申请就多个类别的商品申请注册同一商标。商标注册申请等有关文件，可以以书面方式或者数据电文方式提出。商标注册申请有以下原则。

（1）申请在先原则

1）以申请日为确定标准。

2）两个或两个以上同一或类似商品、服务上，以同一或类似在同一天申请注册的，授予使用在先的人。由申请人自己在接到商标局通知后30日内提交第一次使用该商标的日期的证明。同日使用或均未使用的，由各申请人进行协商，不成的，由商标局裁定。

（2）优先权原则

1）商标注册申请人自其商标在外国第一次提出商标注册申请之日起6个月内，又在中国以相同申请的，依条约或协议或原则，可享有优先权。申请人要求优先权的，应在提出商标注册申请时提出书面声明，且在 3 个月内提交第一次申请文件的副本。未提出书面声明或逾期未交注册申请副本的，视为未要求优先权。

2）商标在中国政府主办或承认的国际展览会展出的商品上首次使用的，自该展出之日起 6 个月内，可享有优先权。要求优先权的，应提出商标注册申请时提交书面声明，且在 3 个月内交展出的展览会名称、使用的证据、展出日期等证明文件。

2. 商标注册的审查核准

对申请注册的商标，商标局应当自收到商标注册申请文件之日起 9 个月内审查完毕，符合《商标法》有关规定的，予以初步审定公告。

（1）形式审查

对申请手续不齐备或未按规定填写申请文件的，退回，申请日期不保留。对申请手续和申请文件基本符合规定，但需补正的，通知予以补正；在规定期限内补正的，保留申请日期；未在规定期限内补正的，予以退回，申请日期不予保留。

（2）实质审查

实质审查主要是对申请注册的商标的构成要素等是否符合《商标法》及其条例规定的实质性要求进行审查，从而做出核准或者驳回的决定。例如，是否符合商标的法定构成要素、是否使用禁止使用或者注册的标志或者是否侵犯他人的商标权等内容。

（3）公告核准

两个或者两个以上的商标注册申请人，在同一种商品或者类似商品上，以相同或者近似的商标申请注册的，初步审定并公告申请在先的商标；同一天申请的，初步审定并公告使用在先的商标，驳回其他人的申请，不予公告。

对初步审定公告的商标，自公告之日起 3 个月内，任何人可以对违反禁止性规定提出异议；另外，在先权利人、利害关系人认为违反《商标法》相关规定的，可以向商标局提出异议。公告期满无异议的，予以核准注册，发给商标注册证，并予公告。

（4）复审或裁定

对初步审定公告的商标提出异议的，商标局应当听取异议人及被异议人陈述事实和理由，经调查核实后，自公告期满之日起 12 个月内做出是否准予注册的决定。有特殊情况需要延长的，经国务院工商行政管理部门批准，可以延长 6 个月。商标局做出不予注册的决定，被异议人不服的，可以自收到通知之日起 15 日内向商标评审委员会申请复审。商标评审委员会应当自收到申请之日起 12 个月内做出复审决定，并书面通知异议人和被异议人。

3. 注册商标的续展、转让、使用许可

（1）注册商标的续展

注册商标的有效期为 10 年，自核准注册之日起计算。注册商标有效期满，需要继续使用的，商标注册人应在期满前 12 个月内申请续展注册；在此期间未能提出申请的，可给予 6 个月宽展期。宽展期满仍未提出申请的，注销其注册商标。续展注册可无限制地重复进行，每次有效期为 10 年，自上一次有效期满次日起计算。

（2）注册商标的转让

双方应签订转让协议，并共同向商标局提出申请。经商标局核准后，发给受让人相应证明，并予以公告。受让人自公告之日起享有商标专用权。

（3）注册商标的使用许可

注册商标的使用许可应符合规定条件，具体规定如下。

1）许可人是被许可注册商标的所有人或有充分处置权人。

2）被许可人有生产使用许可的商品的资格。

3）使用许可的商标在保护期内，且使用许可期限不得超过该商标有效期。

4）使用许可的商品在该注册商标核定使用的商品范围内。

5）使用许可的商标与注册商标一致。

经许可使用他人注册商标的，必须在使用该注册商标的商品上标明被许可人的名称和商品产地。商标使用许可合同应报商标局备案。

二、商标使用管理

《商标法》所称商标的使用，是指将商标用于商品、商品包装或者容器及商品交易文书上，或者将商标用于广告宣传、展览以及其他商业活动中，用于识别商品来源的行为。

1. 对注册商标使用的管理

商标注册人在使用注册商标的过程中，自行改变注册商标、注册人名义、地址或者其他注册事项的，由地方工商行政管理部门责令限期改正；期满不改正的，由商标局撤销其注册商标。

注册商标成为其核定使用的商品的通用名称或者没有正当理由连续 3 年不使用的，任何单位或者个人可以向商标局申请撤销该注册商标。商标局应当自收到申请之日起 9 个月内做出决定。有特殊情况需要延长的，经国务院工商行政管理部门批准，可以延长 3 个月。

2. 对未注册商标使用的管理

如果有生产者或经营者将未注册商标冒充注册商标使用的，或者使用未注册商标违反《商标法》第六条规定的，由地方工商行政管理部门予以制止，限期改正，并可以予以通报，违法经营额 5 万元以上的，可以处违法经营额 20%以下的罚款，没有违法经营额或者违法经营额不足 5 万元的，可以处 1 万元以下的罚款。

议 一 议

查询国家相关公告，会发现“百家酱坛”被抢注在酱菜类别上，“馨吻脸脖”（“新闻联播”的谐音）被抢注在化妆品类别上，央视维权无疑增加了难度。2005 年 3 月 28 日，万州农村人陈某申请“心连心”商标，所使用的商标类别是金属楼梯、金属门窗、金属广告板等产品，其商标的寓意是为了让顾客对产品放心，日子过得安心，厂商和客户的心是连在一起的。2005 年 4 月，中央电视台对陈某提出申请“心连心”商标一事向国家工商行政管理部门提交异议书，而陈某认为央视申请的“心连心”并不是驰名商标，不享受跨类保护，自己所申请的这个类别与其并无冲突，也不涉及侵权问题。陈某的说法对吗？试说明理由。

任务三 注册商标专用权的保护

导学引思

鸿业卷烟厂使用注册商标蓝鸟牌香烟，一年后发现同城的浩瀚卷烟厂未经商标注册也生产销售蓝鸟香烟，且质量低劣。鸿业卷烟厂认为，浩瀚卷烟厂的行为严重损害了自己的产品信誉，就委托某律师事务所丙律师，意诉请法院求偿。浩瀚卷烟厂得知后，找到鸿业卷烟厂，申明：浩瀚卷烟厂使用该商标已有两年之久，并无假冒侵权之意。并主张通过许可协议，取得鸿业卷烟厂的使用权。鸿业卷烟厂同意，并签订商标许可协议，但坚持要求浩瀚卷烟厂先行赔偿。双方找到律师进行咨询。

思考：

1）乙厂的行为属于何种性质？违反我国商标管理的哪些规定？其法律后果如何？

2）如果甲、乙双方达成了使用许可协议，当事人应遵循《商标法》的哪些规定？

一、商标权的内容

1）专用权。商标权人享有商标专用权，只有商标权人才能在其核准的商品或服务上使用其注册商标的权利。它是注册商标所有人最基本的权利。

2）禁止权。禁止权是指商标所有人禁止任何第三方未经其许可在相同或类似商品上使用与其注册商标相同或类似的商标的权利。商标权人对他人的侵权行为有请求行政处理或提起诉讼的权利。

3）许可权。许可权是指商标权人许可他人使用其注册商标的权利。许可人应当监督被许可人使用其注册商标的商品质量，被许可人应当保证使用该注册商标的商品质量。经许可使用他人注册商标的，必须在使用该注册商标的商品上标明被许可人的名称和商品产地。商标使用许可合同应当报商标局备案。

4）转让权。转让权是指商标权人有权将其注册商标转让给其他单位或个人的权利。转让注册商标的，除双方当事人签订合同外，转让人和受让人应当共同向商标局提出申请。转让注册商标经核准后，予以公告。未经核准登记的，转让合同不具有法律效力。

5）续展权。续展权是指商标权人为了维持商标权，在注册商标有效期即将届满前申请延续已注册商标的有效期的权利。根据《商标法》的规定，只要商标权人有实际需要，就可以无限制地重复续展，使商标权成为一项永久的权利。

议一议

注册商标的有效期与专利权的有效期起算点一样吗？

二、商标权的终止

商标权的终止是指由于法定事由的发生，注册商标所有人丧失其商标权，法律不再对该注册商标给予保护。

商标权终止的事项：注册商标有效期届满，而当事人未在规定期限内申请续展的；商标权人自愿放弃其商标权，并向商标局办理注销手续的；对注册商标核定使用的商品粗制滥造，以次充好，欺骗消费者的；自行改变注册商标的或连续3年停止使用的。

三、商标侵权行为及其法律责任

《商标法》规定的侵犯注册商标专用权的行为有以下几种。

1）未经商标注册人的许可，在同一种商品上使用与其注册商标相同的商标的。

2）未经商标注册人的许可，在同一种商品上使用与其注册商标近似的商标，或者在类似商品上使用与其注册商标相同或者近似的商标，容易导致混淆的。

3）销售侵犯注册商标专用权的商品的。

4）伪造、擅自制造他人注册商标标识或者销售伪造、擅自制造的注册商标标识的。

5）未经商标注册人同意，更换其注册商标并将该更换商标的商品又投入市场的。

6）故意为侵犯他人商标专用权行为提供便利条件，帮助他人实施侵犯商标专用权行为的。

7）给他人的注册商标专用权造成其他损害的。

由于侵犯注册商标专用权行为引起纠纷的，由当事人协商解决；不愿协商或者协商不成的，商标注册人或者利害关系人可以向人民法院起诉，也可以请求工商行政管理部门处理。

对侵犯商标专用权的赔偿数额的争议，当事人可以请求进行处理的工商行政管理部门调解，也可以依照《民事诉讼法》向人民法院起诉。经工商行政管理部门调解，当事人未达成协议或者调解书生效后不履行的，当事人可以依照《民事诉讼法》向人民法院起诉。

侵犯商标专用权的赔偿数额，按照权利人因被侵权所受到的实际损失确定；实际损失难以确定的，可以按照侵权人因侵权所获得的利益确定；权利人的损失或者侵权人获得的利益难以确定的，参照该商标许可使用费的倍数合理确定。对恶意侵犯商标专用权，情节严重的，可以在按照上述方法确定数额的1倍以上3倍以下确定赔偿数额。赔偿数额应当包括权利人为制止侵权行为所支付的合理开支。权利人因被侵权所受到的实际损失、侵权人因侵权所获得的利益、注册商标许可使用费难以确定的，由人民法院根据侵权行为的情节判决给予300万元以下的赔偿。

四、商标注册人的义务

1）商标注册人应当对其使用注册商标的商品或服务的质量负责。许可他人使用其注册商标时，应当监督被许可人使用其注册商标的商品或者服务的质量。

2）商标注册人应当严格按照商标法律的有关规定正确使用其注册商标。

五、使用商标时应注意的问题

1）注册商标应严格按照《商标注册证》上核准注册的商标和核定使用的商品或服务使用。

2）商标注册人不得自行改变注册商标的文字、图形或者其组合；不得自行改变注册商标的注册人名义、地址或者其他注册事项。

3）商标注册人超过《商标注册证》核定使用的商品或服务范围使用其注册商标，并标明注册标志的，是冒充注册商标的违法行为。

4）商标注册人不得自行转让注册商标。

5）商标注册人有使用注册商标的义务。如果注册商标自核准之日起连续 3 年停止使用，该商标将可能被依法撤销。

6）商标注册人许可他人使用其注册商标，必须签订商标使用许可合同。许可人应当自许可合同签订之日起 3 个月内，将合同副本报送商标局办理商标使用许可合同备案。

项目十七 专 利 法

项目目标

◎**知识目标**

1. 了解专利和专利法的概念。
2. 掌握专利权取得的方式。
3. 熟悉专利权保护的具体内容。

◎**技能目标**

能够运用专利权相关知识并通过合法的途径获取专利权。

任务一 专利与专利法

导学引思

某国A公司在中国法院起诉中国B公司侵犯了其专利权，但是B公司只能提供A公司所在国的国家知识产权局颁发的专利权证书，而没有中国国家知识产权局颁发的专利权证书。

思考：受诉人民法院是否会受理B公司的起诉？为什么？

一、专利与专利法

1. 专利的概念和特性

（1）专利的概念

专利一词一般有以下几种含义。

1）专利是专利权的简称，它是指按专利法规定，由国家专利机关授予发明人、设计人或其所属单位对某项发明创造在法定期限内享有的专有权。

2）专利是指取得专利权的发明创造，一般包括发明、实用新型和外观设计3种专利技术。

3）专利是指专利文献，其重要部分为记载发明创造内容的专利说明书。专利通常是指专利权。

（2）专利的特性

专利具有以下特性。

1）专有性。专有性是指专利权是一种专有权或独占权，具有鲜明的排他性。这就是说，一项发明创造，经专利管理机关依法授予专利申请人的专利权后，该专利权人或其合法受让人在法律规定的有效期限内，便享有垄断的权利。除法律另有规定外，其他任何人未经专利权人或其合法受让人许可，都不得实施专利，即不得为生产经营目的制造、使用和销售其专利产品，或者使用其专利方法。否则，便构成侵权行为，要承担相应的法律责任。

2）地域性。地域性是指专利权人所取得的专利权，只能得到授予该项权利的国家的法律保护，两国或多国之间订有相互保护的双边或多边条约的除外。专利权人要想使其专利权在其他国家也得到法律保护就必须依照该国法律的规定，向该国申请专利，经审查批准后，专利权才可以在该国发生法律效力。

3）时间性。时间性是指专利权有一定的期限限制。在期限以内，专利权受到法律保护；期限届满，专利权即失去法律效力而为社会所有，任何人都可以实施该项发明创造，而不发生侵犯专利权的问题。

4）专利权包括人身权和财产权。专利权是一种知识产权，不同于物质产权，它包括人身权和财产权两个方面。人身权是指与人的身份不可分割地联系在一起的权利，如发明创造人的署名权、享受荣誉等权利。同时，作为一种无形的财产权利，它具有经济内容，既可以转让，也可以继承。

2. 专利法的概念

专利法是指调整因发明创造的开发、实施及其保护等发生的各种社会关系的法律规范的总称。专利法有广义和狭义之分。狭义的专利法仅指全国人民代表大会常务委员会通过的《中华人民共和国专利法》（以下简称《专利法》）。广义的专利法除《专利法》外，还包括国家有关法律、行政法规和规章中关于专利的法律规范。我国参加缔结的有关专利权国际保护方面的条约、协定，经批准公布具有国内法效力的，也属于广义的专利法的范畴。我国于 1984 年 3 月 12 日，第六届全国人民代表大会常务委员会第四次会议通过了《专利法》，于 1984 年 4 月 1 日起施行。此后，又于 1992 年、2008 年进行了不同程度的修正，新法于 2009 年 10 月 1 日起施行。

二、专利法律关系

1. 专利权的主体

专利权的主体是指可以申请并取得专利权的单位和个人，统称专利权人。依据《专利法》规定，专利权主体包括发明人、设计人所属的单位，非职务发明人、设计人，共同发明人或者共同设计人，外国单位或者外国公民。

1）发明人、设计人所属的单位。企业事业单位、社会团体、国家机关的工作人员执行本单位的任务或者主要利用本单位的物质条件所完成的职务发明创造，申请专利的权利属于该单位。

执行本单位的任务是指：①在从事本职工作中所作出的发明创造；②履行本单位交办本职工作之外的任务所作出的发明创造；③退职、退休或调动工作一年以内做出的，与其原单位承担的本职工作或者分配的任务有关的发明创造。

利用本单位的物质条件是指利用本单位的资金、设备、零部件、原材料或不向外公开的技术资料等。

2）发明人、设计人。非职务发明创造是指发明人或者设计人完成的职务发明创造以外的发明创造。《专利法》规定，对于非职务发明创造，申请专利的权利属于发明人或者设计人。

发明人或设计人具有以下特点：①为自然人；②不受其民事行为能力的限制；③必须是对发明创造的实质性特点做出创造性贡献的人。

对非职务发明创造，申请权利属发明人或设计人，申请被批准后，该发明人或设计人为专利权人；对于职务发明创造，申请专利的权利属该单位，申请被批准后，该单位为专利权人；利用本单位的物质技术条件所完成的发明创造，单位与发明人或设计人订有合同的，对申请专利的权利和专利权的归属做出约定的，从其约定。

3）共同发明人或者共同设计人。由两人或两个以上单位协作研究、设计任务所完成的发明创造，除另有协议外，申请专利的权利属于共同完成的单位。申请被批准后，专利权归申请单位共同所有或者共同持有。非职务共同发明创造，申请专利的权利和申请被批准后的专利权，归共同发明人或者共同设计人。

2. 专利权的客体

专利权的客体是指《专利法》保护的发明创造。《专利法》所称的发明创造，是指发明、实用新型和外观设计。

（1）发明

《专利法》所称的发明，是指对产品、方法或者其改进所提出的新的技术方案。

发明的特点：①它是利用自然规律而进行的创造；②它是具体的技术方案发明，分为产品发明和方法发明。

发明的分类如图 17.1 所示。分两类的原因有以下几个方面。

- 发明
  - 产品发明
    - 制造品的发明
    - 材料物品的发明
    - 具有特定用途的物品发明
  - 方法发明
    - 制造产品方法的发明
    - 使用产品方法的发明

图 17.1　发明的分类

1）申请文件、内容不同。

2）因发明种类不同，行使权利方式和专利权的效力范围也不同。产品发明专利权仅及于其产品本身；方法发明不仅及于本身，且及于用该方法直接获得的产品。

3）举证责任不同。产品发明的举证责任在原告一方；方法发明专利权被授予后，举证责任在被告方。

（2）实用新型

实用新型是指对产品的形状、构造或者二者的结合所提出的适于实际应用的新的技术方案。

实用新型的特点：①它是一种新的技术方案；②仅限于产品，不包括方法；③要求产品必须具有固定的形状、构造。气态、液态、凝胶状或颗粒粉末状的物质或材料，不属实用新型范围。

实用新型与发明的区别如表 17.1 所示。

表 17.1 实用新型与发明的区别

比较项目	发明	实用新型
保护范围	对发明没有形态上的要求	仅限于产品，要求具有固定形状或构造
创造性要求	与现有技术相比，具有突出的实质性特点和显著的进步	与现有技术相比，具有实质性特点和进步
审查程序	形式审查和实质审查	只进行形式审查
保护期限	20 年	10 年

（3）外观设计

外观设计是指对产品的形状、图案、色彩或者其结合所作出的富有美感并适于工业上应用的新设计。外观设计很多是外形、图案、色彩的结合。保护外观设计，可以鼓励设计人员美化社会产品，使产品不断花样翻新、丰富多彩，满足人们的要求，并增强我国产品在国际市场上的竞争力。

外观设计的特点：①必须与产品相结合；②必须能在产业上应用；③富有美感。

3. 授予专利权的条件

（1）授予发明和实用新型专利权的条件

授予专利权的发明和实用新型，应当具备新颖性、创造性和实用性。

1）新颖性。新颖性是指在申请日以前没有同样的发明或者实用新型在国内外出版物上公开发表过，在国内公开使用过或者以其他方式为公众所知，也没有同样的发明或者实用新型由他人向国家知识产权局提出过申请并且记载在申请日以后公布的专利申请文件中。判断一项发明创造是否具备新颖性，应从 3 个方面考虑，具体如表 17.2 所示。

表 17.2 判断新颖性的标准

标准	说明
公开标准	该项发明创造是否已被公知或者公用。公知公用的表现形式一般有 3 种，即书面公开、口头公开和使用公开
地域标准	《专利法》规定，申请专利的发明或者实用新型，必须是在申请日以前没有在国内外出版物上公开发表过，在国内没有公开使用过或以其他方式为公众所知。这就是说，对于书面公开，以世界范围为准；对于使用公开或者以其他方式公开，则以国内为限
时间标准	《专利法》把提出专利申请的那天作为确定新颖性的时间界限，即要求在申请日以前没有同样的发明创造公开过。这样，发明创造才具备新颖性。《专利法》规定，申请专利的发明创造在申请日以前 6 个月内
	有下列情形之一的，不丧失新颖性：在中国政府主办或者承认的国际展览会上首次展出的；在规定的学术会议或者技术会议上首次发表的；他人未经申请人同意而泄露其内容的

2）创造性。创造性是指同申请日以前已有的技术相比，该发明有突出的实质性特点和显著的进步，该实用新型有实质性特点和进步。已有的技术是指专利申请日前在国内外出版物上公开发表，在国内公开使用或者以其他方式为公众所知的技术，即现有的技术；实

质性特点是指申请专利保护的发明或实用新型与已有技术相比有本质性的突破，不是已有技术中的类似的或推导的东西，而是创造性构思的结果；进步是指在技术上前进了一步，即有可以注意到的距离。

3）实用性。实用性是指该发明或者实用新型能够制造或者使用，并能够产生积极效果。《专利法》要求发明创造具有的实用性，只是表示一种可能性，并不要求已在产业上制造或使用，或者立即能在产业上制造或使用。

（2）授予外观设计专利的条件

授予专利权的外观设计，应当同申请日以前在国内外出版物上公开发表过或者国内公开使用过的外观设计不相同或者不相近似。

4. 不能授予专利权的发明创造

不能授予专利权的发明创造如表 17.3 所示。

表 17.3　不能授予专利权的发明创造

举例	说明
科学发现	对前所未知的自然规律的认识，而发明创造则是前所未有的东西
智力活动的规则和方法	人们进行推理、分析、判断、记忆等思维活动的规则和方法。但是，进行智力活动的设备、装置或根据智力活动的规则和方法设计制造的仪器、用具等，如具备专利条件，可被授予专利权
疾病的诊断和治疗方法	对于血液、毛发、尿样等脱离了人体的物质的化验方法则不属疾病诊断和治疗方法，可授予专利权。另外，用于诊断或治疗疾病的仪器、设备或器械等，如具有专利条件，可被授予专利权
动物和植物品种	不包括动物和植物品种的生产方法
用原子核变换方法获得的物质	
违反国家法律、社会公德或妨害公共利益的发明创造	

读一读

对于职务发明创造，即利用本单位的物质技术条件所完成的发明创造，该单位为专利权人。单位与发明人或设计人在合同中对专利权的归属有约定的，从其约定。取得职务发明权的单位应依法对职务发明创造的发明人或设计人给予奖励。

非职务发明创造。申请专利的权利属于发明人或者设计人；申请被批准后，该发明人或者设计人为专利权人。

议一议

对于非职务发明创造，专利权应归谁所有？

任务二　专利权的取得方式

导学引思

2013年3月，工人王某利用业余时间独立完成了一项实用新型产品。5月9日，在国际发明展览会上首次展出。5月10日，王某向国家知识产权局提交了专利申请文件。某机电厂技术员李某于5月2日独立完成了工厂所下达的同一实用新型产品的研发任务，机电厂于5月13日向国家知识产权局邮寄了专利申请文件。国家知识产权局于5月15日收到机电厂的申请文件。

思考：

1）国家知识产权局会将专利权证书授予谁？

2）某机电厂是否也有权利使用该专利？

一、专利权的取得

1. 专利权申请的原则

1）一个申请一项专利原则（单一性原则）。一件发明或者实用新型专利申请应当限于一项发明或者实用新型，属于一个总的发明构思的两项以上的发明或者实用新型，可以作为一件申请提出。一件外观设计专利申请应当限于一项外观设计，同一产品两项以上的相似外观设计，或者用于同一类别并且成套出售或者使用的产品的两项以上外观设计，可以作为一件申请提出。

2）先申请原则。两个以上的申请人分别就同样的发明创造申请专利的，专利权授予最先申请的人。

3）优先权原则。优先权原则是指将专利申请人首次提出专利申请的日期，视为后来一定期限内专利申请人就相同主题在他国或本国提出专利申请的日期。专利申请人依法享有的这种权利称为优先权。优先权包括外国优先权和本国优先权。依照外国同中国签订的协议或者共同参加的国际条约，或者依照相互承认优先权的原则，可以享有优先权。

2. 专利权申请文件

专利申请人申请专利时，应当向国家知识产权局提交有关的法律文件。

1）申请发明或者实用新型专利提交的文件如表17.4所示。

表17.4　申请发明或实用新型专利提交的文件

相关文件	说明
请求书	申请人请求国家知识产权局对其发明创造授予专利权的书面文件。请求书应当写明发明创造的名称，发明人或者设计人的姓名，申请人的姓名或者名称、地址及其他事项
说明书	用文字完整地写明发明创造具体内容的书面文件，也是申请人向社会公开发明创造的技术文件，其公开的程度必须达到使本专业的任何一个普通技术人员阅读后能够实施该发明创造。说明书在必要时，可以有附图

续表

相关文件	说明
权利要求书	专利申请人请求确定申请专利保护范围的法律文件。专利法规定，权利要求书应当以说明书为依据，说明发明或者实用新型的技术特征，清楚并简要地表述要求专利保护的范围
摘要	发明创造要点的扼要说明，它实际上是说明书和权利要求书的摘要，以便于专业技术人员的检索

2）申请外观设计专利时应当提交的文件。申请外观设计专利的，应当提交请求书及该外观设计的图片或者照片等文件，并且应当写明使用该外观设计的产品及其所属的类别；必要时，应当写明对外观设计的简要说明，以及主要创作部位、请求保护色彩、省略视图等。

向外国申请专利，涉及国家利益的问题。因此，《专利法》规定，中国单位或者个人将其在国内完成的发明创造向外国申请专利的，应当首先向中国国家知识产权局申请专利，并经国务院有关主管部门同意后，委托国务院指定的专利代理机构办理。

3. 专利权申请法定程序

国家知识产权局受理专利申请后，要按照法律规定的程序进行审查，对符合《专利法》规定条件的申请即予以批准，同时授予专利权。

（1）对发明专利申请的审查批准

对发明专利申请的审查批准主要有以下几个阶段。

1）初步审查。初步审查也称形式审查，它主要是对专利申请手续和申请文件是否完备进行审查。

2）早期公开。早期公开是指国家知识产权局收到发明申请专利后，经初步审查认为符合专利法的规定的，自申请日起 18 个月内予以公布。

3）实质审查。实质审查主要是从技术角度审查发明创造是否符合《专利法》所要求的新颖性、创造性和实用性。《专利法》规定，发明专利申请自申请之日起 3 年内，国家知识产权局可以根据申请人随时提出的请求，对其申请进行实质审查；申请人在 3 年内无正当理由没有提出实质审查的要求，该申请即被视为撤回。国家知识产权局认为必要时，可以自行对发明专利申请进行实质审查。

4）授予专利权。发明专利申请经实质审查没有发现驳回理由的，国家知识产权局应当做出授予发明专利权的决定，发给发明专利证书，并予以登记和公告。

（2）对实用新型、外观设计专利申请的审查批准

《专利法》规定，对实用新型、外观设计的专利申请，经初步审查没有发现驳回理由的，国家知识产权局应当做出授予实用新型专利权或者外观设计专利权的决定，发给相应的专利证书，并予以登记和公告。

（3）复审

专利申请人对国家知识产权局驳回申请的决定不服的，可以自收到通知之日起 3 个月内，向国家知识产权局设立的专利复审委员会请求复审。专利复审委员会复审后，作出决定，并通知专利申请人。发明专利申请人对专利复审委员会的复审决定不服的，可以自收到通知之日起 3 个月内向人民法院起诉。专利复审委员会对专利申请人关于实用新型和外

观设计的复审请求所作出的决定是终局性的。

4. 专利权的期限

专利权人对其发明创造享有的独占权，仅在法律规定的期限内受到法律的保护。超过法律规定的有效期限，专利权就会自行终止，该发明创造就成为全社会的共同财富，任何人都可以无偿地加以利用。

《专利法》规定，发明专利权的期限为 20 年，实用新型专利权和外观设计专利权的期限为 10 年，均自申请之日起计算。

5. 专利权的终止

专利权的终止有两种情况：①期限届满终止，称为正常终止；②期限届满以前终止，称为提前终止。《专利法》规定，有下列情形之一的，专利权在期限届满前终止。

1）没有按照规定缴纳年费的。

2）专利权人以书面声明放弃其专利权的。

专利权的终止，由国家知识产权局登记和公告。

6. 专利权的撤销

《专利法》规定，自国家知识产权局公告授予专利权之日起 6 个月内，任何单位或者个人认为该专利权的授予不符合《专利法》有关新颖性、创造性和实用性规定的，都可以请求国家知识产权局撤销该专利权。

国家知识产权局对撤销该专利权请求进行审查，做出撤销或者维持专利权的决定；并通知请求人和专利申请人。撤销专利权的决定，由国家知识产权局登记和公告，被撤销的专利权视为自始就不存在。

对国家知识产权局撤销或者维持专利权的决定不服的，可于收到通知之日起 3 个月内，向专利复审委员会申请复审。复审决定对于实用新型和外观设计的复审请求来说是终局性的，而发明专利权人或者撤销发明专利权的请求人，如果对复审决定仍然不服的，可于收到通知之日起 3 个月内，向人民法院起诉。

7. 专利权的无效

《专利法》规定，自国家知识产权局公告授予专利权之日起满 6 个月后，任何单位或者个人认为该专利权的授予不符合《专利法》的有关规定的，都可以请求专利复审委员会宣告该专利权无效。专利复审委员会对宣告专利权无效的请求进行审查和做出决定，并通知请求人和专利权人。宣告专利权无效的决定，由国家知识产权局登记和公告。被宣告无效的专利权视为自始即不存在。对专利复审委员会宣告专利权无效或者维持专利权的决定不服的，可以自收到通知之日起 3 个月内向人民法院起诉；而对宣告实用新型和外观设计专利权无效的请求所作出的决定是终局性的。

8. 专利权人的权利

专利权人的权利分为人身权利和财产权利。人身权利是指发明人对发明创造所享有的署名权。财产权利是指专利权人通过对专利技术的占有而取得物质利益的权利，主要包括：有自己制造、使用、销售和进口其专利产品或者使用其专利方法的权利；许可他人实施专利并收取专利使用费的权利；专利权人有权转让其专利权；专利权人有权在其专利产品或者该产品的包装上标明专利标记或专利号。

9. 专利权人的义务

1）专利权人有交纳专利年费的义务。

2）在职务发明中，作为专利权人的单位有向发明人或设计人给予精神和物质奖励的义务。

二、专利实施

1. 专利权人的主动实施

1）专利权人自己单独实施。

2）专利权人将专利作为投资，与他人合资经营或合作经营进行合作实施。

3）通过签订专利实施许可合同许可他人实施。

2. 专利权人的被动实施

（1）依国家计划需要指定实施

《专利法》规定，国务院有关部门和省、自治区、直辖市人民政府根据国家计划，有权决定本系统内或者所管辖的中国集体所有制单位和个人的专利，对国家利益和社会公共利益有重大意义，需要推广应用的，由国务院有关主管部门报国务院批准后，参照《专利法》关于全民所有制单位专利指定实施的规定办理。

（2）强制许可实施

强制许可实施是指国家知识产权局在一定条件下，不需要经过专利权人的同意，准许其他单位和个人实施专利权的一种强制性法律手段。

《专利法》规定，具有下列情形之一的，国家知识产权局可以给予专利实施的强制许可。

1）自专利权被授予之日满 3 年后，具备实施条件的单位以合理的条件请求发明或者实用新型专利权人许可实施其专利，而未能在合理的时间内获得这种许可时，国家知识产权局根据该单位的申请，可以给予实施该发明专利或者实用新型专利的强制许可。

2）在国家出现紧急状态或者非常情况时，或者为了公共利益的目的，国家知识产权局可以给予实施发明专利或者实用新型专利的强制许可。

3）一项取得专利权的发明或者实用新型比前已经取得专利权的发明或者实用新型在技术上先进，其实施又有赖于前一发明或者实用新型的实施的，国家知识产权局根据后一专利权人的申请，可以给予实施前一发明或者实用新型的强制许可。在依照上述规定给予强制许可的情形下，国家知识产权局根据前一专利权人的申请，也可以给予实施后一发明或者实用新型的强制许可。

取得实施强制许可的单位或者个人不享有独占的实施权，并且无权允许他人实施。取得实施强制许可的单位或者个人应当付给专利权人合理的使用费，其数额由双方商定；双方不能达成协议的，由国家知识产权局裁决。

专利权人对国家知识产权局关于实施强制许可的决定或者关于实施强制许可的使用费的裁决不服的，可以在收到通知之日起3个月内向人民法院起诉。

任务三　专利权的保护

导学引思

李某利用业务时间，研制出一种带有转轴的千斤顶，使用时可将千斤顶所举起的重物任意旋转方向，便于检修人员进行检修。2015年2月7日，李某向中国国家知识产权局提出了实用新型专利的申请。国家知识产权局于2016年4月6日予以公告，并于2017年2月16日授予其实用新型专利的专利权。

某工程公司在李某实用新型基础上又研制出一种新的千斤顶，它的主轴杆既可以灵活转动，又能按任意方向倾斜角度。该公司于2016年5月6日向中国国家知识产权局提出了专利申请，经国家知识产权局公告后，于2017年4月2日被授予实用新型专利。

思考：某工程公司获得专利是否构成对李某专利的侵权？为什么？

一、专利侵权行为

专利侵权行为是指在专利权有效期内，未经专利权人许可，为了生产经营目的，侵害专利权人的实施权和标记权的行为。其具体表现形式如下。

1）为生产经营目的制造、使用、销售发明和实用新型专利权人的专利产品。

2）为生产经营日的使用发明专利权人的专利方法或者使用、销售依照该专利方法直接获得的产品。

3）为生产经营目的制造、销售外观设计专利权人的专利产品。

4）为生产经营目的进口发明创造专利权人的专利产品或者进口依照发明专利权人的专利方法直接获得的产品。

5）假冒他人专利，即在非专利产品或其包装上标注他人的专利标记或专利号，以冒充他人专利的行为。

二、不视为侵犯专利权的行为

根据《关于修改〈中华人民共和国专利法〉的决定》的规定，对于下列情形，不视为侵犯专利权的行为。

1）专利权人制造或者经专利权人许可制造的专利产品售出的专利产品的。

2）使用或者销售不知道是未经专利权人许可而制造并售出的专利产品的。

3）在专利申请日前已经制造相同产品、使用相同方式或者已经做好制造、使用的必要准备，并且仅在原有范围内继续制造、使用的。

4）临时通过中国领土、领水、领空的外国运输工具，依照其所属国家同中国签订的协议或者共同参加的国际条约，或者依照互惠原则，为运输工具自身需要而在其装置和设备中使用有关专利的。

5）专为科学研究和实验而使用有关专利的。

三、专利侵权行为的法律责任

专利权人发现侵权行为后，可以请求专利管理机关处理。专利管理机关有权责令侵权人停止其侵权行为，并赔偿专利权人的损失。对于专利管理机关的处理决定不服的，可以在收到通知之日起 3 个月内向人民法院起诉。专利权人发现侵权行为后，也可以直接向人民法院起诉。

侵犯专利权的诉讼时效是 2 年，自专利权人或利害关系人得知或者应当得知侵权行为之日起计算。对于假冒他人专利，情节严重，已构成犯罪的直接责任人员，还要依法追究刑事责任。

《专利法》对专利侵权主要是采用民事制裁。专利侵权人应当承担的民事责任形式主要有停止侵权、赔偿损失和消除影响。

根据《专利法》及相关行政法规的规定，专利行政部门在处理专利侵权纠纷时，可以责令侵权行为人停止侵权行为、罚款。专利行政部门责令侵权行为人停止侵权行为、罚款的措施就属于承担行政责任的方式。

根据《专利法》和《刑法》的相关规定，假冒他人专利、泄露国家秘密、玩忽职守、滥用职权、徇私舞弊等情形，情节严重，构成犯罪的，依法追究刑事责任。

议一议

赵某发明了一种教学仪器“眼球仪”，获得了国家知识产权局授予的专利权。其后，赵某与甲教学仪器厂订立了专利实施的许可合同。半年后，赵某发现某省教学仪器公司买进的 150 台眼球仪与自己的发明专利完全相同，经调查，这批眼球仪的制造者是乙教学仪器厂，该厂是仿照从市场上买到的甲教学仪器厂的产品生产的。同时，赵某还发现某大学实验室也仿制了几台眼球仪，并在科研中使用。谁侵犯了赵某的专利权？赵某可通过什么途径请求保护自己的专利权？

项目十八 著 作 权

项目目标

◎**知识目标**

1. 理解著作权的概念及著作权主体的内容。
2. 掌握著作权的内容。
3. 了解著作权保护的相关内容。

◎**技能目标**

1. 能够合理区分著作权的主体和著作权的客体。
2. 能够运用著作权保护的相关知识。

任务一 著作权的种类和范围

导学引思

某民办高校安排本校老师韩某为学校拍摄一些校园风景照片，用以美化校园和宣传学校。学校为其提供了照相机，并承担彩扩及劳务费等费用。韩某按时完成了任务，将30张电子照片及洗印好的照片交给了学校。韩某调离该民办高校后得知原所在学校印制了一种小型台历，其中有他离校前交给学校照片中的6张，韩某便以学校侵犯其著作权为由，要求学校赔礼道歉，并赔偿损失。

思考：此民办高校的行为是否侵犯了著作权？为什么？

一、著作权概述

著作权又称为版权，是指作者或其他著作权人依法对文学、艺术和科学作品在法定期限内所享有的人身权利和财产权利的总称。著作权分为著作人身权和著作财产权，广义的著作权除了狭义的著作权外，还包括著作邻接权，即作品传播者依法享有的与著作权相邻相关的权利，主要是指艺术表演者、录音录像制作者、广播电视组织、图书报刊出版社享有的权利。《中华人民共和国著作权法》（以下简称《著作权法》）适用于广义的著作权概念。

1. 著作权的主体

著作权的主体是指享有著作权的人，即著作权人，包括以下几种。

（1）作者

作者即创业作品的人，是著作权的原始主体。作者包括创业作品的公民和视为作者的法人或法人单位。一般情况下，如无相反证明，在作品上署名的公民、法人或者其他组织为作者。作者和著作权人是两个不同的概念，作者以外的人也可以成为著作权人。

（2）依法享有著作权的作者以外的其他公民、法人或者其他组织

依据法律规定或基于继承、委托合同、版权转让合同、赠与合同也可以成为著作权的主体。依托《著作权法》的规定，公民为完成法人或者其他组织工作任务所创作的作品是职务作品，其职务作品的著作权归属有两种情况。

1）著作权由作者享有，但法人或者其他组织有权在其业务范围内优先使用。作品完成2年内，未经单位同意，作者不得许可第三人以与单位使用的相同方式使用该产品。

2）有下列情形之一的职务作品，作者享有署名权，著作权的其他权利由法人或者其他组织享有，法人或者其他组织可以给予作者奖励。

（3）国家

在特定条件下，国家可以成为著作权人，如国家接受著作权人的捐献、遗赠，就可以成为捐献、遗赠作品的著作权人。

2. 著作权的客体

著作权的客体是指受《著作权法》保护的文学、艺术和自然科学、社会科学、工程技术等作品。

（1）受《著作权法》保护的作品

根据《著作权法》第三条，受著作权法保护的作品包括文学、艺术和自然科学、社会科学、工程技术等作品。具体包括：①文字作品；②口述作品；③音乐、戏剧、曲艺、舞蹈、杂技艺术作品；④美术、建筑作品；⑤摄影作品；⑥电影作品和以类似摄制电影的方法创作的作品；⑦工程设计图、产品设计图、地图、示意图等图形作品和模型作品；⑧计算机软件；⑨法律、行政法规规定的其他作品。

（2）不受《著作权法》保护的对象

依法禁止出版、传播的作品都不受《著作权法》保护。此外，不适用于《著作权法》保护的对象有法律、法规，国家机关的决议、决定、命令和其他具有立法、行政、司法行政的文件及其官方正式译文，时事新闻，历法，通用数表、通用表格和公式。

二、著作权的内容

1. 著作人身权

著作人身权是指作者对其创作的作品依法享有的以人身利益为内容的权利。著作人身权不同于一般的人身权，作者的死亡并不导致著作人身权的丧失，著作人身权永远归作者享有，不能转让，也不受著作权保护期限的限制。著作人身权包括以下4种。

1）发表权，即决定作品是否公之于众的权利。

2）署名权，即表明作者身份、在作品上署名的权利。作者有权决定在自己的作品上署名或不署名，是否署真名。

3）修改权，即修改或者授权他人修改作品的权利。

4）保护权利完整权，即保护作品不受歪曲、篡改的权利。

2. 著作财产权

著作财产权是指著作人依法使用的产品，许可他人使用的作品、转让著作权并因此获得经济利益的权利。依据《著作权法》第十条，著作财产权包括以下13种。

1）复制权，即以印刷、复印、拓印、录音、录像、翻录、翻拍等方式将作品制作一份或者多份的权利。

2）发行权，即以出售或赠与方式向公众提供作品的原件或者复制件的权利。

3）出租权，即有偿许可他人临时使用电影作品和以类似摄制电影的方式创作的作品、计算机软件的权利，计算机软件不是出租的主要标的的除外。

4）展览权，即公开陈列美术作品、摄影作品的原件或者复制件的权利。

5）表演权，即公开表演作品，以及用各种手段公开播送作品的表演的权利。

6）放映权，即通过放映机、幻灯机等技术设备公开再现美术、摄影、电影和以类似摄制电影的方法创作的作品等的权利。

7）广播权，即以无线方式公开广播或者传播作品，以有线传播或者转播的方式向公众传播广播的作品，以及通过扩音器或者其他传送符号、声音、图像的类似工具向公众传播广播的作品的权利。

8）信息网络传播权，即以有线或者无线方式向公众提供作品，使公众可以在其个人选定的时间和地点获得作品的权利。

9）摄制权，即以摄制电影或者以类似摄制电影的方法将作品固定在载体上的权利。

10）改编权，即改变作品，创作出具有独创性的新作品的权利。

11）翻译权，即将作品从一种语言文字转换成另一种语言文字的权利。

12）汇编权，即将作品或者作品的片段通过选择或者编排，汇集成新作品的权利。

13）应当由著作权人享有的其他权利。

著作权人可以许可他人行使，也可以全部或者部分转让著作权，并依照约定或者《著作权法》有关规定获得报酬。

任务二　著作权的保护

导学引思

2013年7月3日，某商厦在报纸上刊登启事，向社会公开征集企业广告语，并设置等级奖及纪念奖若干名。李某阅读该启事后以《标新立异，风采卓然——××商厦》一稿应征，经过专家评定，该广告语被专家润色为“标新立异显风采——××”被评为三等奖。同年9月4日，该商厦在报纸上公告了广告语评选结果，并刊有“获奖作品版权归公司所有”字样。10月1日，李某参加了商厦的开业庆典并领取了荣誉证书及2 000元奖金。事后，李某发现该商厦在广播、电视、报刊、出租汽车、商品包装袋等处使用该广告语，于是提出抗议但是无效。李某愤然向法院起诉，要求确认该广告语的著作权归自己所有，该商厦公开赔礼道歉并赔偿损失1万元，被告则辩称，该广告不属于文字作品，原告不享有著作权，被告在以奖金形式奖励原告后使用该广告语，是行使所有权的权能，并未构成对原告著作权的侵犯。

思考：

1）广告语是否属于作品？谁对该广告语享有著作权？试说明理由。

2）该商厦使用上述广告语是否构成侵权？为什么？

一、著作权的保护期限

因著作人身权和著作财产权两种权利的性质不同，法律对它们规定了不同的保护期限，著作人身权除发表权外，作者的署名权、修改权、保护作品完整权的保护期不受限制。

公民（即自然人）的作品，其发表权和著作财产权的保护期为作者终身及其死亡后50年，截止于作者死亡后第50年的12月31日。如果是合作作品，截止于最后死亡的作者死亡后第50年的12月31日。

法人或者其他组织的作品和著作权（署名权除外）由法人或非法人单位享有的职务作品，其发表权和著作财产权的保护期为50年，截止于作品首次发表后第50年的12月31日，但作品自创作完后未发表的，不再给予保护。

二、对著作权的限制

任何权利都不是无限制的，为了促进整个社会科学文化事业的繁荣发展，在保护著作权人利益的同时，也要注意协调著作权人的利益和社会公众利益。因此，《著作权法》对著作权（主要是著作财产权）作了若干限制性规定，包括合理使用、法定许可。

三、著作权的法律保护

《著作权法》规定，禁止任何单位或个人侵犯他人的著作权，未经著作权人的许可，又无法律上的依据，使用享有著作权作品的行为，均构成对著作权的侵权行为。

练一练

甲、乙共同创作完成一部小说，甲主张发表，乙不同意。后来乙死亡，有一继承人，之后甲将该小说发表。下列说法错误的是（　　）。

A. 乙生前不同意发表该小说，甲无权发表

B. 发表该小说的稿费全部由甲获得

C. 该小说的使用权保护期应截止于甲死亡后第50年的12月31日

D. 甲不能剥夺乙的署名权

模块六

劳动法及劳动合同法律制度

在我们完成理论知识学习和专业技能训练，待职业鉴定合格、被企业录用后，将会面临与用人单位签订劳动合同的问题。从职校的学生变成企业的职工，这种角色的转换使我们不但要经受工作岗位理论知识、技术技能、工作效率的评估考核，还要经得起现代企业特殊文化、企业各项规章制度和劳动法律规章的考验。这就需要我们在顶岗实习和参加工作之前，就要对劳动关系、劳动合同、劳动者的基本权利有全面清晰的了解。

本模块将结合《中华人民共和国劳动法》(以下简称《劳动法》)和《劳动合同法》的相关规定，介绍劳动关系的概念、劳动基准法律制度、劳动者的权利与义务、劳动合同的概念与种类、劳动合同的订立与终止、违反劳动合同的法律责任和劳动者维权途径与救济措施等内容。通过学习本模块，学生能够初步掌握《劳动法》和《劳动合同法》的基本规范，学会运用所学知识和技能构建和谐的劳动关系，实现自身与用人单位的互利共赢。

项目十九　劳动者的基本权利

项目目标

◎知识目标

1．掌握劳动法的适用范围。

2．熟悉劳动关系的概念、特征和分类。

3．掌握劳动法关于劳动安全卫生和特殊劳动保护的有关规定。

◎技能目标

能够运用劳动基准法律制度，维护劳动者在工资、工作时间、休息、休假等方面的基本权利。

任务一　劳动法律关系

导学引思

甲为某民办中专教师，乙受雇于某个体户，丙为某公司员工，丁为某国家机关保洁工。4人关于劳动关系的特征分别提出如下观点：甲认为，劳动关系是特定当事人之间的法律关系；乙认为，劳动关系既包括劳动者与用人单位之间的关系，也包括劳动者行政部门与劳动者、用人单位之间的关系；丙认为，劳动关系既包括财产关系，也包括人身关系；丁认为，劳动关系既具有平等关系的属性，也具有从属关系的属性。

思考：

1）甲、乙、丙、丁4人与其各自用人单位的劳动关系是否由劳动法调整？为什么？

2）甲、乙、丙、丁4人的观点是否正确？为什么？

一、劳动法的概念及其适用范围

1．劳动法的概念

劳动法是国家为了保护劳动者的合法权益，调整劳动关系，建立和维护适应社会主义市场经济的劳动制度，促进经济发展和社会进步，根据宪法而制定颁布的法律。在我国，劳动法有广义、狭义之分。狭义上的劳动法是指1994年7月5日第八届全国人民代表大会常务委员会第八次会议通过，1995年1月1日起施行的《劳动法》（2009年修正）；广义上的劳动法是调整劳动关系的法律法规，以及调整与劳动关系密切相关的其他社会关系的法律规范的总称，即除了《劳动法》外，还包括我国宪法中有关公民劳动方面的规定，以及

《劳动合同法》《中华人民共和国工会法》《中华人民共和国妇女权益保护法》《中华人民共和国未成年人保护法》等法律的相关规定。

2. 劳动法的适用范围

根据《劳动法》和《劳动合同法》的规定，劳动法的适用范围如下。

1）在中华人民共和国境内的企业、个体经济组织、民办非企业单位等组织（以下统称“用人单位”）和与之形成劳动关系的劳动者。

2）国家机关、事业组织、社会团体和与之建立劳动合同关系的劳动者。

议一议

国家机关公务员、现役军人和家庭保姆适用《劳动法》吗？

导学引思

小李是甲公司的司机，他开哪辆车、什么时候出发、什么时候到达、加什么油、在哪里保养维护车辆等，公司都做出相应规定。给小李交代工作的通常是小李的主任，小李按照劳动合同约定于每月15日领取工资。

小王是一名自营车主，甲公司10月临时请小王拉了两批货，甲公司对小王是否按要求完成货物运输任务进行管理。给小李交代工作的是甲公司的业务人员，他负责联系像小王这样的司机从事临时运输工作，小王的工作报酬按双方约定的方式结算。

思考：小李和小王与甲公司分别是什么关系？

二、劳动与劳动关系

1. 劳动的含义

要认识劳动法律关系，需要先知道什么是劳动。劳动是人们创造物质财富（如制造汽车、加工服装、建造楼宇等）与精神财富（如实施发明创造而获得专利权，创作文学艺术作品而获得著作权等）的有意识、有目的的活动。没有劳动就没有人类，也就没有社会的发展。

2. 《劳动法》所称的劳动

《劳动法》所称的劳动，并不是指一切劳动，而是专指人们在争取与实现劳动权过程中的有偿性劳动，是劳动者与用人单位之间形成的管理与被管理关系的劳动。

3. 劳动关系

劳动关系是《劳动法》调整的对象，是指劳动者与用人单位（包括各类企业、个体工商户、事业单位等）在实现劳动过程中建立的社会经济关系。

从广义上讲，生活在城市和农村的任何劳动者与任何性质的用人单位之间，因从事劳动而结成的社会关系都属于劳动关系的范畴。从狭义上讲，现实经济生活中的劳动关系是指依照国家劳动法律规范的劳动法律关系。劳动法律关系的一方为劳动者，另一方为用人单位，《劳动法》所调整的劳动关系即劳动法律关系，属于狭义上的劳动关系。

议一议

A、B、C、D这4名学生在讨论《劳动法》所调整的劳动关系时，发表了下述看法：A认为，甲公司与其员工赵某之间的关系属于劳动关系；B认为，乙合伙企业与其雇员钱某之间的关系属于劳动关系；C认为，丙个人投资设立的图书馆与其管理员孙某之间的关系不属于劳动关系；D认为，公民李某与其雇佣的厨师王某之间的关系属于劳动关系。上述4位学生的观点是否正确？试说明理由。

导学引思

甲公司的10部电梯的维修包给乙维修站，乙维修站派小李常驻这家公司，小李在一次工作中突发心脏病住院治疗，共花费医疗费用6 000元。

思考：小李可否要求甲公司报销其医药费用？为什么？

三、劳动关系与劳务关系

1. 劳务关系

劳务关系是与劳动关系相近的概念，它是由两个或两个以上的平等主体，通过劳务合同建立的一种民事权利义务关系。该劳务合同可以是书面形式，也可以是口头形式和其他形式。其基本特征如下。

1）双方当事人的地位平等，在人身上不具有隶属关系。

2）工作风险一般由提供劳务者自行承担。但由雇工方提供工作环境和工作条件及法律另有规定的除外。

3）基于民事法律规范成立，并受民法规范的调整和保护。

4）主体具有不特定性，提供劳务方和用工方都可以是自然人、法人或是其他组织。

2. 劳动关系与劳务关系的区别

现实生活中，时常会遇到劳动关系与劳务关系并存的情况，清楚两者的区别，对于正确适用法律、保护劳动者合法权益、妥善处理各类纠纷，显得尤为重要。从整体上看，劳动关系与劳务关系的区别主要有以下5点。

1）主体不同。劳动关系的主体是确定的，即一方是用人单位，另一方是劳动者。而劳务关系的主体是不确定的，可能是两个平等主体，也可能是两个以上的平等主体；可能是法人之间的关系，也可能是自然人之间的关系，还可能是法人与自然人之间的关系。

2）是否存在隶属关系不同。劳动关系两个主体之间不仅存在财产关系，还存在人身关系，即行政隶属关系；而劳务关系两个主体之间只存在财产关系，即劳动者提供劳务服务，用人单位支付劳务报酬，彼此之间不存在行政隶属关系。

3）劳动主体的待遇不同。劳动关系中的劳动者除获得报酬外，还享有保险、福利等待遇；而劳务关系中的自然人，一般只获得劳动报酬。

4）适用的法律依据不同。劳动关系适用《劳动法》和《劳动合同法》，而劳务关系则适用《民法总则》和《合同法》。

5）合同的法定形式不同。劳动合同法定形式是书面的，而劳务合同的法定形式除书面的以外，还可以是口头或其他形式。

议一议

1. 个体工商户张某开办一家小型超市，雇佣王某作为售货员，双方就休息休假问题发生纠纷。张某与王某之间是劳动关系还是劳务关系？是否适用我国《劳动法》？试说明理由。

2. 甲因购置新居，雇佣装饰工乙为自己装修房屋并向乙支付报酬。甲、乙之间成立的是劳动关系还是劳务关系？劳动关系与劳务关系有哪些区别？

任务二　劳动基准法的基本规定

导学引思

甲女士于2015年7月应聘到乙服装公司做会计工作，至2016年3月公司一直未与甲签订劳动合同。因乙公司的服装销路不畅，经济效益下滑，自2016年3～6月公司一直未向职工发放工资。2016年7月1日，公司决定，自本月起，公司员工一律取消节假日休假。同时规定，本公司的全体员工每月必须销售本公司服装40套，并以销售额冲抵职工工资。2016年12月1日，甲已怀孕8个月，乙公司仍然安排甲夜间加班。

思考：

1）乙公司经济效益下滑，拖欠甲3个月的工资是否合法？为什么？

2）乙公司取消职工节假日休假，并以本公司生产的服装冲抵职工工资是否合法？为什么？

3）乙公司安排甲夜间加班是否合法？为什么？

一、我国劳动基准法的内容

劳动法对劳动关系的协调，是以劳动标准为基础的，劳动基准就是劳动条件的最低标准。劳动基准法，就是在《劳动法》中规定和确认一系列劳动标准，要求用人单位必须遵守。劳动基准法主要由规定劳动标准的各项法律制度构成。根据《劳动法》的规定，目前我国劳动基准法律制度的主要内容包括：①工作时间和休息休假法律制度；②工资法律制度；③职业安全卫生法律制度；④女职工和未成年工特殊保护法律制度；⑤劳动者的职业培训法律制度。

二、工资法律制度

1. 工资的概念和特征

（1）工资的概念

《劳动法》中的“工资”是指用人单位依据国家有关规定和集体合同、劳动合同约定的标准，根据劳动者提供劳动的数量和质量，以货币形式直接支付给劳动者的劳动报酬。工资是劳动者劳动收入的主要组成部分。

（2）工资的特征

工资是基于劳动关系而由用人单位对劳动者付出劳动的物质补偿。工资标准必须是事先按照国家有关工资法规政策规定和劳动合同、集体合同约定的标准。工资必须以法定的货币形式定期支付给劳动者本人。工资的支付是以劳动者提供的劳动数量和质量为依据的。

2. 工资的形式

（1）工资形式的概念

工资形式是指计量劳动和支付劳动报酬的方式。企业可以根据本单位的生产经营特点和经济效益，依法自主确定本单位采用计时工资、计件工资、奖金和津补贴等工资分配形式。

（2）《劳动法》规定的主要工资形式

《劳动法》规定的主要工资形式有计时工资、计件工资、奖金、津贴、补贴，以及特殊情形下的工资，如加班加点工资，病假、事假、婚假、探亲假等工资，履行国家和社会义务期间的工资等。

（3）不属于《劳动法》工资范围的劳动收入

劳动者的以下劳动收入不属于工资范围。

1）单位支付给劳动者个人的社会保险福利费用，如丧葬费、抚恤费、救济费、生活困难补助费、计划生育补贴等。

2）劳动保护方面的费用，如用人单位支付给劳动者的工作服、解毒剂、清凉饮料等费用。

3）按规定未列入工资总额的各种劳动报酬及其他劳动收入，如根据国家规定发放的创造发明奖、国家星火奖、自然科学奖、科学技术进步奖、合理化建议和技术改进奖、中华技能大奖等，以及稿费、讲课费、翻译费等。

3. 我国最低工资保障制度主要内容

最低工资是指劳动者在法定工作时间内提供了正常劳动的前提下，其所在用人单位应支付的最低劳动报酬。最低工资的支付以劳动者在法定工作时间内提供了正常劳动为条件。劳动者因探亲、结婚、直系亲属死亡按照规定休假期间，以及依法参加国家和社会活动，视为提供了正常劳动，用人单位支付给劳动者的工资不得低于其适用的最低工资标准。劳动者与用人单位形成或建立劳动关系后，试用、熟练、见习期间，在法定工作时间内提供了正常劳动，其所在的用人单位应当支付其不低于最低工资标准的工资。

最低工资不包括劳动者下列各项收入：加班加点工资；中班、夜班、高温、低温、井下、有毒有害等特殊工作环境条件下的津贴；国家法律、法规和政策规定的劳动者保险、福利待遇；用人单位通过贴补伙食、住房等支付给劳动者的非货币性收入。

练一练

根据所学知识，调查你的学校所在地或你的家乡的最低工资标准，再查找几个你感兴趣的城市的最低工资标准，列表进行比较。

三、工作时间和休息休假

工作时间也是有标准的，对工作时间加以规定是对劳动者的保护。休息休假是劳动者的权利，只有充分尊重劳动者休息的时间，才能更好地展开劳动。

1. 工作时间的概念和种类

（1）工作时间的概念

工作时间，又称法定工作时间，是指劳动者为履行工作义务，在法定限度内，在用人单位从事工作或者生产的时间。

（2）工作时间的种类

1）标准工作时间。标准工作时间，又称标准工时，是指法律规定的在一般情况下普遍适用的，按照正常作息办法安排的工作日和工作周的工时制度。我国的标准工时为劳动者每日工作不超过 8 小时，平均每周工作时间不超过 44 小时。

2）缩短工作时间。缩短工作时间是指法律规定的在特殊情况下劳动者的工作时间长度少于标准工作时间的工时制度，即每日工作少于 8 小时。缩短工作日适用于：①从事矿山井下、高温、有毒有害、特别繁重或过度紧张等作业的劳动者；②从事夜班工作的劳动者；③哺乳期内的女职工。

3）延长工作时间。延长工作时间是指超过标准工作日的工作时间，即日工作时间超过 8 小时，每周工作时间超过 44 小时。延长工作时间必须符合法律、法规的规定。

4）不定时工作时间。不定时工作时间，又称不定时工作制，是指无固定工作时数限制的工时制度。它适用于工作性质和职责范围不受固定工作时间限制的劳动者，如企业中的高级管理人员、外勤人员、推销人员、交通运输人员等。

2. 休息休假的概念和种类

（1）休息休假的概念

休息休假是指劳动者为行使休息权在国家规定的法定的工作时间之外，不从事生产或工作而自行支配的时间。

（2）休息时间的种类

1）工作日内的间歇时间。工作日内的间歇时间是指在一个工作日内给予劳动者休息和用餐的时间，一般为 1～2 个小时，最少不得少于半个小时。

2）工作日间的休息时间。工作日间的休息时间是指两个邻近工作日之间的休息时间，一般不得少于 16 小时。

3）公休假日。公休假日又称周休息日，是劳动者在 1 周（7 日）内享有的休息日，公休假日一般为每周 2 日，一般安排在周六和周日休息。不能实行国家标准工时制度的企业和事业组织，可根据实际情况灵活安排周休息日，但应当保证劳动者每周至少休息 1 日。

（3）休假的种类

1）法定节假日。法定节假日是指法律规定用于开展纪念、庆祝活动的休息时间。《劳动法》规定的法定节假日有元旦、春节、清明节、国际劳动节、端午节、中秋节、国庆节；法律、法规规定的其他休假节日，如妇女节、儿童节等。

2）探亲假。探亲假是指劳动者享有保留工资、工作岗位而同分居两地的父母或配偶团聚的假期。探亲假适用于在国家机关、人民团体、全民所有制企业、事业单位工作满 1 年的固定职工。

3）年休假。年休假是指职工工作满一定年限，每年可以享有的带薪连续休息的时间。《劳动法》第四十五条规定："国家实行带薪年休假制度。劳动者连续工作一年以上的，享受带薪年休假。具体办法由国务院规定。"同时，国家法定休假日、休息日不计入年休假的假期。

四、女职工和未成年工特殊劳动保护

1. 女职工和未成年工特殊劳动保护的概念

（1）女职工特殊劳动保护的概念

女职工特殊劳动保护是指在通常的劳动保护之外，根据女职工身体结构、生理机能的特点及生育子女的特殊需要，适用于女职工的一种特殊的劳动保护。女职工包括从事体力劳动和脑力劳动的一切女性劳动者。

（2）未成年工特殊劳动保护的概念

未成年工特殊劳动保护是指在通常的劳动保护之外，根据未成年人的身体发育尚未成型的身体和生理特点而在劳动过程中采取的特殊保护。在我国，未成年工是指年满 16 周岁未满 18 周岁的劳动者。

（3）女职工和未成年工特殊劳动保护的意义

法律对女职工和未成年工的劳动保护做出专门规定，并予以特殊保护，体现了社会的进步和发展，有利于实现劳动者在劳动领域内的实质公平，有利于保护他们的正当权利，也有利于提高劳动生产率。

2. 女职工特殊劳动保护的措施

1）禁止安排女职工从事矿山、井下、国家规定的第四级体力劳动强度的劳动和其他禁忌从事的劳动。不得安排女职工在经期从事高处、低温、冷水和国家规定的第三级体力劳动强度的劳动。

2）不得安排女职工在怀孕和哺乳期间从事国家规定的第三级体力劳动强度的劳动和孕期、哺乳期禁忌从事的劳动。

3）不得安排怀孕7个月以上和哺乳期的女职工延长时间和夜班劳动。怀孕的女职工，在劳动时间内，按照规定进行产前检查应当计为劳动时间。

4）女职工生育享受不少于90天的产假；难产的和多胞胎每多生育一胎的，增加产假15天。

5）哺乳不满1周岁婴儿的女职工，其所在单位应当在每班劳动时间内给予2次哺乳时间，每次30分钟。哺乳时间和在本单位内哺乳往返途中的时间计为劳动时间。

6）用人单位应当按照有关规定，设置女职工卫生室、孕妇休息室和哺乳室等设施。

议一议

东方化工公司指定女技术员张某参加技术攻关小组，并安排张某到位于地下3米深的设备间进行化工检测。东方化工公司的行为是否违反《劳动法》的规定？试说明理由。

3. 未成年工特殊劳动保护的措施

1）上岗前培训。未成年工上岗，用人单位应对其进行有关的职业安全卫生教育、培训。

2）禁止安排未成年工从事有害健康的工作。用人单位不得安排未成年工从事矿山井下、有毒有害、国家规定的第四级体力劳动强度和其他禁忌从事的劳动。

3）提供适合未成年工身体发育的生产工具等。

4）对未成年工定期进行健康检查。

议一议

1. 依据《劳动法》的规定，对哪些职工不得安排加班和夜班劳动？

2. 甲厂工人李某因违规操作，致使机器设备损坏，损失额5 000元，李某的月工资2 500元，该厂所在地的最低工资标准为1 250元。该厂可否扣发李某4个月工资以弥补损失？为什么？该厂最多可以从李某月工资中扣除多少元以弥补损失？

项目二十　《劳动合同法》的重要规定

项目目标

◎知识目标

1．掌握劳动合同的种类和订立原则。
2．熟悉劳动合同的法定条款和约定条款。

◎技能目标

1．能够正确订立无固定期限劳动合同。
2．能够熟练运用劳动合同约定条款维护自身的合法权益。

任务一　劳动合同的种类

导学引思

甲担任乙博物馆的保安已达1年3个月，但乙博物馆一直未与甲签订劳动合同。一次甲因制止外来人员闹事腿部负伤，住院治疗20天。乙博物馆鉴于甲已经不再适合担任保安，未征得甲同意，遂安排甲负责博物馆的保洁工作。甲不同意，乙博物馆随即将甲除名。甲不服，向该市劳动争议仲裁委员会提请仲裁。

思考：

1）甲与乙博物馆的劳动关系是否由《劳动合同法》调整？为什么？
2）若甲要求与乙博物馆签订劳动合同，可以订立无固定期限的劳动合同吗？为什么？
3）乙博物馆安排甲负责保洁工作是否符合《劳动合同法》的规定？为什么？
4）乙博物馆将甲除名的行为是否符合《劳动合同法》的规定？为什么？

一、劳动合同的概念

劳动合同，又称为劳动契约，是劳动者与用人单位确立劳动关系、明确双方权利和义务的书面协议。根据《劳动法》等劳动法律、法规，依法订立的劳动合同受国家法律的保护，对订立合同的双方当事人产生约束力，是处理劳动争议的直接证据和依据。

二、劳动合同的特征

劳动合同是合同的一种，除具有《合同法》上的合同的一般特征外，还有其自身的基本特征。

1）劳动合同主体的特定性。劳动合同的一方是用人单位，另一方是具有劳动权利能力和劳动行为能力的劳动者。

2）劳动者与用人单位的隶属性。劳动者和用人单位在履行劳动合同的过程中，存在着管理关系，即劳动者要接受用人单位的管理并依法取得劳动报酬。

3）劳动合同内容的法定性。劳动合同的性质决定了劳动合同内容必须遵守国家有关工资、保险、劳动保护、安全生产等法律规定。

4）劳动合同效力的涉他性。劳动合同内容往往不仅限于当事人的权利和义务，有时还需涉及劳动者的直系亲属在一定条件下享受的物质帮助权，如劳动者死亡后遗属待遇等。

议一议

劳动合同内容必须遵守国家有关工资、保险、劳动保护、安全生产等法律规定，体现了劳动合同的哪一特征？

三、劳动合同的种类

劳动合同按照不同的标准可以有不同的分类。

1. 按照劳动合同期限的分类

按照劳动合同期限的长短，劳动合同可分为固定期限的劳动合同、无固定期限的劳动合同和以完成一定工作为期限的劳动合同。

1）固定期限的劳动合同是指企业等用人单位与劳动者订立的有一定期限的劳动协议。合同期限届满，双方当事人的劳动法律关系即行终止。如果双方同意，还可以续订合同，延长期限。

2）无固定期限的劳动合同是指企业等用人单位与劳动者约定的，没有期限规定的劳动协议。这种合同一般适用于技术性较强、需要持续进行的劳动岗位。

3）以完成一定工作为期限的劳动合同是指以劳动者所担负的工作任务来确定合同期限的劳动合同。例如，以完成某项科研任务的劳动合同或者带有临时性、季节性的劳动合同。

2. 按照劳动者一方人数的分类

按照劳动者一方人数的不同，劳动合同可分为个人劳动合同和集体合同。

1）个人劳动合同。它是指由劳动者个人同用人单位签订的合同。

2）集体合同。它是指由工会代表劳动者集体与企业签订的合同。

3. 按照生产资料所有制性质的分类

按照生产资料所有制性质的不同，劳动合同可分为全民所有制单位劳动合同、集体所有制单位劳动合同、个体单位劳动合同、民营企业劳动合同和外商投资企业劳动合同等。

议一议

对于技术性较强、需要持续进行工作的岗位，企业通常情况下与劳动者签订哪种类型的劳动合同？

四、劳动合同的形式

劳动合同的形式是指订立劳动合同的方式。劳动合同的形式一般有书面形式和口头形式两种。《劳动法》和《劳动合同法》均规定，劳动合同应当以书面形式订立。

导学引思

赵某到公司应聘，提议在双方协商一致的基础上订立无固定期限劳动合同；钱某在某公司连续工作满10年，要求与公司签订无固定期限劳动合同；孙某现年48岁，在某国有企业连续工作满15年，在该企业改制重新订立劳动合同时，孙某主张企业有义务与其签订无固定期限劳动合同；李某在与公司连续订立的第二次固定期限劳动合同到期，公司提出续订合同时，李某要求与该公司订立无固定期限劳动合同。

思考：赵某、钱某、孙某、李某4人关于与用人单位签订无固定期限劳动合同的主张是否符合法律规定？为什么？

五、《劳动合同法》对无固定期限劳动合同订立的特别规定

《劳动合同法》第十二条规定，我国劳动合同的法定类型分为固定期限的劳动合同、无固定期限的劳动合同和以完成一定工作为期限的劳动合同3种。其中，对固定期限的劳动合同和以完成一定工作任务为期限的劳动合同的时间长短及订立条件并无限制性和强制性规定，双方当事人可以自愿协商确定。但我国劳动法律法规为保护劳动者的“黄金年龄”，保护劳动者的职业稳定权，《劳动合同法》第十四条对无固定期限劳动合同订立予以特别规定。

1）用人单位与劳动者协商一致，可以订立无固定期限劳动合同。

2）有下列情形之一，劳动者提出或者同意续订、订立劳动合同的，除劳动者提出订立固定期限劳动合同外，应当订立无固定期限劳动合同。

① 劳动者在该用人单位连续工作满10年的。

② 用人单位初次实行劳动合同制度或者国有企业改制重新订立劳动合同时，劳动者在该用人单位连续工作满10年且距法定退休年龄不足10年的。

③ 连续订立2次固定期限劳动合同，且劳动者没有《劳动合同法》第三十九条（即劳动者因过错被用人单位解除劳动合同）和第四十条第一项、第二项规定（即用人单位预告解除劳动合同）的情形，续订劳动合同的（即第三次签订劳动合同）。

④ 用人单位自用工之日起满1年不与劳动者订立书面劳动合同的，视为用人单位与劳动者已订立无固定期限劳动合同。

议一议

1. 马女士于2008年2月应聘到甲公司从事市场开发工作，签订了为期3年、到期自动续期3年且续期次数不限的劳动合同。2017年1月，甲公司任命马女士为市场部副总经理。2017年2月，马女士向甲公司提出订立无固定期限劳动合同，是否符合法定条件？试说明理由。

2. 甲于2015年7月应聘到乙公司担任会计，口头约定合同期限为3年，但一直未签订书面劳动

合同。2016 年 8 月，甲请求与乙公司签订书面劳动合同时遭拒。《劳动合同法》规定的劳动合同应采用哪种形式订立？何谓无固定期限劳动合同？该类合同一般适用于哪类性质岗位？本案中可否视为乙公司与甲已经订立了无固定期限劳动合同？试说明理由。

任务二 劳动合同的订立、解除与终止

导学引思

某公司高层会议上，总经理甲提出在全公司的劳动合同中增加保守商业秘密条款。董事长乙认为公司章程中已经设立保密条款，不必另行约定。

思考：

1）《公司法》规定的保密义务与《劳动法》规定的保密义务约束的主体是否相同？为什么？

2）《公司法》规定的保密义务与《劳动法》规定的保密义务性质是否相同？为什么？

一、劳动合同订立的概念与原则

1. 劳动合同订立的概念

劳动合同订立是指劳动者和用人单位经过相互选择和平等协商，就劳动合同条款达成协议，从而确立劳动关系和明确相互权利义务的法律行为。它一般包括确定合同当事人和确定合同内容两个阶段。

2. 劳动合同订立的原则

1）合法原则。合法原则是指劳动合同必须依法订立，不得违反法律、行政法规的规定，不得违反国家强制性、禁止性规定。它包括订立劳动合同的主体合法、劳动合同的内容合法、劳动合同订立的程序和形式合法。

2）公平原则。公平原则是指订立、履行、变更、解除或终止劳动合同时，应公平合理、利益均衡，不得使某一方的利益过于失衡。

3）平等自愿原则。平等自愿原则是指订立劳动合同过程中，劳动者与用人单位的法律地位平等，劳动合同的订立及其合同内容的达成完全出于当事人自己的意志。

4）协商一致原则。协商一致原则是指经双方当事人充分协商，达成一致意见后签订劳动合同。以欺诈、胁迫手段强迫劳动者签订的合同为无效劳动合同。

5）诚实信用原则。诚实信用原则是指劳动合同的双方当事人在订立、履行、变更、解除或终止劳动合同过程中，应当讲究信用，诚实不欺，不得损人利己。

二、劳动合同的条款

劳动合同的条款分为必备条款和约定条款。

1. 劳动合同的必备条款

劳动合同的必备条款是指法律规定劳动合同必须具备的条款，也是生效劳动合同必须具备的条款。必备条款不完善，会导致劳动合同不成立。劳动合同必备条款包括以下内容。

1）用人单位的名称、住所和法定代表人或者主要负责人。

2）劳动者的姓名、住址和居民身份证或者其他有效身份证件号码。

3）劳动合同期限。

4）工作内容和工作地点。

5）工作时间和休息休假。

6）劳动报酬。

7）社会保险。

8）劳动保护、劳动条件和职业危害防护。

9）法律、法规规定应当纳入劳动合同的其他事项。

2. 劳动合同的约定条款

劳动合同的约定条款是指除法定必备条款外，劳动合同当事人可以协商约定的或不约定的条款。应当注意，法律法规对约定条款有强制性、禁止性规定的，不得违反法律法规的规定。劳动合同的约定条款一般包括约定试用期、培训、保守秘密、补充保险和福利待遇等其他事项。

（1）试用期条款

1）试用期的时间限制。劳动合同期限 3 个月以上不满 1 年的，试用期不得超过 1 个月；劳动合同期限 1 年以上不满 3 年的，试用期不得超过 2 个月；3 年以上固定期限和无固定期限的劳动合同，试用期不得超过 6 个月。

2）试用期的次数限制。同一用人单位与同一劳动者只能约定 1 次试用期。

3）不得约定试用期的情形。以完成一定工作任务为期限的劳动合同或者劳动合同期限不满 3 个月的，不得约定试用期。

4）约定的试用期不成立的情形。试用期包含在劳动合同期限内。劳动合同仅约定试用期的，试用期不成立，该期限为劳动合同期限。

5）试用期内劳动者的劳动报酬权。劳动者在试用期的工资不得低于本单位相同岗位最低档工资或者劳动合同约定工资的 80%，并不得低于用人单位所在地的最低工资标准。

6）试用期内劳动者各项劳动权利的保护。试用期内用人单位为试用者提供的劳动条件，不得低于劳动法律法规规定的标准，并应为试用者缴纳社会保险费。

7）试用期内用人单位滥用解除权的限制。除有证据证明劳动者不符合录用条件，劳动者有违法违纪违规行为、不能胜任工作等情形外，用人单位不得解除劳动合同。用人单位在试用期解除劳动合同的，应当向劳动者说明理由。

8）违反试用期的规定应承担的责任。用人单位违反《劳动合同法》规定与劳动者约定试用期的，由劳动行政部门责令改正；违法约定的试用期已经履行的，由用人单位以劳动者试用期满月工资为标准，按已经履行的超过法定试用期的期间向劳动者支付赔偿金。

议一议

2016年2月，倪小姐与公司签订了为期2年的劳动合同，双方约定试用期为6个月，同时规定，在试用期内，双方都可以随时解除合同。倪小姐工作5个月后，公司突然通知倪小姐不用上班了，公司已经决定与她解除劳动合同。公司解除合同的行为是否合法？公司若想解除合同需履行什么程序？公司是否应向倪小姐支付赔偿金？试说明理由。

（2）服务期限条款

用人单位为劳动者提供专项培训费用，对其进行专业技术培训的，可以与该劳动者订立协议，约定服务期。劳动者违反服务期约定的，应当按照约定向用人单位支付违约金。违约金的数额不得超过用人单位提供的培训费用。用人单位要求劳动者支付的违约金不得超过服务期尚未履行部分所应分摊的培训费用。用人单位与劳动者约定服务期的，不影响按照正常的工资调整机制提高劳动者在服务期期间的劳动报酬。

议一议

公司派王某到美国接受为期6个月的专业技术培训，培训费用为36 000元，公司和王某签订一个服务期协议，王某接受培训后必须为公司服务3年；否则，要向公司支付违约金。如果王某培训后在公司工作满2年后想解除合同，那么王某应该支付多少违约金？

（3）保守商业秘密和与知识产权相关的保密事项条款

用人单位与劳动者可以在劳动合同中约定保守用人单位的商业秘密和与知识产权相关的保密事项。对负有保密义务的劳动者，用人单位可以在劳动合同或者保密协议中与劳动者约定竞业限制条款，并约定在解除或者终止劳动合同后，在竞业限制期限内按月给予劳动者经济补偿。劳动者违反竞业限制约定的，应当按照约定向用人单位支付违约金。

议一议

甲公司与工程师江某签订了保密协议，但未约定向江某支付保密费用的期限和数额。江某在与甲公司劳动合同终止后应聘到同行业的乙公司，并帮助乙公司生产出与甲公司相同性能的节能灯具。若江某向乙公司披露了甲公司的节能灯具生产技术，是否构成侵犯甲公司商业秘密？为什么？

（4）竞业限制条款

竞业限制的人员限于用人单位的高级管理人员、高级技术人员和其他负有保密义务的人员。竞业限制的范围、地域、期限由用人单位与劳动者约定，竞业限制的约定不得违反法律、法规的规定。在解除或者终止劳动合同后，上述规定的人员到与本单位生产或者经营同类产品、从事同类业务的有竞争关系的其他用人单位，或者自己开业生产或者经营同类产品、从事同类业务的竞业限制期限，不得超过2年。

议一议

2016年3月，刘先生与公司的劳动合同中规定，在他离开公司后的3年内，不得到同类的公司工作，否则必须赔偿公司 10 万元的违约金，但是合同并没有提及这 3 年中公司应给予其多少经济补偿。该约定条款是否有效？为什么？

（5）违约金条款

除服务期限条款、保守商业秘密和与知识产权相关的保密事项条款的外，用人单位不得与劳动者约定由劳动者承担违约金。

三、集体合同

1. 集体合同相关知识

（1）集体合同的概念

集体合同是指企业职工一方与用人单位通过平等协商，就劳动报酬、工作时间、休息休假、劳动安全卫生、保险福利等事项订立的书面协议。集体合同是协调劳动关系、保护劳动者权益、建立现代企业制度的重要手段。

（2）劳动合同与集体合同的关系

1）劳动合同规定的劳动者的个人劳动条件和劳动标准不得低于集体合同的规定，否则无效。

2）劳动合同约定不明时，适用集体合同的规定。

3）未订立书面劳动合同的，有集体合同的适用集体合同的规定。

2. 集体合同的订立

（1）集体合同订立的概念

集体合同的订立是指工会或职工代表与企业单位之间，为规定用人单位和全体职工的权利与义务，而依法就集体合同的条款经过协商一致，确立集体合同关系的法律行为。

（2）集体合同订立的主体

1）集体合同订立的主体，一方是代表劳动者的工会或职工代表，另一方是用人单位。集体合同由工会代表企业职工一方与用人单位订立；尚未建立工会的用人单位，由上级工会指导劳动者推举的代表与用人单位订立。

2）在县级以下区域内，建筑业、采矿业、餐饮服务业等行业可以由工会与企业方面代表订立行业性集体合同，或者订立区域性集体合同。

3）企业职工一方与用人单位可以订立劳动安全卫生、女职工权益保护、工资调整机制等专项集体合同。

四、劳动合同的解除

1. 劳动合同解除的概念

劳动合同的解除是指劳动合同当事人在劳动合同期限届满之前，依法提前终止劳动合同关系的法律行为。

2. 劳动合同解除的情形

劳动合同的解除可以分为双方协商解除、用人单位单方解除、劳动者单方解除等。

（1）双方协商解除劳动合同

用人单位与劳动者协商一致，可以解除劳动合同。

（2）用人单位单方解除劳动合同

用人单位在以下 3 种情况下可以单方解除劳动合同。

1）劳动者有过错情况下的解除。劳动者有下列情形之一的，用人单位可以解除劳动合同：①在试用期间被证明不符合录用条件的；②严重违反用人单位的规章制度的；③严重失职，营私舞弊，给用人单位造成重大损害的；④劳动者同时与其他用人单位建立劳动关系，对完成本单位的工作任务造成严重影响，或者经用人单位提出，拒不改正的；⑤以欺诈、胁迫的手段或者乘人之危，使用人单位在违背真实意思的情况下订立或者变更劳动合同的；⑥被依法追究刑事责任的。

议一议

1. 甲 17 岁，为乙糕点公司新招录的职工，已经签订劳动合同。试用期内，甲与车间主任发生矛盾，遂怀恨在心。一次甲在乙公司生产的糕点中放入污水，对公司形象造成极坏影响。乙公司可否单方解除劳动合同？为什么？

2. 甲公司 2015 年 10 月招聘职工，要求女性、中专以上学历，并要求应聘者如实填写个人情况信息表，若有隐瞒，一经发现立即解除劳动合同。赵某中专未毕业，但托人提前领取了某中专毕业证；王某是大专毕业。她们同时被甲公司录用。劳动合同期限为 4 年，试用期为 6 个月。2016 年 2 月，公司发现赵某的毕业证是伪造的，要求解除与赵某的劳动合同。赵某称自己已怀孕，并持有医院证明。甲公司并不理会，解除了与赵某的劳动合同。同月，王某出现呕吐、恶心和全身不适等症状，经医院诊断为妊娠反应。王某持医院开具的休息证明到公司请假遭拒。甲公司认为王某在招聘时未如实填写个人信息，隐瞒了怀孕的事实，属于欺骗行为，也解除了与王某的劳动合同。用人单位单方解除劳动合同的条件是什么？该公司是否有权解除与赵某的劳动合同？该公司是否有权解除与王某的劳动合同？试说明理由。

2）劳动者无过错情况下的解除。有下列情形之一的，用人单位提前 30 日以书面形式通知劳动者本人或者额外支付劳动者 1 个月工资后，可以解除劳动合同：①劳动者患病或者非因工负伤，在规定的医疗期满后不能从事原工作，也不能从事由用人单位另行安排的工作的；②劳动者不能胜任工作，经过培训或者调整工作岗位，仍不能胜任工作的；③劳动合同订立时所依据的客观情况发生重大变化，致使劳动合同无法履行，经用人单位与劳动者协商，未能就变更劳动合同内容达成协议的。

3）用人单位裁员情况下的解除。有下列情形之一，需要裁减人员 20 人以上或者裁减不足 20 人但占企业职工总数 10%以上的，用人单位提前 30 日向工会或者全体职工说明情况，听取工会或者职工的意见后，裁员方案经向劳动行政部门报告，可以裁减人员：①依照《中华人民共和国企业破产法》的规定进行重整的；②生产经营发生严重困难的；③企业转产、重大技术革新或者经营方式调整，经变更劳动合同后，仍需裁减人员的；④其他因劳动合同订立时所依据的客观经济情况发生重大变化，致使劳动合同无法履行的。

用人单位依照上述规定裁减人员，在 6 个月内重新招用人员的，应当通知被裁减的人员，并在同等条件下优先招用被裁减的人员。

议 一 议

某公司从事出口业务，有职工 500 人。因受金融危机影响，经营陷入困境，拟裁减职工 25 人。公司决定公布后，职工甲、乙提出异议。甲认为，公司裁员决定未经职工代表大会批准，无效；乙认为，公司没有进入破产重整程序，不能裁员。甲、乙的说法是否有法律依据？为什么？

（3）劳动者单方解除劳动合同

劳动者在以下 3 种情况下可以单方解除劳动合同。

1）预告解除。劳动者提前 30 日以书面形式通知用人单位，可以解除劳动合同。劳动者在试用期内提前 3 日通知用人单位，可以解除劳动合同。

2）用人单位有违法、违约情形，劳动者有权单方解除劳动合同。用人单位有下列情形之一的，劳动者可以解除劳动合同：①未按照劳动合同约定提供劳动保护或者劳动条件的；②未及时足额支付劳动报酬的；③未依法为劳动者缴纳社会保险费的；④用人单位的规章制度违反法律、法规的规定，损害劳动者权益的；⑤用人单位以欺诈、胁迫的手段或者乘人之危，使劳动者在违背真实意思的情况下订立或者变更劳动合同的；⑥法律、行政法规规定劳动者可以解除劳动合同的其他情形。

议 一 议

2015 年 12 月，马某要报考在职研究生，报名表需要单位盖章同意。公司提出，双方必须再签订一份为期 5 年的合同，若她在合同期内跳槽，必须赔偿 10 万元的违约金。为了能及时报名，马某无奈签订了该合同。马某是否有权单方解除该劳动合同？为什么？

3）立即解除劳动合同。用人单位以暴力、威胁或者非法限制人身自由的手段强迫劳动者劳动的，或者用人单位违章指挥、强令冒险作业危及劳动者人身安全的，劳动者可以立即解除劳动合同，不需事先告知用人单位。

3. 用人单位不得单方解除劳动合同的情形

下列情况下，用人单位不得依据《劳动合同法》第四十条和第四十一条“裁减人员”的规定单方解除劳动合同。

1）从事接触职业病危害作业的劳动者未进行离岗前职业健康检查，或者疑似职业病病人在诊断或者医学观察期间的。

2）在本单位患职业病或者因工负伤并被确认丧失或者部分丧失劳动能力的。

3）女职工在孕期、产期、哺乳期的。

4）在本单位连续工作满 15 年，且距法定退休年龄不足 5 年的。

5）法律、行政法规规定的其他情形。

五、劳动合同的终止

1. 劳动合同终止的概念

劳动合同的终止是指在符合法律规定的情形时，劳动合同双方当事人的权利义务不复存在，劳动合同的效力即行消灭。劳动合同不存在约定终止，只存在法定终止的情况。

2. 劳动合同终止的情形

有下列情形之一的，劳动合同终止。

1）劳动合同期满的。

2）劳动者开始依法享受基本养老保险待遇的。

3）劳动者死亡，或者被人民法院宣告死亡或者宣告失踪的。

4）用人单位被依法宣告破产的。

5）用人单位被吊销营业执照，责令关闭、撤销或者用人单位决定提前解散的。

6）法律、行政法规规定的其他情形。

3. 经济补偿金

（1）经济补偿金的概念

经济补偿金是用人单位解除或终止劳动合同时，给予劳动者的一次性货币补偿。

（2）补偿金支付标准

经济补偿按劳动者在本单位工作的年限，每满 1 年支付 1 个月工资的标准向劳动者支付。6 个月以上不满 1 年的，按 1 年计算；不满 6 个月的，向劳动者支付半个月工资的经济补偿。这里的“月工资”是指劳动者在劳动合同解除或者终止前 12 个月的平均工资。

（3）补偿金最低数额保障和最高数额限制

1）补偿金最低数额保障。劳动者在劳动合同解除或者终止前 12 个月的平均工资低于当地最低工资标准的，按照当地最低工资标准计算。

2）补偿金最高数额限制。劳动者月工资高于用人单位所在直辖市、设区的市级人民政府公布的本地区上年度职工月平均工资 3 倍的，向其支付经济补偿的标准按职工月平均工资 3 倍的数额支付，向其支付经济补偿的年限最高不超过 20 年。

任务三 违反劳动合同的法律责任

导学引思

2016 年 8 月，王某应聘到甲公司工作。甲公司与王某签订了为期 5 年的劳动合同，约定试用期为 8 个月，并依据公司内部规章制度收取了王某 2 000 元押金，并征得王某同意，将王某的身份证留存公司保管。

思考：

1）甲公司与王某签订了为期 5 年的劳动合同是否有效？为什么？

2）甲公司的哪些行为违反《劳动合同法》规定？

3）劳动行政部门对此案应当如何处理？

一、用人单位违反《劳动合同法》的法律责任

1. 规章制度违法的法律责任

用人单位直接涉及劳动者切身利益的规章制度违反法律、法规规定的，由劳动行政部门责令改正，给予警告；给劳动者造成损害的，应当承担赔偿责任。

2. 订立劳动合同违法的法律责任

1）用人单位提供的劳动合同文本未载明《劳动合同法》规定的劳动合同必备条款或者用人单位未将劳动合同文本交付劳动者的，由劳动行政部门责令改正；给劳动者造成损害的，应当承担赔偿责任。

2）用人单位自用工之日起超过 1 个月不满 1 年未与劳动者订立书面劳动合同的，应当向劳动者每月支付 2 倍的工资。用人单位违反《劳动合同法》规定不与劳动者订立无固定期限劳动合同的，应当自订立无固定期限劳动合同之日起向劳动者每月支付 2 倍的工资。

3）用人单位违反《劳动合同法》规定与劳动者约定试用期的，由劳动行政部门责令改正；违法约定的试用期已经履行的，由用人单位以劳动者试用期满月工资为标准，按已经履行的超过法定试用期的期间向劳动者支付赔偿金。

4）用人单位违反《劳动合同法》规定，扣押劳动者居民身份证等证件的，由劳动行政部门责令限期退还劳动者本人，并依照有关法律规定给予处罚。

5）用人单位违反《劳动合同法》规定，以担保或者其他名义向劳动者收取财物的，由劳动行政部门责令限期退还劳动者本人，并以每人 500 元以上 2 000 元以下的标准处以罚款；给劳动者造成损害的，应当承担赔偿责任。

3. 侵犯劳动者劳动报酬权应承担的法律责任

用人单位有下列情形之一的，由劳动行政部门责令限期支付劳动报酬、加班费或者经济补偿；劳动报酬低于当地最低工资标准的，应当支付其差额部分；逾期不支付的，责令用人单位按应付金额 50%以上 100%以下的标准向劳动者加付赔偿金。

1）未按照劳动合同的约定或者国家规定及时足额支付劳动者劳动报酬的。

2）低于当地最低工资标准支付劳动者工资的。

3）安排加班不支付加班费的。

4）解除或者终止劳动合同，未依照《劳动合同法》规定向劳动者支付经济补偿的。

4. 劳动合同无效应承担的法律责任

劳动合同依法被确认无效，给对方造成损害的，有过错的一方应当承担赔偿责任。

5. 违法解除或终止劳动合同的法律责任

用人单位违法解除或者终止劳动合同的，应当依照《劳动合同法》规定的经济补偿标准的 2 倍向劳动者支付赔偿金。用人单位违反法律规定未向劳动者出具解除或者终止劳动合同的书面证明，由劳动行政部门责令改正；给劳动者造成损害的，应当承担赔偿责任。

议一议

某公司聘用首次就业的王某，口头约定劳动合同期限为 3 年，试用期为 3 个月，月工资为 2 000 元，试用期满后为 2 400 元。2016 年 7 月 1 日起王某上班，不久即与同事李某确立恋爱关系。同年 9 月，该公司公布施行《工作纪律规定》，要求同事间不得有恋爱或婚姻关系，否则一方必须离开公司。公司据此解除了与王某的劳动合同。经查明，当地最低工资标准为 1 200 元。某公司与王某约定的劳动合同内容和形式是否合法？王某试用期的工资标准是否合法？该公司依据《工作纪律规定》解除与王某的劳动合同是否合法？试说明理由。

6. 侵犯劳动者人身权利应承担的法律责任

用人单位有下列情形之一的，依法给予行政处罚；构成犯罪的，依法追究刑事责任；给劳动者造成损害的，应当承担赔偿责任。

1）以暴力、威胁或者非法限制人身自由的手段强迫劳动的。

2）违章指挥或者强令冒险作业危及劳动者人身安全的。

3）侮辱、体罚、殴打、非法搜查或者拘禁劳动者的。

4）劳动条件恶劣、环境污染严重，给劳动者身心健康造成严重损害的。

议一议

赵某于 2016 年 4 月 8 日应聘到某公司工作，双方未签订劳动合同。3 个月后的一天，赵某在工作中负伤，要求公司支付医疗费并享受工伤待遇。公司以未与赵某签订劳动合同，双方不存在劳动关系为由予以拒绝。赵某要求公司支付医疗费并享受工伤待遇是否合法？为什么？公司是否可以拒绝？为什么？赵某可以要求与公司签订哪种期限的劳动合同？劳动行政部门对公司的行为应如何处罚？

二、劳动者违反《劳动合同法》的法律责任

1）劳动者违反劳动合同中约定的保密义务或者竞业限制，劳动者应当按照劳动合同的约定，向用人单位支付违约金。给用人单位造成损失的，应承担赔偿责任。

2）劳动者违反培训协议，未满服务期解除或者终止劳动合同的，或者因劳动者严重违纪，用人单位与劳动者解除约定服务期的劳动合同的，劳动者应当按照劳动合同的约定，向用人单位支付违约金。

三、连带赔偿法律责任

1. 用人单位与劳动者的连带赔偿责任

用人单位招用与其他用人单位尚未解除或者终止劳动合同的劳动者，给其他用人单位造成损失的，应当承担连带赔偿责任。

2. 发包的组织与个人承包经营者的连带赔偿责任

个人承包经营违反《劳动合同法》规定招用劳动者，给劳动者造成损害的，发包的组织与个人承包经营者承担连带赔偿责任。

议一议

钱某是甲公司技术研发人员，正在研发某一产品。一日，钱某看到乙公司高薪聘请研发岗位人员的信息，遂欣然前往应聘。乙公司明知钱某未与甲公司解除劳动合同的情况下，与钱某签订了为期 3 年的劳动合同。随后钱某向甲公司提出辞职申请，在未征得甲公司允许的情况下不辞而别，给甲公司造成损失 2 万元。甲公司的 2 万元损失可以向谁主张赔偿？乙公司与钱某应否承担连带赔偿责任？为什么？

项目二十一　劳动者维权的途径

项目目标

◎知识目标

1．掌握劳动争议的概念、种类与处理原则。
2．熟悉劳动争议仲裁机构受理的劳动争议案件范围。
3．了解劳动争议的诉讼程序。

◎技能目标

能够正确运用仲裁、诉讼程序解决常见劳动争议，维护自身的合法权益。

任务一　劳 动 争 议

导学引思

谢某2014年6月应聘到某移动通信公司从事销售工作，但公司一直未与谢某签订书面劳动合同。2015年7月，因谢某业绩突出，被任命为该公司驻河北区副总经理。2016年1月，谢某突然被该公司无故解雇，谢某不服，与该公司协商遭拒。

思考：

1）谢某可否请求公司劳动争议委员会进行调节？为什么？公司劳动争议委员会如何组成？

2）谢某可否不经调解而直接向该移动通信公司所在地劳动争议仲裁院请求仲裁？为什么？劳动争议仲裁委员会的受案范围是如何规定的？

3）谢某可否不经仲裁而直接到该移动通信公司所在地基层法院起诉？为什么？

一、劳动争议的概念

劳动争议，又称为劳动纠纷，是指劳动关系双方当事人在劳动过程中，因执行劳动法律法规或履行劳动合同、集体合同而发生的纠纷。劳动争议的主体与劳动关系主体相同，一方为用人单位，另一方为劳动者。

议 一 议

家庭或者个人与家政服务员之间、个体户与帮工之间的纠纷属于劳动争议吗？

练一练

下列哪一项纠纷属于劳动争议？

1）某民营企业职工张某与劳动行政部门关于工伤认定而发生的劳动争议。

2）进城务工农民黄某与其所在个人独资企业发生的劳动争议。

3）某国有独资公司职工王某与社保经办机构因退休费发放而发生的争议。

4）某有限公司职工李某是该公司股东之一，因股息分配与该公司发生的争议。

二、劳动争议的解决原则与方式

1. 劳动争议的解决原则

解决劳动争议，应当根据事实，遵循合法、公正、及时、着重调解的原则，依法保护当事人的合法权益。

2. 劳动争议的解决方式

（1）劳动争议的解决方式

《劳动法》规定：用人单位与劳动者发生劳动争议，当事人可以依法申请调解、仲裁、提起诉讼，也可以协商解决。因此，我国劳动争议的解决方式主要有协商、调解、仲裁和诉讼。

（2）劳动争议解决方式之间的关系

发生劳动争议，劳动者可以与用人单位协商，也可以请工会或者第三方共同与用人单位协商，达成和解协议。当事人不愿协商、协商不成或者达成和解协议后不履行的，可以向调解组织申请调解；不愿调解、调解不成或者达成调解协议后不履行的，可以向劳动争议仲裁委员会申请仲裁；对仲裁裁决不服的，除《劳动法》另有规定的之外，可以向人民法院提起诉讼。

三、我国劳动争议的处理机构

我国劳动争议的处理机构包括劳动争议的调解机构、劳动争议的仲裁机构和劳动争议的审理机构。

1. 劳动争议的调解机构

我国劳动争议调解机构是指依法成立的劳动争议调解委员会，包括 3 类：①企业劳动争议调解委员会；②基层人民调解委员会；③乡镇、街道设立的具有劳动争议调解职能的组织。

企业劳动争议调解委员会由职工代表和企业代表组成。职工代表由工会成员担任或者由全体职工推举产生，企业代表由企业负责人指定。企业劳动争议调解委员会主任由工会成员或者双方推举的人员担任。

2. 劳动争议的仲裁机构

（1）劳动争议仲裁委员会的设立

劳动争议仲裁委员会是国家授权、依法独立地对劳动争议案件进行仲裁的专门机构。它按照统筹规划、合理布局和适应实际需要的原则设立。省、自治区人民政府可以决定在市、县设立；直辖市人民政府可以决定在区、县设立。直辖市、设区的市也可以设立一个或者若干个劳动争议仲裁委员会。劳动争议仲裁委员会不按行政区划层层设立。

（2）劳动争议仲裁委员会的组成

劳动争议仲裁委员会由劳动行政部门代表、同级工会代表、用人单位方面的代表组成。其成员应当为单数，主任由劳动行政部门代表担任。

（3）劳动争议仲裁委员会的受案范围

1）因确认劳动关系发生的争议。

2）因订立、履行、变更、解除和终止劳动合同发生的争议。

3）因除名、辞退和辞职、离职发生的争议。

4）因工作时间、休息休假、社会保险、福利、培训及劳动保护发生的争议。

5）因劳动报酬、工伤医疗费、经济补偿或者赔偿金等发生的争议。

6）法律、法规规定的其他劳动争议。

（4）劳动争议仲裁案件的管辖

劳动争议由劳动合同履行地或者用人单位所在地的劳动争议仲裁委员会管辖。双方当事人分别向劳动合同履行地和用人单位所在地的劳动争议仲裁委员会申请仲裁的，由劳动合同履行地的劳动争议仲裁委员会管辖。

议一议

甲为位于乙市的丙公司员工，被派往丁市工作，因劳动报酬与丙公司发生争议后一直不上班，于是丙公司将甲除名。甲向丁市劳动争议仲裁委员会申请仲裁，丙公司知道后，随即向乙市劳动争议仲裁委员会申请仲裁。该案应由哪一地的劳动争议仲裁委员会管辖？

3. 劳动争议的审理机构

劳动争议的审理机构是人民法院，人民法院的民事审判庭负责审理劳动争议案件。劳动争议当事人对仲裁裁决不服的，可以自收到仲裁裁决书之日起15日内向人民法院提起诉讼。人民法院受理劳动争议案件的范围如下。

1）劳动者与用人单位之间发生的下列劳动争议，当事人不服劳动争议仲裁委员会做出的裁决，依法向人民法院起诉的，人民法院应当受理。

① 劳动者与用人单位在履行劳动合同过程中发生的纠纷。

② 劳动者与用人单位之间没有订立书面劳动合同，但已形成劳动关系后发生的纠纷。

③ 劳动者退休后，与尚未参加社会保险统筹的原用人单位因追索养老金、医疗费、工

伤保险待遇和其他社会保险费而发生的纠纷。

2）劳动争议仲裁委员会以当事人的仲裁申请超过仲裁时效为由，做出不予受理的书面裁决、决定或者通知，当事人不服，依法向人民法院起诉的，人民法院应当受理。

3）劳动争议仲裁委员会为纠正原仲裁裁决错误重新做出裁决，当事人不服，依法向人民法院起诉的，人民法院应当受理。

4）用人单位和劳动者因劳动关系是否已经解除或者终止，以及应否支付解除或终止劳动关系经济补偿金产生的争议，经劳动争议仲裁委员会仲裁后，当事人依法起诉的，人民法院应予受理。

5）劳动者与用人单位解除或者终止劳动关系后，请求用人单位返还其收取的劳动合同定金、保证金、抵押金、抵押物产生的争议，或者办理劳动者的人事档案、社会保险关系等移转手续产生的争议，经劳动争议仲裁委员会仲裁后，当事人依法起诉的，人民法院应予受理。

6）劳动者因工伤、职业病，请求用人单位依法承担给予工伤保险待遇的争议，经劳动争议仲裁委员会仲裁后，当事人依法起诉的，人民法院应予受理。

四、劳动争议的协商与调解程序

1. 协商

1）劳动争议的协商。发生劳动争议，劳动者可以与用人单位协商，也可以请工会或者第三方共同与用人单位协商，达成和解协议。协商不是处理劳动争议的必经程序，当事人不愿意协商或协商不成的，可以请求调解或申请仲裁。

2）和解协议的效力。劳动争议双方应当自行履行和解协议，但和解协议并无必须履行的法律效力。

2. 调解

1）申请调解。当事人申请劳动争议调解可以书面申请，也可以口头申请。口头申请的，调解组织应当当场记录申请人基本情况及申请调解的争议事项、理由和时间。

2）调解原则。调解劳动争议，应当充分听取双方当事人对事实和理由的陈述，耐心疏导，帮助其达成协议。

3）调解协议。经调解达成协议的，应当制作调解协议书。调解协议书由双方当事人签名或者盖章，经调解员签名并加盖调解组织印章后生效，对双方当事人具有约束力，当事人应当履行。

4）申请支付令。因支付拖欠劳动报酬、工伤医疗费、经济补偿或者赔偿金事项达成调解协议，用人单位在协议约定期限内不履行的，劳动者可以持调解协议书依法向人民法院申请支付令。人民法院应当依法发出支付令。

议一议

赵某在上海某房地产公司担任销售部经理，截至2016年5月6日，该公司已经拖欠赵某2年工资，合计20万元。经赵某与该公司协商，公司承诺同年7月1日前支付赵某工资20万元，并出具承诺书。但同年7月10日，该公司仍未兑现承诺。赵某可否不经仲裁直接向人民法院申请支付令？为什么？

5）调解的效力。调解不是处理劳动争议的必经程序，自劳动争议调解组织收到调解申请之日起15日内未达成调解协议的，当事人可以依法申请仲裁；达成调解协议后，一方当事人在协议约定期限内不履行调解协议的，另一方当事人可以依法申请仲裁。

议一议

陈某大学毕业后被某网络公司聘用。工作期间，陈某与网络公司因社会保险问题发生争议。陈某可否就社会保险问题自行与公司协商解决？陈某可否在劳动争议调解委员会调解之前，提请劳动争议仲裁机构仲裁？陈某可否在劳动争议仲裁机构仲裁裁决做出前，向有管辖权的人民法院起诉？试说明理由。

任务二　劳动争议仲裁程序

导学引思

某乙为甲公司员工，自2016年3～9月，甲公司因生产的保健品滞销，拖欠员工某乙工资长达半年。某乙为家中唯一的劳动力，妻子没有工作，孩子不满两周岁，因甲公司长期拖欠工资，家庭生活受到严重影响。2016年9月2日，某乙向当地劳动争议仲裁委员会申请仲裁，要求甲公司及时支付拖欠的工资。仲裁委员会受理某乙的申请后，依法将仲裁申请书副本送达甲公司。甲公司未提交答辩书，并于开庭时无正当理由拒不到庭。

思考：

1）本案可否缺席裁决？为什么？

2）本案可否先予执行？为什么？仲裁庭对哪些案件可以裁决先予执行？裁决先予执行的案件应当符合哪些条件？

一、仲裁时效

1. 仲裁时效期间

劳动争议申请仲裁的时效期间为1年。仲裁时效期间从当事人知道或者应当知道其权利被侵害之日起计算。

2. 仲裁时效中断

因当事人一方向对方当事人主张权利，或者向有关部门请求权利救济，或者对方当事人同意履行义务而中断。从中断时起，仲裁时效期间重新计算。

3．仲裁时效中止

1）因不可抗力或者有其他正当理由，当事人不能在法定仲裁时效期间申请仲裁的，仲裁时效中止。从中止时效的原因消除之日起，仲裁时效期间继续计算。

2）劳动关系存续期间因拖欠劳动报酬发生争议的，劳动者申请仲裁不受1年仲裁时效期间的限制；但是，劳动关系终止的，应当自劳动关系终止之日起1年内提出。

二、申请与受理

1．申请

申请人申请仲裁应当提交书面仲裁申请，并按照被申请人人数提交副本。仲裁申请书应当载明下列事项。

1）劳动者的姓名、性别、年龄、职业、工作单位和住所，用人单位的名称、住所和法定代表人或者主要负责人的姓名、职务。

2）仲裁请求和所根据的事实、理由。

3）证据和证据来源、证人姓名和住所。

书写仲裁申请确有困难的，可以口头申请，由劳动争议仲裁委员会记入笔录，并告知对方当事人。

2．受理

1）劳动争议仲裁委员会收到仲裁申请之日起5日内，认为符合受理条件的，应当受理，并通知申请人；认为不符合受理条件的，应当书面通知申请人不予受理，并说明理由。对劳动争议仲裁委员会不予受理或者逾期未做出决定的，申请人可以就该劳动争议事项向人民法院提起诉讼。

2）劳动争议仲裁委员会受理仲裁申请后，应当在5日内将仲裁申请书副本送达被申请人。被申请人收到仲裁申请书副本后，应当在10日内向劳动争议仲裁委员会提交答辩书。劳动争议仲裁委员会收到答辩书后，应当在5日内将答辩书副本送达申请人。被申请人未提交答辩书的，不影响仲裁程序的进行。

三、开庭与裁决

1．开庭

（1）仲裁庭的组成

劳动争议仲裁委员会裁决劳动争议案件实行仲裁庭制。仲裁庭由3名仲裁员组成，设首席仲裁员。简单劳动争议案件可以由1名仲裁员独任仲裁。劳动争议仲裁委员会应当在受理仲裁申请之日起5日内将仲裁庭的组成情况书面通知当事人。

（2）仲裁员的回避

仲裁员有下列情形之一的，应当回避，当事人也有权以口头或者书面方式提出回避申请。

1）是本案当事人或者当事人、代理人的近亲属的。

2）与本案有利害关系的。

3）与本案当事人、代理人有其他关系，可能影响公正裁决的。

4）私自会见当事人、代理人，或者接受当事人、代理人的请客送礼的。

劳动争议仲裁委员会对回避申请应当及时做出决定，并以口头或者书面方式通知当事人。

（3）开庭通知

仲裁庭应当在开庭 5 日前，将开庭日期、地点书面通知双方当事人。当事人有正当理由的，可以在开庭 3 日前请求延期开庭。是否延期，由劳动争议仲裁委员会决定。申请人收到书面通知，无正当理由拒不到庭或者未经仲裁庭同意中途退庭的，可以视为撤回仲裁申请。

2. 裁决

1）缺席裁决。被申请人收到书面通知，无正当理由拒不到庭或者未经仲裁庭同意中途退庭的，可以缺席裁决。

2）质证和辩论。当事人在仲裁过程中有权进行质证和辩论。质证和辩论终结时，首席仲裁员或者独任仲裁员应当征询当事人的最后意见。

3）自行和解。当事人申请劳动争议仲裁后，可以自行和解。达成和解协议的，可以撤回仲裁申请。

4）先行调解。仲裁庭在做出裁决前，应当先行调解。调解达成协议的，仲裁庭应当制作调解书。调解书应当写明仲裁请求和当事人协议的结果。调解书由仲裁员签名，加盖劳动争议仲裁委员会印章，送达双方当事人。调解书经双方当事人签收后，发生法律效力。调解不成或者调解书送达前，一方当事人反悔的，仲裁庭应当及时做出裁决。

5）仲裁时限。仲裁庭裁决劳动争议案件，应当自劳动争议仲裁委员会受理仲裁申请之日起 45 日内结束。案情复杂需要延期的，经劳动争议仲裁委员会主任批准，可以延期并书面通知当事人，但是延长期限不得超过 15 日。逾期未做出仲裁裁决的，当事人可以就该劳动争议事项向人民法院提起诉讼。

议一议

我国劳动争议调解仲裁法律关于先行调解有哪些规定？对仲裁时限又是如何规定的？

3. 先予执行

1）可以裁决先予执行的情形。仲裁庭对追索劳动报酬、工伤医疗费、经济补偿或者赔偿金的案件，根据当事人的申请，可以裁决先予执行，移送人民法院执行。

2）先予执行的条件。仲裁庭裁决先予执行的，应当符合下列条件：①当事人之间权利义务关系明确；②不先予执行将严重影响申请人的生活。

4. 一裁终局案件

（1）一裁终局案件的范围

下列劳动争议，除法律另有规定的外，仲裁裁决为终局裁决，裁决书自做出之日起发生法律效力。

1）追索劳动报酬、工伤医疗费、经济补偿或者赔偿金，不超过当地月最低工资标准 12 个月金额的争议。

2）因执行国家的劳动标准在工作时间、休息休假、社会保险等方面发生的争议。

（2）对一裁终局案件的处理

劳动者对一裁终局的仲裁裁决不服的，可以自收到仲裁裁决书之日起 15 日内向人民法院起诉；而用人单位对一裁终局的仲裁裁决不服的，不得向法院起诉，也不得再次申请仲裁。

5. 调解书、裁决书的效力

1）当事人对于可诉的仲裁裁决不服的，可以自收到仲裁裁决书之日起 15 日内向人民法院提起诉讼；期满不起诉的，裁决书发生法律效力。

2）当事人对发生法律效力的调解书、裁决书，应当依照规定的期限履行。一方当事人逾期不履行的，另一方当事人可以依照《民事诉讼法》的有关规定向人民法院申请执行。受理申请的人民法院应当依法执行。

议一议

2015 年 3 月 10 日，甲公司聘任刘某为物流中心副经理，聘用期为 3 年。2015 年 11 月，甲公司在盘点过程中发现物流中心账面物品数目与盘点情况严重不符，刘某未能做出合理解释。2016 年 4 月 28 日，甲公司解除了与刘某的劳动合同。刘某不服，向当地仲裁委员会申请仲裁。仲裁委员会指定甲公司总经理的弟弟赵某对该案独任仲裁。刘某的仲裁申请书应当载明哪些事项？仲裁员赵某是否应当回避？为什么？仲裁员存在哪些情形的应当回避？本案件是否属于一裁终局案件？为什么？一裁终局案件包括哪些？

任务三　劳动争议诉讼程序

导学引思

甲为乙安装公司的一名电焊工，因安装工程需要，甲经常在 A、B、C 这 3 个工程项目地点间往来穿梭。乙安装公司因经营不景气，决定每月仅支付甲工资的 70%，另 30%公司承诺年底一次性补齐。乙不同意，提请乙安装公司所在地的劳动争议仲裁委员会予以仲裁，要求按月全额支付工资。裁决结果做出后，乙不服，遂向乙安装公司所在地的基层人民法院提起诉讼。

思考：

1）甲向乙安装公司所在地的基层人民法院提出诉讼是否合法？为什么？

2）乙安装公司减少甲劳动报酬的举证责任由谁承担？

3）用人单位承担证明责任的案件有哪些？

一、劳动争议案件的受理

当事人对于可诉的仲裁裁决不服，向人民法院起诉的，人民法院应当受理。

二、劳动争议案件的诉讼管辖

劳动争议案件由用人单位所在地或劳动合同履行地的基层人民法院管辖。劳动合同履行地不明确的，由用人单位所在地的基层人民法院管辖。

三、劳动争议案件中的证明责任

1. 劳动争议案件证明责任的一般规定

根据《民事诉讼法》的规定，劳动争议案件证明责任一般实行“谁主张，谁举证”的原则。

2. 用人单位承担证明责任的案件

因用人单位做出的开除、除名、辞退、解除劳动合同、减少劳动报酬、计算劳动者工作年限等决定而发生的劳动争议案件，由用人单位承担举证责任。

四、人民法院对仲裁裁决的撤销

1. 人民法院对仲裁裁决予以撤销的情形

用人单位有证据证明仲裁裁决有下列情形之一的，可以自收到仲裁裁决书之日起 30 日内向劳动争议仲裁委员会所在地的中级人民法院申请撤销裁决。

1）适用法律、法规确有错误的。

2）劳动争议仲裁委员会无管辖权的。

3）违反法定程序的。

4）裁决所根据的证据是伪造的。

5）对方当事人隐瞒了足以影响公正裁决的证据的。

6）仲裁员在仲裁该案时有索贿受贿、徇私舞弊、枉法裁决行为的。

2. 仲裁裁决被人民法院裁定撤销后的救济措施

人民法院经组成合议庭审查核实裁决符合撤销情形的，应当裁定撤销。仲裁裁决被人民法院裁定撤销的，当事人可以自收到裁定书之日起 15 日内就该劳动争议事项向人民法院提起诉讼。

五、劳动争议案件的两审终审

1. 两审终审制

人民法院审理劳动争议案件，实行两审终审制。

2. 上诉期限和上诉法院

人民法院对劳动争议案件一审审理终结后，当事人对一审判决不服的，可以在收到判决书之日起15日内，向上一级人民法院提起上诉；当事人对一审裁定不服的，可以在收到裁定书之日起10日内，向上一级人民法院提起上诉。

3. 终审裁决的效力

劳动争议案件经二审审理后，做出的判决和裁定是终审的判决、裁定，判决和裁定自送达之日起发生法律效力，当事人必须履行。

议一议

甲公司位于丙市，其招聘职员要求学历为大学本科以上。2014年10月，乙应聘并提供某大学本科毕业的学历证书。2014年11月，双方签订了劳动合同，劳动合同约定“员工保证所提供的个人资料真实有效，如提供虚假材料则视为欺诈，本合同无效，公司有权解除本合同，并追究员工的赔偿责任”。2016年3月，甲公司经查询，得知乙学历证书系伪造。于是，甲公司以乙伪造学历、劳动合同无效为由与乙解除劳动合同。乙不服，提请该市劳动争议仲裁委员会予以仲裁。独任仲裁员黄某收受乙的钱物后做出裁决。甲公司收到仲裁裁决书后20日内向丙市中级人民法院申请撤销该裁决。甲公司是否有权请求法院撤销该仲裁裁决？为什么？人民法院对仲裁裁决予以撤销的情形有哪些？如果仲裁裁决被人民法院裁定撤销后，乙可以采取哪些救济措施？

模块七
税收法律制度

税收法律制度，是国家权力机关和行政机关制定的用以调整国家与纳税人之间在税收征纳方面的权利与义务关系的法律规范的总称，是国家法律的重要组成部分。在市场经济条件下，国家通过税收这一重要的经济杠杆调节市场上的收入分配，纳税也是公民的基本义务。

本模块将引导学生深入领会税收法律制度确保税收顺利进行的重要意义，了解税收的基本知识，了解增值税、消费税、企业所得税、个人所得税等主要税种及其相关法律规定，清楚税收征收管理的法律法规。

项目二十二　税收与税法的相关知识

项目目标

◎**知识目标**

1. 了解税收的概念、特征及分类。
2. 熟悉税法的分类及其构成要素。

◎**技能目标**

1. 能够对税收的种类进行划分。
2. 能够区别税法的各个要素。

任务一　税收相关知识

导学引思

小张是个体工商户，经营服装，生意红火，可是当税务机关向其征税时，小张表示收入都是自己辛苦经营的结果，没理由将自己的辛苦钱无偿交出来，拒绝缴纳税款。

思考：

1）小张的观点正确吗？试说明理由。

2）何谓税收？

3）为什么要缴税？

税收概述

1. 税收的概念

税收是国家为了满足一般的社会共同需要，凭借政治的权力，按照国家法律规定的标准，强制地、无偿地取得财政收入的一种分配形式。国家取得财政收入的方法有很多种，如税收、发行货币、发行国债、收费、罚没等。税收是国家（政府）公共财政最主要的收入形式和来源，由政府征收，取自于民、用之于民。因此，加强税收征管尤为重要。

税收的本质是国家为满足社会公共需要，凭借公共权力，按照法律所规定的标准和程序，参与国民收入分配，强制取得财政收入所形成的一种特殊分配关系。它体现了一定社会制度下国家与纳税人在征收、纳税的利益分配上的一种特定分配关系。

2. 税收的作用

税收的作用是税收职能在一定经济条件下的外在表现。在不同的历史阶段，税收发挥着不同的作用。在现阶段，税收的作用主要表现在以下几个方面。

1）税收是国家组织财政收入的主要形式和工具。税收在保证和实现财政收入方面起着重要的作用。

① 由于税收具有强制性、无偿性和固定性，因而能保证其收入的稳定。

② 税收是按年、按季、按月征收的，均匀入库，有利于财力调度，满足日常财政支出。

③ 税收的源泉十分广泛，多税种、多税目、多层次、全方位的课税制度，能从多方面筹集财政收入。

2）税收是国家调控经济运行的重要手段。经济决定税收，税收反作用于经济。

3）税收具有维护国家政权的作用。国家政权是税收产生和存在的必要条件，而国家政权的存在又依赖于税收的存在。没有税收，国家机器就不可能有效运转。

4）税收是国际经济交往中维护国家利益的可靠保证。在国际交往中，任何国家对本国境内从事生产、经营的外国企业或个人都拥有税收管辖权，这是国家权益的具体体现。

3. 税收的特征

税收与其他财政收入形式相比，具有强制性、无偿性和固定性的特征，习惯上称为税收的“三性”。

1）强制性。强制性是指国家以社会管理者身份，凭借政治权力，通过颁布法律或政令来进行强制征收。

2）无偿性。无偿性是指国家征税后不需要直接偿还，也不需对纳税人支付任何报酬或代价，国家凭借政治权力，将社会集团和社会成员的一部分收入归国家所有。但无偿性是针对个体而言的，整体上是具有返还性的，“取之于民、用之于民”。

3）固定性。固定性是指按照国家法令预定的标准征收，即征税对象、税目、税率、纳税义务人、计算纳税办法和期限等都是税收法规预先规定了的，有一个比较稳定的适用期限，是国家的一种固定的连续性收入。

4. 税收的分类

（1）按征税对象的性质的分类

按征税对象的性质，税收可分为流转税类、所得税类、财产税类、资源税类和行为税类5种类型。

1）流转税类。流转税是指以货物或劳务的流转额为征税对象的一类税收。它一直是我国的主体税种，一方面体现在它的收入在全部税收收入中所占的比重较大；另一方面体现在它的调节面比较广泛，对经济的调节作用一直比较显著。

我国现行税制中属于流转税的主要有增值税、消费税、关税、附加税（城市维护建设税与教育费附加）等。

2）所得税类。所得税也称收益税，是指以纳税人的各种所得额为课税对象的一类税收。所得税属于直接税，其纳税人和实际负担人是一致的，可以直接调节纳税人的收入，是现代税收制度中的主体税种。它的主要特点：所得税的计税依据是总收入减除准予扣除项目后的余额（即应纳税所得额）；征税数额受成本、费用、利润高低的影响较大。例如，我国的企业所得税、个人所得税属于此类。

3）财产税类。财产税是以纳税人所拥有或支配的特定财产为征税对象的一类税收，包括对财产的直接征收和对财产转移的征收。例如，我国的房产税、契税、车船使用税、遗产税等属于此类。

4）资源税类。资源税是以自然资源和某些社会资源作为征税对象的一类税收。征收这类税有两个目的：①取得资源消耗的补偿基金，保护国有资源的合理开发利用；②调节资源级差收入，以利于企业在平等的基础上开展竞争。例如，我国现行的资源税、土地增值税和城镇土地使用税等属于此类。

5）行为税类。行为税也称特定目的税，是指国家为了实现特定目的，以纳税人的某些特定行为为征税对象的一类税。例如，车辆购置税、城市维护建设税、屠宰税等属于此类。

读一读

流转税与所得税的区别如下。

1）计税依据不同。流转税的计税依据是流转额；所得税的计税依据是所得额。

2）受成本影响不同。流转税只与商品销售收入有关，不受成本高低影响；所得税直接受成本规模影响。

3）流转税一般转嫁给消费者，所得税一般不能直接转嫁。

4）流转税一般是价内税，对物价影响较大；所得税由于税负不能转嫁，其税收增减变动对物价不会产生直接的影响。

（2）按征收管理的分工体系分类

按征收管理的分工体系，税收可分为工商税类、关税类。

1）工商税类。工商税是由税务机关负责征收管理，对一切从事工商业经营的单位和个人，就其销售收入和经营业务收入征收的一类税。工商税收的征收范围较广，既涉及社会再生产的各个环节，也涉及生产、流通、分配、消费的各个领域，是筹集国家财政收入、调节宏观经济最主要的税收工具。工商税是我国现行税制的主体部分，占整个税收总额比重超过 90%，具体包括增值税、消费税、资源税、企业所得税、个人所得税、城市维护建设税、房产税、车船税、土地增值税、城镇土地使用税、印花税、车辆购置税等。

2）关税类。关税是国家授权海关对出入关境的货物和物品为征税对象的一类税收，主要是指进出口关税、入境旅客行李物品和个人邮寄物品征收的进口税等，不包括由海关代征的进口环节增值税、消费税和船舶吨税。关税是中央财政收入的重要来源，也是国家调节进出口贸易的主要手段，因此具有强制性、无偿性、预定性的特点。

（3）按税收征收权限和收入支配权限的分类

按照税收征收权限和收入支配权限，税收可分为中央税、地方税和中央与地方共享税。

1）中央税。中央税是由一国中央政府征收、管理和支配的一类税收，又称国家税。它的主要特点：收入较大，征收范围广泛。例如，消费税（含进口环节由海关代征的部分）、关税、海关代征的进口环节增值税等属于此类。

2）地方税。地方税是由地方政府征收、管理和支配的一类税收，主要包括城镇土地使用税、耕地占用税、土地增值税、房产税、车船使用税、契税等。它的主要特点：一般征收较稳定，并与地方经济利益关系密切。

3）中央与地方共享税。中央与地方共享税是指税收收入由中央和地方政府按比例分享的税收。例如，增值税、资源税、企业所得税、城市维护建设税等属于此类。

（4）按计税标准的分类

按照计税标准，税收可分为从价税、从量税和复合税。

1）从价税。从价税是指以征税对象的价格为计税依据，按一定比例计征的一类税。它一般实行比例税率和累进税率，其应纳税额随商品价格的变化而变化，能充分体现合理负担的税收政策，因而大部分税种采用这一计税方法，如我国现行的增值税、企业所得税、个人所得税、房产税等税种。

2）从量税。从量税是以课税对象的数量（重量、面积、件数）为依据，按固定税额计征的一类税。它一般采用定额税率，不受征税对象价格变动的影响，税负水平较为固定，具有计算简便的优点。例如，我国现行的车船使用税、城镇土地使用税、消费税（针对啤酒和黄酒）等属于此类。

3）复合税。复合税是指对征税对象采用从价和从量相结合的计税方法征收的一种税。它的主要优点是可以广辟税源，便于发挥各个税种特定的经济调节作用。例如，我国消费税中对卷烟、白酒等征收的消费税就采用复合税。

练一练

根据相关法律知识，制作“税收的分类”思维导图。

任务二　税法的基本构成要素

导学引思

方华公司 2016 年 1 月应当向职工刘某支付 8 000 元的工资，刘某依法应当缴纳的个人所得税税额为 345 元，方华公司在向刘某支付工资时，从所支付的工资中依法直接扣收税款并代为缴纳，如果不考虑保险等其他的费用，其应当实际支付给刘某 7 655 元（8 000−345=7 655）。

思考：

1）谁是纳税义务人？

2）计税依据是什么？

3）是一次还是多次课征？是按期还是按次纳税？为什么？

一、税法的概念

税法，即税收法律制度，是国家权力机关和行政机关制定的用以调整国家与纳税人之间在税收征纳方面的权利与义务关系的法律规范的总称，是国家法律的重要组成部分。

税收活动必须严格依照税法的规定进行，税法是税收的法律依据和法律保障。

二、税法的构成要素

税法的构成要素，又称课税要素，是指各种单行税法具有的共同的基本要素的总称。它一般包括征税人、纳税义务人、征税对象、税目、税率、计税依据、纳税环节、纳税期限、纳税地点、减免税和法律责任等项目。通俗地讲，它就是税法应当具备的必要因素和内容。

其中，纳税义务人、征税对象、税率是构成税法的 3 个最基本的要素。

1. 征税人——征税主体

征税人是指代表国家行使税收征管职权的各级税务机关和其他征收机关，包括各级税务机关、财政机关和海关。

我国税务机关①分为国家税务局和地方税务局两大系统。国家税务局主要负责征收中央税、中央与地方共享税；地方税务局主要负责征收地方税。海关是国家的进出关境监督管理机关，是代表国家在进出关境环节实施监督管理的机关，负责征收关税。

2. 纳税义务人——纳税主体

纳税义务人也称纳税人、纳税主体，主要是指一切履行纳税义务的法人、自然人及其他组织。每一种税都有它的纳税人，同一种税可以有不同的纳税人，某一纳税人也可以成为几种税的纳税人。

读一读

什么是负税人？

负税人是指实际或最终承担税款的单位和个人。在同一税种中，纳税人与负税人可以是一致的，也可以是不一致的。如果纳税人能够通过一定的途径把税款转嫁或转移出去，纳税人就不再是负税人；否则，纳税人同时也是负税人。

在我国，纳税人包括：①全民所有制企业；②城乡各类集体所有制企业；③中外合资企业、合作经营企业、外资企业；④国家行政机关和事业单位；⑤民营企业；⑥个体工商户、农村专业户、承包户；⑦依税法规定应纳个人所得税和个人收入调节税的个人。

---

① 2018 年 3 月，中共中央印发的《深化党和国家机构改革方案》（以下简称《方案》）提出，将省级和省级以下国税、地税机构合并，具体承担所辖区域内各项税收、非税收入征管等职责。《方案》也提出了地方机构改革时间表，要求所有地方机构改革任务在 2019 年 3 月底前基本完成。

3. 征税对象——征税客体

征税对象，又称课税对象或纳税对象，就是对什么征税，是税收法律关系中权利义务共同所指的对象。征税对象是一个抽象的概念，它包括物或行为，它是区别不同类型税种的主要标志。我国现行税收法律、法规都有自己特定的征税对象，不同的征税对象构成不同的税种。例如，企业所得税的征税对象就是应税所得；增值税的征税对象就是货物或者应税行为在生产和流通过程中的增值额。

4. 税目

税目是各个税种所规定的具体征税项目，简单来说，它就是纳税对象的具体化。每一种税都有自己的税目，它规定了一个税种的征税范围，凡列入税目的即为应税项目，未列入税目的则不属于应税项目。不同税目的税率及征免规定也不尽相同。 因此，制定税目的目的有两个：①明确征税的具体范围；②制定不同的税率。制定税目的基本方法一般包括列举法和概括法。

5. 税率

税率是指应纳税额与征税对象之间的数量关系或比例关系。它是计算税额的尺度，是税法的核心要素。税率的高低，直接关系到国家收入的多少和纳税义务人的负担轻重。我国现行的税率主要有以下几种。

（1）比例税率

比例税率是指对同一征税对象，不分数额大小、数量多少，均按相同比例征收的税率。我国的增值税、城市维护建设税、企业所得税等采用的是比例税率，如增值税税率一般为16%。比例税率在适用中又可分为3种具体形式。

1）单一比例税率。它是指对同一征税对象的所有纳税人都适用同一比例税率。

2）差别比例税率。它是指对同一征税对象的不同纳税人适用不同的比例征税。根据我国现行税法，差别比例税率又可因行业、地区和产品不同进行分类。

3）幅度比例税率。它是指对同一征税对象，税法只规定最低税率和最高税率，各地区在该幅度内确定具体的使用税率。

（2）定额税率

定额税率是税率的一种特殊形式。它不是按照课税对象规定征收比例，而是按照征税对象的计量单位规定固定税额，所以又称为固定税额，它适用于从量计征的税种。

（3）累进税率

累进税率按征税对象数额的大小，划分为几个等级，不同等级的课税数额分别适用于不同税率，数额越大税率越高，数额越小税率越低。累进税率一般多在收益课税中使用。我国现行税法体系采用的累进税率形式有超额累进税率和超率累进税率两种。

1）超额累进税率。该税率即把征税对象按数额大小划分为若干等级，每个等级由低到高规定相应的税率，每个等级分别按该级的税率计税。目前，采用这种税率的是个人所得税中工资薪金所得、个体工商户生产经营所得、企事业单位承租承包经营所得。

2）超率累进税率。该税率与超额累进税率的原理相同，只是税率累进的依据不是征税对象的数额而是征税对象的某种比率。目前，采用这种税率的是土地增值税。

6. 计税依据

计税依据也称计税标准、税基，是指计算应纳税额的依据或标准，即根据什么来计算纳税人应缴纳的税额。计税依据可以分为从价计征、从量计征、复合计征 3 种类型。

1）从价计征。计税金额以征税对象的自然数量与单位价格的乘积为计税依据，主要包括收入额、收益额、财产额、资金额等。

2）从量计征。以征税对象的自然实物量为计税依据，按税法规定的计量标准（数量、重量、面积等）计算计征各税种。计税数量因征税对象不同，所包含的内容也不同。例如，我国的资源税，对原油以实际产量为计税依据，税法规定的计量标准为“吨”；对天然气以实际销售数量为计税依据，税法规定的计量标准是“千立方米”。

3）复合计征。实行从量定额和从价定率相结合的方式计算应纳税额。例如，消费税中的卷烟、白酒等实行复合计征，其计税依据为销售额和销售数量。

7. 纳税环节

纳税环节是指税法规定的征税对象从生产到消费的流转过程中应当缴纳税款的环节，如流转税在生产和流通环节纳税，所得税在分配环节纳税等。按照某种税征税环节的多少，可以将税种分为两类：一次课征制和多次课征制。

1）一次课征制。它是指同一税种在商品流转的全过程中只选择某一环节课征的制度。例如，对金银珠宝首饰在零售环节征收消费税。

2）多次课征制。它是指同一税种在商品流转全过程中选择两个或两个以上环节课征的制度。例如，在商品的生产、批发、零售环节均征收增值税。

8. 纳税期限

纳税期限是指纳税人在发生纳税义务后，应依法缴纳税款的期限。纳税期限可以分为以下两种。

1）按期纳税。例如，增值税的纳税期限根据纳税人的生产和经营情况与应纳税额的大小分别核定为 1 日、3 日、5 日、10 日、15 日、1 个月、1 个季度为一期，逐期计算缴纳。

2）按次纳税。例如，进口商品应纳的增值税，是在纳税人发生纳税义务后，按次计算缴纳的。

9. 纳税地点

纳税地点是指纳税人依据税法规定向征税机关申报纳税的具体地点。通常，在税法上规定的纳税地点主要是机构所在地、经济活动发生地、财产所在地、报关地等。例如，销售房地产，其增值税纳税地点为房地产所在地。

10．减免税

减免税是指国家对某些纳税人和征税对象给予鼓励和照顾的一种特殊规定，主要包括3个方面的内容。

1）减税和免税。主要是对某些纳税人和征税对象采取减少征税或者免予征税的特殊规定。减税是指从应征税额中减征部分税款。免税是指对按规定应征收的税款全部免除。

减税和免税又分为两种情况：①税法直接规定的减免税优惠；②依法给予一定期限内的减免税优惠，期满后仍按规定纳税。

2）起征点。起征点是指对征税对象达到一定数额才开始征税的界限。征税对象的数额没有达到规定数额的不征税，达到规定数额的，就其全部数额征税。

3）免征额。免征额是指对征税对象总额中免予征税的数额，即将纳税对象中的一部分给予减免，只就减免后的剩余部分计征税款。例如，《中华人民共和国个人所得税法》规定了免征额制度，对工资、薪金所得，以每月收入额减除费用3 500元后的余额为应纳税所得额。

读一读

起征点与免征额有什么联系和区别？

当征税对象的数额小于起征点，以及小于或等于免征额时，都不予征税；当征税对象的数额大于或等于起征点时，要对课税对象的全部数额征税；当征税对象的数额大于免征额时，仅对课税对象超过免征额部分征税。

11．法律责任

法律责任是指对违反国家税法规定的行为人采取的处罚措施，一般包括违法行为和因违法而应承担的法律责任两部分内容。违法行为是指违反税法规定的行为，包括作为和不作为。因违反税法而承担的法律责任包括行政责任和刑事责任。

议一议

什么是构成税法的3个最基本的要素？在税法构成要素中，什么是衡量纳税义务人税收负担轻重与否的最重要标志？

项目二十三　我国主要税种的相关规定

项目目标

◎知识目标

1．了解增值税、消费税、企业所得税、个人所得税的征收范围。

2．掌握增值税、消费税、所得税纳税人及税率的基本法律规定。

◎技能目标

能够运用法律知识，分析解决实践中具体的税收问题。

任务一　增值税的法律规定

导学引思

1．某企业为增值税一般纳税人。10月，该企业向农业生产者购进一批免税农产品，税务机关批准使用的收购凭证上注明买价为2 000 000元，当月销售货物取得含税销售额4 520 000元，销售的货物适用13%的增值税税率。

思考：该企业10月的应纳增值税税额为多少？

2．某企业为增值税小规模纳税人，1月应税销售额为88 800元，均为填开普通发票销售货物，外购货物30 000元。

思考：该纳税人1月的应纳增值税税额为多少？

增值税是以销售货物、应税服务、无形资产及不动产过程中产生的增值额作为计税依据而征收的一种流转税。它是一项重要的国家税收，也是一个很重要的税种。

从计税原理上说，增值税是对商品生产、流通、劳务服务中多个环节的新增价值或商品的附加值征收的一种流转税。实行价外税，也就是由消费者负担，有增值才征税，没增值不征税。

一、增值税的征收范围

1．征收范围的基本规定

我国从2009年1月1日起全面实行消费型增值税。征税范围的基本规定如下。

1）销售或者进口的货物。货物是指有形动产，包括电力、热力、气体。销售货物即是有偿转让货物的所有权。

2）提供的加工、修理修配劳务。它是指有偿提供加工、修理修配劳务，但单位或个体经营者聘用的员工为本单位或雇主提供加工、修理修配劳务，不包括在内。

3）销售服务、无形资产或者不动产。它是指有偿提供服务、有偿转让无形资产或者不动产，属于非经营活动的情形除外。

2. 征收范围的其他规定

（1）视同销售货物

单位或个体经营者的下列行为，视同销售货物。

1）将货物交付其他单位或者个人代销。

2）销售代销货物。

3）设有两个以上机构并实行统一核算的纳税人，将货物从一个机构移送其他机构用于销售，但相关机构设在同一县（市）的除外。

4）将自产、委托加工的货物用于非增值税应税项目。

5）将自产、委托加工的货物用于集体福利或个人消费。

6）将自产、委托加工或购进的货物作为投资，提供给其他单位或个体工商户。

7）将自产、委托加工或购进的货物分配给股东或投资者。

8）将自产、委托加工或购进的货物无偿赠送其他单位或个人。

上述第 5）项所称“集体福利或个人消费”是指企业内部设置的供职工使用的食堂、浴室、理发室、宿舍、幼儿园等福利设施及设备、物品等，或者以福利、奖励、津贴等形式发放给职工个人的物品。

（2）视同销售服务、无形资产或者不动产

单位或个体经营者的下列行为，视同销售服务、无形资产或者不动产。

1）单位或者个体工商户向其他单位或者个人无偿提供服务，但用于公益事业或者以社会公众为对象的除外。

2）单位或者个人向其他单位或者个人无偿转让无形资产或者不动产，但用于公益事业或者以社会公众为对象的除外。

3）财政部和国家税务总局规定的其他情形。

（3）混合销售

混合销售是指一项销售行为既涉及服务又涉及货物。从事货物的生产、批发或者零售的单位和个体工商户的混合销售行为，按照销售货物缴纳增值税；其他单位和个体工商户的混合销售行为，按照销售服务缴纳增值税。

（4）兼营

纳税人兼营销售货物、劳务、服务、无形资产或者不动产，适用不同税率或者征收率的，应当分别核算适用不同税率或者征收率的销售额；未分别核算的，从高适用税率。

3. 不征收增值税的项目

1）根据国家指令无偿提供的铁路运输服务、航空运输服务，属于《关于全面推开营业税改征增值税试点的通知》第十四条规定的用于公益事业的服务。

2）存款利息。

3）被保险人获得的保险赔付。

4）房地产主管部门或者其指定机构、公积金管理中心、开发企业及物业管理单位代收的住宅专项维修资金。

5）在资产重组过程中，通过合并、分立、出售、置换等方式，将全部或者部分实物资产，以及与其相关联的债权、负债和劳动力一并转让给其他单位和个人，其中涉及的不动产、土地使用权转让行为。

二、增值税的纳税人

增值税纳税人是指税法规定负有缴纳增值税义务的单位和个人。在我国境内销售、进口货物或者提供加工、修理、修配劳务，以及销售服务、无形资产或者不动产（以下称应税行为）的单位和个人，为增值税纳税人，应当按照规定缴纳增值税。两个或者两个以上的纳税人，经财政部和国家税务总局批准可以视为一个纳税人合并纳税。

单位是指企业、行政单位、事业单位、军事单位、社会团体及其他单位。个人是指个体工商户和其他个人。

按照经营规模的大小和会计核算健全与否等标准，增值税纳税人可分为一般纳税人和小规模纳税人。

1. 一般纳税人

应税行为的年应征增值税销售额（以下称年应税销售额）超过财政部和国家税务总局规定标准的纳税人为一般纳税人，未超过规定标准的纳税人为小规模纳税人。其中：年应税销售额标准为 500 万元（含本数）。一般纳税人的特点是增值税进项税额可以抵扣销项税额。

年应税销售额是指纳税人在连续不超过 12 个月的经营期内累计应征增值税销售额，包括减免税销售额及按规定允许从销售额差额中扣除的部分。如果该销售额为含税的，应按照适用税率（征收率）换算为不含税的销售额。

年应税销售额超过规定标准的其他个人不属于一般纳税人。年应税销售额超过规定标准但不经常发生应税行为的单位和个体工商户可选择按照小规模纳税人纳税。

2. 小规模纳税人

小规模纳税人是指年销售额在规定标准以下，并且会计核算不健全，不能按规定报送有关税务资料的增值税纳税人。

小规模纳税人实行按销售额和征收率计算应纳税额的简易办法，并不得抵扣进项税额。应纳税额的计算公式为

$$应纳税额=销售额\times征收率$$

小规模纳税人增值税征收率为 3%，财政部和国家税务总局另有规定的除外。

3. 一般纳税人和小规模纳税人的主要区别

一般纳税人和小规模纳税人的主要区别如表 23.1 所示。

表 23.1 一般纳税人和小规模纳税人的主要区别

项目	一般纳税人	小规模纳税人
年销售标准	500 万元以上	不超过 500 万元
税率	16%、13%、10%、6%、0 几档税率	3%征收率
专用发票使用	可以自行开具	到主管国税机关申请代开
账务处理	按价款部分计入成本，税款部分记入“应交税金——应交增值税——进项税额”账户	按全额计入成本
应交税金计算	应纳税额=当期销项税额-当期进项税额	应纳税额=销售额×征收率
纳税申报表	1 张主表、8 张附表	1 张主表、2 张附表

三、增值税的扣缴义务人

中华人民共和国境外（以下简称“境外”）的单位或者个人在境内发生应税行为，在境内未设有经营机构的，以购买方为增值税扣缴义务人。

扣缴义务人的前提是境外单位或者个人在境内没有设立经营机构，如果设立了经营机构，且以其经营机构为增值税纳税人，就不存在扣缴义务人的问题。

四、增值税的税率

我国增值税采用比例税率。增值税在设置了一档基本税率（16%）的基础上，针对特殊行业和产品设计了低税率，此外还有对出口货物、服务实施的零税率。

增值税的计税方法，包括一般计税方法和简易计税方法。一般纳税人发生应税行为适用一般计税方法计税，小规模纳税人发生应税行为适用简易计税方法计税。增值税的一般计税需要使用税率，但是简易计税使用征收率。例如，小规模纳税人适用 3%征收率。在某些特殊情况下（增值税链条不完整），一般纳税人按简易办法适用征收率。

各税率的适用范围如表 23.2 所示。

表 23.2 各税率的适用范围

类型	税率/%	适用范围
基本税率	16	销售或者进口货物（除以下几条规定外，绝大多数货物均适用）；提供加工、修理修配劳务；提供有形动产租赁服务
低税率	13	粮食、食用植物油；自来水、暖气、冷气、热水、煤气、石油液化气、天然气、沼气、居民用煤炭制品；图书、报纸、杂志；饲料、化肥、农药、农机、农膜；国务院规定的其他货物（农产品、音像制品、电子出版物、二甲醚、干姜、姜黄）
	10	提供交通运输业、邮政业、建筑业、基础电信业、不动产租赁服务，销售不动产，转让土地使用权

续表

类型	税率/%	适用范围
低税率	6	提供现代服务业研发和技术服务、信息技术服务、文化创意服务、物流辅助服务、鉴证咨询服务、广播影视服务、生活服务；包括广告代理业、金融业、提供增值电信服务等（但有形动产租赁服务除外，按16%税率征收）
零税率	0	适用于报关出口的货物，以及提供的国际运输服务、向境外单位提供的研发服务和设计服务
征收率	3	小规模纳税人增值税征收率一律为3%

纳税人销售货物、加工修理修配劳务、服务、无形资产或者不动产适用不同税率或者征收率的，应当分别核算适用不同税率或者征收率的销售额；未分别核算销售额的，从高适用税率或者征收率。

五、一般纳税人应纳税额的计算

我国增值税实行扣税法。一般纳税人凭增值税专用发票及其他合法扣税凭证注明税款进行抵扣。其应纳增值税的计算公式为

$$\begin{aligned}\text{应纳税额} &= \text{当期销项税额} - \text{当期进项税额} \\ &= \text{当期销售额} \times \text{适用税率} - \text{当期进项税额}\end{aligned}$$

1．销项税额

销项税额是指纳税人发生应税行为按照销售额和增值税税率计算并收取的增值税税额。纳税人因销货退回或折让而退还给购买方的增值税税额，应从发生销货退回或折让当期的销项税额中冲减。

销项税额的计算公式为

$$\text{销项税额} = \text{销售额} \times \text{税率}$$

2．进项税额

进项税额是指纳税人购进货物、加工修理修配劳务、服务、无形资产或者不动产，支付或者负担的增值税税额。它主要体现在增值税专用发票或进口增值税专用缴款书上。

六、增值税的征收管理

1．纳税义务、扣缴义务的发生时间

1）纳税人发生应税行为并收讫销售款项或者取得索取销售款项凭据的当天；先开具发票的，为开具发票的当天。

收讫销售款项是指纳税人提供应税行为过程中或者完成后收到款项。

取得索取销售款项凭证的当天是指书面合同确定的付款日期；未签订书面合同或者书面合同未确定付款日期的，为应税行为完成的当天或者不动产权属变更的当天。

2）纳税人提供建筑服务、租赁服务采取预收款方式的，其纳税义务发生时间为收到预

收款的当天。

3）纳税人从事金融商品转让的，为金融商品所有权转移的当天。

4）纳税人提供销售服务、无形资产或者不动产，其纳税义务发生时间为服务、无形资产转让完成的当天或者不动产权属变更的当天。

5）增值税扣缴义务发生时间为纳税人增值税纳税义务发生的当天。

2. 纳税期限

增值税的纳税期限分别为 1 日、3 日、5 日、10 日、15 日、1 个月或者 1 个季度，纳税人的具体纳税期限，由主管税务机关根据纳税人应纳税额的大小分别核定。以 1 个季度为纳税期限的规定适用于小规模纳税人、银行、财务公司、信托投资公司、信用社，以及财政部和国家税务总局规定的其他纳税人。不能按照固定期限纳税的，可以按次纳税。

纳税人以 1 个月或者 1 个季度为 1 个纳税期的，自纳税期满之日起 15 日内申报纳税；以 1 日、3 日、5 日、10 日或者 15 日为 1 个纳税期的，自期满之日起 5 日内预缴税款，于次月 1 日起 15 日内申报纳税并结清上月应纳税款。

纳税人进口货物，应当自海关填发税款缴纳书之日起 15 日内缴纳税款。

任务二　消费税的法律规定

导学引思

某手表企业为增值税一般纳税人。2016 年 6 月，向当地一家大型商场销售一批高档手表，开出增值税专用发票一张，取得不含增值税销售收入 50 万元，增值税税额为 8.5 万元。

思考：该企业上述业务应缴纳的消费税税额为多少？

消费税是对在我国境内从事生产、委托加工和进口应税消费品的单位和个人征收的一种税，是对特定的消费品和消费行为在特定的环节征收的一种流转税。

一、消费税的征收范围

1. 生产应税消费品

生产应税消费品在生产销售环节征税。纳税人将生产的应税消费品换取生产资料、消费资料、投资入股、偿还债务，以及用于继续生产应税消费品以外的其他方面都应缴纳消费税。

2. 委托加工应税消费品

委托加工应税消费品是指委托方提供原料和主要材料，受托方只收取加工费和代垫部分辅助材料加工的应税消费品。由受托方提供原材料或其他情形的一律不能视同加工应税消费品。

委托加工的应税消费品，除受托方为个人外，由受托方在向委托方交货时代收代缴税款；委托个人加工的应税消费品，由委托方收回后缴纳消费税。

委托加工的应税消费品，委托方用于连续生产应税消费品的，所纳税款准予按规定抵扣；直接出售的，不再缴纳消费税。

委托方将收回的应税消费品，以不高于受托方的计税价格出售的，为直接出售，不再缴纳消费税；委托方以高于受托方的计税价格出售的，不属于直接出售，需按照规定申报缴纳消费税，在计税时准予扣除受托方已代收代缴的消费税。

3. 进口应税消费品

单位和个人进口应税消费品，于报关进口时由海关代征消费税。

4. 批发、零售应税消费品

1）金银首饰在零售环节征收消费税。1995 年 1 月 1 日起，国务院批准，金银首饰消费税由生产销售环节征收改为零售环节征收。改在零售环节征收消费税的金银首饰仅限于金基、银基合金首饰，以及金、银和金基、银基合金的镶嵌首饰，适用税率为 5%，其计税依据是不含增值税的销售额。

2）对既销售金银首饰又销售非金银首饰的生产、经营单位，应将两类商品划分清楚，分别核算销售额。凡划分不清楚或不能分别核算的，在生产环节销售的，一律从高适用税率征收消费税；在零售环节销售的，一律按金银首饰征收消费税。

3）金银首饰与其他产品组成成套消费品销售的，应按销售额全额征收消费税。

4）金银首饰连同包装物一起销售的，无论包装物是否单独计价，也无论会计上如何核算，均应并入金银首饰的销售额，计征消费税。

5）带料加工的金银首饰，应按受托方销售的同类金银首饰的销售价格确定计税依据征收消费税。没有同类金银首饰销售价格的，按照组成计税价格计算纳税。

6）纳税人采用以旧换新（含翻新改制）方式销售的金银首饰，应按实际收取的不含增值税的全部价款确定计税依据征收消费税。

7）卷烟在批发环节加征一道消费税，计税方式为从价计征。

二、消费税纳税人

消费税纳税人是指在中华人民共和国境内（起运地或者所在地在境内）生产、委托加工和进口《中华人民共和国消费税暂行条例》（以下简称《消费税暂行条例》）规定的消费品的单位和个人，以及国务院确定的销售《消费税暂行条例》规定的消费品的其他单位和个人。具体来说，消费税的纳税人包括：①生产、销售（包括自用）应税消费品的单位和个人；②委托加工应税消费品的单位和个人；③进口应税消费品的单位和个人。

三、消费税的税目与税率

我国消费税的税目共有 15 个（为促进节能环保，经国务院批准，自 2015 年 2 月 1 日起对电池、涂料征收消费税），每类又包括若干子目。消费税的税率包括比例税率和定额税率两类。根据不同的税目或子目，应税消费品的税率不同。具体如表 23.3 所示。

表 23.3　消费税的税目与税率

税目	子目	税率
烟	卷烟、雪茄烟、烟丝	品种不同税率不同；生产环节和批发环节税率不同，如卷烟批发 11%
酒及酒精	白酒、黄酒、啤酒、其他酒、酒精	按吨计税；品种不同税率不同
化妆品	化妆品	30%
贵重首饰及珠宝玉石	金银首饰、铂金首饰和钻石及钻石饰品	5%
	其他贵重首饰和珠宝玉石	10%
鞭炮、焰火		15%
成品油	汽油、柴油、航空煤油、石脑油、溶剂油、润滑油、燃料油	按升计税，不同品种计价不同
电池	铅蓄电池	4%
涂料		4%
摩托车	气缸容量（排气量）在 250 毫升（含 250 毫升）以下的	3%
	气缸容量在 250 毫升以上的	10%
小汽车	乘用车、中轻型商用客车	乘用车按气缸容量不同来计税；中轻型商用客车 5%
高尔夫球及球具	包括高尔夫球及球杆、包等	10%
高档手表		20%
游艇		10%
木制一次性筷子		5%
实木地板		5%

根据《财政部 国家税务总局关于调整卷烟消费税的通知》（财税〔2015〕60 号），自 2015 年 5 月 10 日起，将卷烟批发环节从价税税率由 5%提高至 11%，并按 0.005 元/支加征从量税。纳税人兼营卷烟批发和零售业务的，应当分别核算批发和零售环节的销售额、销售数量；未分别核算批发和零售环节销售额、销售数量的，按照全部销售额、销售数量计征批发环节消费税。

任务三　各种所得税的法律规定

导学引思

某生产企业为居民企业，会计科小王接到任务，需要核算该企业 2017 年度的应纳税所得额，已知该企业 2017 年度实际发生工资支出 250 万元、职工福利费支出 45 万元、职工教育经费 30 万元。

思考：小王在计算该企业 2017 年度应纳税所得额时，应调增的应纳税所得额是多少？

一、企业所得税

企业所得税是对我国企业和其他组织的生产经营所得和其他所得征收的一种税。

1. 企业所得税的征税对象

企业所得税的纳税人分为居民企业和非居民企业。

居民企业是指依法在中国境内成立，或者依照外国（地区）法律成立但实际管理机构在中国境内的企业。

非居民企业是指依照外国（地区）法律成立且实际管理机构不在中国境内，但在中国境内设立机构、场所的，或者在中国境内未设立机构、场所，但有来源于中国境内所得的企业。

企业所得税的征税对象是纳税人取得的所得，包括销售货物所得、提供劳务所得、转让财产所得、股息红利所得、利息所得、租金所得、特许权使用费所得、接受捐赠所得和其他所得等。

不同纳税人对应的征税对象如表 23.4 所示。

表 23.4　不同纳税人对应的征税对象

纳税人		征税对象
居民企业		来源于中国境内、境外的所得缴纳企业所得税（承担无限纳税义务）
非居民企业	在中国境内设立机构、场所的	就其所设机构、场所取得的来源于中国境内的所得，以及发生在中国境外但与其所设机构、场所有实际联系的所得，缴纳企业所得税
	在中国境内未设立机构、场所的（或虽设立机构、场所，但取得的所得与其所设机构、场所没有实际联系的）	应当就其来源于中国境内的所得缴纳企业所得税

2. 企业所得税的税率

企业所得税的税率是指据以计算企业所得税应纳税额的法定比率。根据《中华人民共和国所得税法》（以下简称《所得税法》）规定，一般企业所得税的税率为 25%。

不同纳税人对应的征税对象及适用税率如表 23.5 所示。

表 23.5　不同纳税人对应的征税对象及适用税率

纳税人		征税对象	适用税率
居民企业		来源于中国境内、境外的所得	25%（基本税率）
非居民企业	在中国境内设立机构、场所的	来源于中国境内的所得	
		来源于中国境外但与境内所设机构、场所有实际联系的所得	
		来源于中国境内但与境内所设机构、场所没有实际联系的所得	低税率 20%（实际减按 10%征收）
	在中国境内未设立机构、场所的	来源于中国境内的所得	
小型微利企业		应税所得	减按 20%
国家需要重点扶持的高新技术企业		应税所得	减按 15%

3. 企业所得税应纳税所得额

企业所得税应纳税所得额是企业所得税的计税依据。应纳税所得额为企业每一个纳税年度的收入总额减去不征税收入、免税收入、各项扣除，以及弥补以前年度的亏损之后的余额。应纳税所得额有两种计算方法。

直接计算法下的计算公式为

应纳税所得额=收入总额-不征税收入额-免税收入额-各项扣除额
-准予弥补的以前年度亏损额

间接计算法下的计算公式为

应纳税所得额=利润总额+纳税调整项目金额

（1）收入总额

企业以货币形式和非货币形式从各种来源取得的收入，为收入总额。

1）货币形式的收入，包括现金、银行存款、应收账款、应收票据、准备持有至到期的债券投资及债务的豁免等。

2）非货币形式的收入，包括固定资产、生物资产、无形资产、股权投资、存货、不准备持有至到期的债券投资、劳务及有关权益等。

（2）不征税收入

不征税收入是指从性质和根源上不属于企业营利性活动带来的经济利益、不负有纳税义务并不作为应纳税所得额组成部分的收入，如财政拨款、依法收取并纳入财政管理的行政事业性收费、政府性基金及其他不征税收入。

（3）免税收入

免税收入是指属于企业的应税所得但按照税法规定免予征收企业所得税的收入。它包括国债利息收入，符合条件的居民企业之间的股息、红利收入，在中国境内设立机构、场所的非居民企业从居民企业取得与该机构、场所有实际联系的股息、红利收入，符合条件的非营利组织的收入等。

（4）准予扣除项目

企业实际发生的与取得收入有关的、合理的支出，包括成本、费用、税金、损失和其他支出等，准予在计算应纳税所得额时扣除。

1）成本。成本是指企业在生产经营活动中发生的销售成本、销货成本、业务支出及其他耗费，即企业销售商品、提供劳务及转让固定资产、无形资产的成本。

2）费用。费用是指企业在生产经营活动中发生的销售费用、管理费用和财务费用，已经计入成本的有关费用除外。

企业发生的与生产经营活动有关的业务招待费支出，按照发生额的 60%扣除，但最高不得超过当年销售（营业）收入的 0.5%。

企业发生的符合条件的广告费和业务宣传费支出，除国务院财政、税务主管部门另有规定外，不超过当年销售（营业）收入 15%的部分，准予扣除；超过部分，准予在以后纳税年度结转扣除。

3）税金。税金是指企业发生的除企业所得税和允许抵扣的增值税以外的企业缴纳的各项税金及其附加，如消费税、印花税等。

4）损失。损失是指企业在生产经营活动中发生的固定资产和存货的盘亏、毁损、报废损失、转让财产损失、呆账损失、坏账损失、自然灾害等不可抗力因素造成的损失及其他损失。

5）其他支出。其他支出是指除成本、费用、税金、损失外，企业在生产经营活动中发生的与生产经营活动有关的、合理的支出。

（5）不得扣除项目

1）向投资者支付的股息、红利等权益性投资收益款项。

2）企业所得税税款。

3）税收滞纳金。

4）罚金、罚款和被没收财物的损失。

5）企业发生的公益性捐赠支出以外的捐赠支出。企业发生的公益性捐赠支出，在年度利润总额12%以内的部分，准予在计算应纳税所得额时扣除。

6）赞助支出。赞助支出是指企业发生的与生产经营活动无关的各种非广告性支出。

7）企业之间支付的管理费、企业内营业机构之间支付的租金和特许权使用费，以及非银行企业内营业机构之间支付的利息。

8）与取得收入无关的其他支出。

（6）职工福利费、工会经费和职工教育经费支出的税前扣除

1）企业发生的职工福利费支出，不超过工资薪金总额14%的部分，准予扣除。

2）企业拨缴的工会经费，不超过工资薪金总额2%的部分，准予扣除。

3）除国务院财政、税务主管部门另有规定外，企业发生的职工教育经费支出，不超过工资薪金总额2.5%的部分，准予扣除；超过部分，准予在以后纳税年度结转扣除。

（7）亏损弥补

纳税人发生年度亏损的，可以用下一纳税年度的所得弥补；下一纳税年度的所得不足弥补的，可以逐年延续弥补，但是延续弥补期最长不得超过5年。

导学引思

1. 在某公司办公室实习的小王，月实习工资1 000元，无奖金；公司办公室主管刘经理月工资3 000元，奖金4 500元。

思考：小王和刘经理要缴纳个人所得税吗？如果缴纳，怎么计算呢？

2. 高某，自由职业者，2015年开了一家书店并取得个体工商户营业执照，其2015年的收入：①书店的销售收入50 000元；②被某电视台娱乐节目组聘为顾问，取得顾问费4 000元；③在某高校中文系兼课，课酬12 000元；④与某高校两位老师出版一本书，获得稿费6 000元。

当年高某按照税务机关核定的税率缴纳了书店收入的所有税费。年底税务机关在核查时发现高某2015年取得的顾问费、课酬、稿费均未缴纳个人所得税，为此税务机关依法下达追缴通知，要求高某如实申报当年的个人所得税，并按期缴纳。

思考：

1）税务机关的做法是否正确？依据是什么？

2）高某应补缴多少个人所得税？

二、个人所得税

个人所得税是以个人（即自然人）取得的各项应税所得为征税对象所征收的一种税，是调整征税机关与自然人（居民、非居民人）之间在个人所得税的征纳与管理过程中所发生的社会关系的法律规范的总称。它最早于1799年在英国创立，目前世界上已有140多个国家开征了这个税种。

1. 个人所得税的纳税义务人

我国个人所得税的纳税义务人是在中国境内居住有所得的人，以及不在中国境内居住而从中国境内取得所得的个人，包括中国国内公民，在华取得所得的外籍人员和港、澳、台同胞。

个人所得税的纳税义务人，按照住所和居住时间两个标准，又可划分为居民纳税义务人和非居民纳税义务人。

（1）居民纳税义务人

居民纳税义务人是指在中国境内有住所，或者无住所但在中国境内居住满1年的个人。居民纳税义务人负有无限纳税义务，其从中国境内和境外取得的所得，都要在中国缴纳个人所得税。对个人独资企业和合伙企业，个人投资者也应征收个人所得税。

（2）非居民纳税义务人

非居民纳税义务人是指在中国境内无住所又不居住，或者无住所而在中国境内居住不满1年的个人。非居民纳税义务人承担有限纳税义务，仅就其从中国境内取得的所得，在中国缴纳个人所得税。

2. 个人所得税的征收范围

1）工资、薪金所得。

2）个体工商户的生产、经营所得。

3）企事业单位的承包经营、承租经营所得。

4）稿酬所得。

5）劳务报酬所得。

6）特许权使用费所得。

7）利息、股息、红利所得。

8）财产租赁所得。

9）财产转让所得。

10）偶然所得。偶然所得是指个人取得的所得是非经常性的，属于各种机遇性所得，包括得奖、中奖、中彩及其他偶然性质的所得（含奖金、实物和有价证券）。

11）经国务院财政部门确定征税的其他所得。

3. 个人所得税税率

个人所得税的应税项目不同，税率也不同。

1）工资、薪金所得。工资、薪金所得的免征额为 3 500 元，超过部分按 3%～45%的 7 级超额累进税率计算。具体如表 23.6 所示。

表 23.6 工资、薪金所得适用税率

级数	全月应纳税所得额（含税级距）	全月应纳税所得额（不含税级距）	税率/%	速算扣除数
1	不超过 1 500 元的	不超过 1 455 元的	3	0
2	超过 1 500 元至 4 500 元的部分	超过 1 455 元至 4 155 元的部分	10	105
3	超过 4 500 元至 9 000 元的部分	超过 4 155 元至 7 755 元的部分	20	555
4	超过 9 000 元至 35 000 元的部分	超过 7 755 元至 27 255 元的部分	25	1 005
5	超过 35 000 元至 55 000 元的部分	超过 27 255 元至 41 255 元的部分	30	2 755
6	超过 55 000 元至 80 000 元的部分	超过 41 255 元至 57 505 元的部分	35	5 505
7	超过 80 000 元的部分	超过 57 505 元的部分	45	13 505

2）个体工商户的生产、经营所得，企事业单位的承包经营、承租经营所得。适用 5%～35%的 5 级超额累进税率，按年计算、分月预缴税款。具体如表 23.7 所示。

表 23.7 个体工商户的生产、经营所得及企事业单位的承包经营、承租经营所得适用税率

级数	全年应纳税所得额（含税级距）	全年应纳税所得额（不含税级距）	税率/%	速算扣除数
1	不超过 15 000 元的	不超过 14 250 元的	5	0
2	超过 15 000 元至 30 000 元的部分	超过 14 250 元至 27 750 元的部分	10	750
3	超过 30 000 元至 60 000 元的部分	超过 27 750 元至 51 750 元的部分	20	3 750
4	超过 60 000 元至 100 000 元的部分	超过 51 750 元至 79 750 元的部分	30	9 750
5	超过 100 000 元的部分	超过 79 750 元的部分	35	14 750

3）劳务报酬所得。按次计算征收个人所得税，适用 20%的比例税率。对劳务报酬所得一次收入畸高的，可以实行加成征收，加成征收采取 3 级超额累进税率。具体如表 23.8 所示。

表 23.8 劳务报酬所得税率

级数	每次应纳税所得额（含税级距）	每次应纳税所得额（不含税级距）	税率/%	速算扣除数
1	不超过 20 000 元的	不超过 16 000 元的	20	0
2	超过 20 000 元至 50 000 元的部分	超过 16 000 元至 37 000 元的部分	30	2 000
3	超过 50 000 元部分	超过 37 000 元的部分	40	7 000

个人取得劳务报酬收入的应纳税所得额一次超过 2 万元至 5 万元的部分，按照税法规定计算应纳税额后，再按照应纳税额加征 5 成，超过 5 万元的部分，加征 10 成。

4）稿酬所得。按次计算征收个人所得税，适用 20%的比例税率，并按应纳税额减征30%，实际税率为 14%。

5）特许权使用费所得，利息、股息、红利所得，财产租赁所得，财产转让所得，偶然所得，其他所得。按次计算征收个人所得税，适用 20%的比例税率。

2008 年 3 月 1 日起，对个人出租居民住用房取得的所得暂减按 10%税率征收个人所得税。

2008 年 10 月 9 日起，暂免征收储蓄存款利息所得的个人所得税。

4. 个人所得税应纳税额的计算

（1）工资、薪金所得

以每月收入额减除费用 3 500 元后的余额，为应纳税所得额。其计算公式为

应纳税额=应纳税所得额×适用税率-速算扣除数

=（每月收入额-3500 元）×适用税率-速算扣除数

（2）个体工商户的生产、经营所得

以每一纳税年度的收入总额减除成本、费用及损失后的余额，为应纳税所得额。其计算公式为

应纳税额=应纳税所得额×适用税率-速算扣除数

=（收入总额-成本、费用及损失等）×适用税率-速算扣除数

（3）对企事业单位的承包经营、承租经营所得

以每一纳税年度的收入总额，减除必要的费用后的余额，为应纳税所得额。减除必要费用是指按月减除 3 500 元。其计算公式为

应纳税额=应纳税所得额×适用税率-速算扣除数

=（纳税年度收入总额-必要费用）×适用税率-速算扣除数

（4）劳务报酬所得

应纳税所得额的计算公式如下。

1）每次收入不足 4 000 元的应纳税额=（每次收入额-800）×20%。

2）每次收入超过 4 000 元的应纳税额=每次收入额×（1-20%）×20%。

3）每次收入的应纳税所得额超过 20 000 元的应纳税额=每次收入额×（1-20%）×适用税率-速算扣除数。

（5）稿酬所得

应纳税额的计算公式如下。

1）每次收入不足 4 000 元的应纳税额=（每次收入额-800）×20%×（1-30%）。

2）每次收入在 4 000 元以上的应纳税额=每次收入额×（1-20%）×20%×（1-30%）。

（6）财产转让所得

应纳税额的计算公式为

应纳税额-应纳税所得额×适用税率=（收入总额-财产原值-合理税费）×20%

（7）利息、股息、红利所得

应纳税额的计算公式为

$$
\begin{aligned}
\text{应纳税额} &= \text{应纳税所得额} \times \text{适用税率} \\
&= \text{每次收入额} \times 20\%
\end{aligned}
$$

（8）财产租赁所得

应纳税额的计算公式如下。

1）每次收入不足 4 000 元的：

$$\text{应纳税额} = (\text{每次收入额} - \text{准予扣除项目} - \text{修缮费} - 800) \times 20\%$$

2）每次收入在 4 000 元以上的：

$$\text{应纳税额} = (\text{每次收入额} - \text{准予扣除项目} - \text{修缮费}) \times (1 - 20\%) \times 20\%$$

议一议

居民 A 某于 2016 年 5 月出租住房一间，每月取得租金收入 3 000 元，其中 5 月发生修缮费 900 元。A 某 5 月份应缴纳多少个人所得税？

练一练

某化妆品公司为增值税一般纳税人，2016 年 12 月，该公司发生以下经济业务。

月初，购入原材料一批，增值税发票上税额为 20 万元，另支付运费 10 万元，运输发票已收。

月中，销售化妆品一批，取得销售收入 234 万元（含增值税）。

2016 年全年实现销售收入 3 000 万元，营业外收入 10 万元，销售成本、税金、三费共计 2 000 万元，2015 年度亏损 100 万元。

要求：

1）计算该公司 12 月的增值税销项税额和可抵扣的进项税额。

2）计算该公司 12 月应纳增值税税额。

3）计算该公司 12 月应纳消费税税额。

4）计算该公司 2016 年应纳所得税。

项目二十四　我国的税收征管法律制度

项目目标

◎**知识目标**

1. 了解我国税务管理方面的相关法律规定。
2. 掌握纳税申报的具体要求及方式。
3. 了解违反税收法律制度的法律责任规定。

◎**技能目标**

能够运用法律知识，分析解决实践中具体的税务征收问题。

任务一　税务管理相关知识

导学引思

张某在上海黄浦区经营一家服装店甲，生意很红火，于是建议刚大学毕业的妹妹自主创业。张某的妹妹也在附近的街区开了一家同类的服装店乙。张某认为，姐妹俩是一家人，又经营同类产品，既然甲店已经办理了税务登记，乙店就可以直接用甲店的税务登记证，没有必要再去办理。

思考：张某的想法正确吗？试说明理由。

税务管理是税务机关在税收征收管理中对征纳过程实施的基础性的管理制度和管理行为。税务管理包括税务登记管理，账簿、凭证管理，发票管理和纳税申报管理 4 个部分的内容。

一、税务登记管理

税务登记是税务机关依据税法规定，对纳税人的生产、经营活动进行登记管理的一项法定制度，也是纳税人依法履行纳税义务的法定手续。它是整个税收征收管理的起点。

税务登记种类包括开业登记，变更登记，停业、复业登记，注销登记，外出经营报验登记，纳税人税种登记，扣缴税款登记等。本任务重点介绍开业和注销税务登记制度。

1. 开业登记

（1）开业登记的概念

开业登记是指从事生产经营的纳税人，经国家行政管理部门批准开业后，办理的纳税登记。

（2）开业登记的对象

根据有关规定，开业登记的纳税人分为以下两类。

1）领取营业执照从事生产、经营活动的纳税人，包括企业，企业在外地设立的分支机构和从事生产经营的场所，个体工商户，从事生产经营的机关团体、部队、学校和其他事业单位。

2）其他纳税人。对不从事生产经营活动，但依法负有纳税义务的单位和个人，除临时取得应税收入或发生应税行为，以及只缴纳个人所得税、车船税外，也应该按规定向税务机关办理税务登记。

此外，依法负有代扣代缴或者代收代缴税款的扣缴义务人，也应该依法办理扣缴税款登记；其他纳税人和扣缴税款义务人办理税务登记的具体对象范围由国务院另行规定。

（3）开业登记的时间和地点

1）从事生产、经营的纳税人，应当自领取营业执照之日起 30 日内，向生产、经营地或者纳税义务发生地的主管税务机关申报办理税务登记，如实填写税务登记表，并按照税务机关的要求提供有关证件、资料。

2）除上述以外的其他纳税人，除国家机关和个人外，应当自纳税义务发生之日起 30 日内，持有关证件向所在地主管税务机关申报办理税务登记。以下几种情况应比照开业登记办理。

① 扣缴义务人应当自扣缴义务发生之日起 30 日内，向所在地的主管税务机关申报办理扣缴税款登记，领取扣缴税款登记证件；税务机关对已办理税务登记的扣缴义务人，可以只在其税务登记证件上登记扣缴税款事项，不再发给扣缴税款登记证件。

② 跨地区的非独立核算分支机构应当自设立之日起 30 日内，向所在地税务机关办理注册税务登记。

③ 从事生产、经营的纳税人到外县（市）临时从事生产、经营活动的，在同一地连续 12 个月内累计超过 180 天的，应当自期满之日起 30 日内，向生产、经营所在地税务机关申报办理税务登记，税务机关核发临时税务登记证及副本。

2. 注销税务登记

（1）注销税务登记的概念

注销税务登记是指纳税人由于法定的原因终止履行纳税义务时，向原税务机关申请办理的取消税务登记的手续。办理注销税务登记后，该当事人不再接受原税务机关管理。

（2）注销税务登记的适用范围

1）纳税人因经营期限届满而自动解散。

2）企业由于改组、分级、合并等原因而被撤销。

3）企业资不抵债而破产。

4）纳税人住所、经营地址迁移而涉及改变原主管税务机关的。

5）纳税人被工商行政管理部门吊销营业执照。

6）纳税人依法终止履行纳税义务的其他情形。

二、发票开具与管理

发票是指在购销商品、提供劳务或接受劳务、服务及从事其他经营活动，所提供给对方的收付款的凭证。它是确定经营收支行为发生的法定凭证，是会计核算的原始凭证，也是税务稽查的重要依据。

1. 发票的种类

发票的种类划分，由省级以上税务机关确定。全国范围内统一式样的发票，由国家税务总局确定，如增值税发票。在省、自治区、直辖市范围内统一式样的发票，由省级税务机关确定。发票的常用种类有以下几种。

（1）增值税专用发票

增值税专用发票是指专门用于结算销售货物和提供加工、修理修配劳务使用的一种发票，是对方为了抵扣增值税而要求开的，发票上能体现增值税税额。增值税专用发票只限于增值税一般纳税人领购使用，增值税小规模纳税人不得领购使用。一般纳税人如有法定情形的，也不得领购使用增值税专用发票。

增值税专用发票的基本联次为三联，各联的用途为：第一联为发票联，作为购买方核算采购成本和增值税进项税额的记账凭证；第二联为税款抵扣联，作为购买方报送主管税务机关认证和留存备查的凭证；第三联为记账联，是销货方核算销售收入和销项税额的记账凭证。

（2）普通发票

普通发票是相对于增值税专用发票而言的，即任何单位和个人在购销商品、提供或接受服务及从事其他经营活动中，除增值税一般纳税人开具和收取的增值税专用发票之外，所开具和收取的各种收付款凭证均为普通发票。一般为增值税小规模纳税人使用，增值税一般纳税人在不能开具专用发票的情况下也可使用普通发票。

普通发票一般为三联：第一联为存根联，由收款方或开票方留存备查；第二联为发票联，付款方或收票方作为付款原始凭证；第三联为记账联，由收款方或开票方作为记账原始凭证。

（3）专业发票

专业发票是指国有金融、保险企业的存款、汇兑、转账凭证、保险凭证；国有邮政、电信企业的邮票、邮单、话务、电报收据；国有铁路、民用航空企业和交通部门、国有公路、水上运输企业的客票、货票等。

经国家税务总局或者省、市、自治区税务机关批准，专业发票可由政府主管部门自行管理，不套印税务机关的统一发票监制章，也可根据税收征管的需要纳入统一发票管理。

2. 发票的开具要求

开具发票的单位和个人应当建立发票使用登记制度，设置发票登记簿，并定期向主管税务机关报告发票的使用情况。开具发票必须做到以下几个方面。

1）单位和个人应在发生经营业务、确认营业收入时，才能开具发票。未发生经营业务一律不得开具发票。

2）开具发票时应按号码顺序填开，填写项目齐全、内容真实、字迹清楚、全部联次一次性复写或打印，内容完全一致，并在发票联和抵扣联加盖单位财务印章或者发票专用章。

3）填写发票应该使用中文。民族自治地区可以同时使用当地通用的一种民族文字；外商投资企业和外资企业可以同时使用一种外国文字。

4）使用电子计算机开具发票必须报主管税务机关批准，并使用税务机关统一监制的机打发票。开具后的存根联应当按照顺序号装订成册，以备税务机关检查。

5）开具发票时限、地点应符合规定。

6）任何单位和个人不得转借、转让、代开发票；未经税务机关批准，不得拆本使用发票；不得自行扩大专业发票适用范围。禁止倒买倒卖发票等违法行为。已开具的发票存根联和发票登记簿应当保存5年。

三、纳税申报

纳税申报是指纳税人、扣缴义务人按照税法规定的期限和内容向税务机关提交有关纳税事项书面报告的法律行为。它是纳税人履行纳税义务、承担法律责任的主要依据，是税务机关税收管理信息的主要来源和税务管理的一项重要制度。

纳税人办理纳税申报主要采取以下方式。

1）直接申报。直接申报即上门申报，纳税人直接到税务机关办理纳税申报。这是主要的纳税申报方式。

2）邮寄申报。邮寄申报是指经税务机关批准，纳税人、扣缴义务人使用统一规定的纳税申报特快专递专用信封，通过邮政部门办理交寄手续，并向邮政部门索取收据作为申报凭据的方式。

3）数据电文申报。数据电文申报是指经税务机关确定的电话语音、电子数据交换和网络传输等电子方式。例如，目前纳税人的网上申报就是数据电文申报的一种形式。

4）简易申报。简易申报是指实行定期定额征收的纳税人，经税务机关批准，通过以缴纳税款凭证代替申报或简并征期的一种申报方式。这种申报方式是以纳税人便利纳税为原则设置的。

简并征期是将实行定期定额征收方式的纳税人经批准，可以采取将纳税期限合并为按季、半年或一年的方式缴纳税款。

5）其他方式。其他方式是指纳税人、扣缴义务人采用直接办理、邮寄办理、数据电文办理以外的方法向税务机关办理纳税申报或者报送代扣代缴、代收代缴报告表。例如，纳税人、扣缴义务人可以委托注册税务师等有税务代理资质的中介机构或者他人代理申报纳税或报送代扣代缴代收收缴报告表。

议一议

某市的饭店有一个“普遍现象”：消费者吃完饭索要发票时被告知，如果不要发票，可以得到饭店赠送的饮料一瓶。饭店的这种做法合法吗？试说明理由。

任务二　违反税收法律制度的法律责任

导学引思

某地税务局在2016年6月进行了以下税务活动：

1）6月1日，实施检查中，发现某商店（个体）2016年5月20日领取营业执照后，未申请办理税务登记。据此，该税务局于2016年6月3日做出责令该商店必须在2016年6月20日前办理税务登记，逾期不办理的，将按《中华人民共和国税收征收管理法》有关规定处以罚款的决定。

2）6月12日，接到群众举报，辖区内某服装厂（系个体）开业近2个月尚未办理税务登记。经查，该服装厂2016年4月24日办理工商营业执照，4月26日正式投产，没有办理税务登记。根据检查情况，税务局于6月16日做出责令该服装厂于6月23日前办理税务登记并处以500元罚款的决定。

3）某企业财务人员2013年7月采取虚假的纳税申报手段少缴营业税5万元。2016年6月，税务人员在检查中发现了这一问题，要求追征这笔税款。该企业财务人员认为时间已过3年，超过了税务机关的追征期，不应再缴纳这笔税款。

根据材料，选择下列符合题意的选项：

1）根据事项1），从事生产、经营的纳税人，应当自领取营业执照之日起（　　）日内，向生产、经营地或者纳税义务发生地的主管税务机关申报办理税务登记。

A. 15　　B. 30　　C. 45　　D. 60

2）根据事项2），针对税务局的处理决定，下列表述正确的有（　　）。

A. 处理决定有效

B. 处理决定无效

C. 未按照规定期限申报办理税务登记，由税务机关责令限期改正，可以处2 000元以下的罚款

D. 未按照规定期限申报办理税务登记，由税务机关责令限期改正，可以处1 000元以下的罚款

3）根据事项3），下列表述正确的有（　　）。

A. 税务机关可以追征这笔税款

B. 税务机关不可以追征这笔税款

C. 对偷税、抗税、骗税的，税务机关可以无限期追征其未缴或者少缴的税款、滞纳金或者所骗取的税款

D. 对偷税、抗税、骗税的，税务机关应在3年内追征其未缴或者少缴的税款、滞纳金或者所骗取的税款

一、违反税收管理法律制度的责任

纳税人有下列行为之一的，由税务机关责令限期改正，可以处2 000元以下罚款；情节严重的，处2 000元以上1万元以下的罚款。

1）未按照规定的期限申报办理税务登记、变更或者注销登记的。

2）未按照规定设置、保管账簿或者保管记账凭证和有关资料的。

3）未按照规定将财务、会计制度或者财务、会计处理办法和会计核算软件报送税务机

关备查的。

4）未按照规定将其全部银行账号向税务机关报告的。

5）未按照规定安装、使用税控装置，或者损毁或者擅自改动税控装置的。

纳税人不办理税务登记的，由税务机关责令限期改正；逾期不改正的，经税务机关提请，由工商行政管理机关吊销其营业执照。

纳税人未按照规定使用税务登记证件，或者转借、涂改、损毁、买卖、伪造税务登记证件的，处2 000元以上1万元以下的罚款；情节严重的，处1万元以上5万元以下的罚款。

扣缴义务人未按照规定设置、保管代扣代缴、代收代缴税款账簿或者保管代扣代缴、代收代缴税款记账凭证及有关资料的，由税务机关责令限期改正，可以处 2 000 元以下的罚款；情节严重的，处2 000元以上5 000元以下的罚款。

纳税人未按照规定的期限办理纳税申报和报送纳税资料的，或者扣缴义务人未按照规定的期限向税务机关报送代扣代缴、代收代缴税款报告表和有关资料的，由税务机关责令限期改正，可以处2 000元以下的罚款；情节严重的，可以处2 000元以上1万元以下的罚款。

二、偷税的法律责任

纳税人伪造、变造、隐匿，擅自销毁账簿、记账凭证，或者在账簿上多列支出或者不列、少列收入，或者经税务机关通知申报而拒不申报或者进行虚假的纳税申报，不缴或者少缴应纳税款的，是偷税。对纳税人偷税的，由税务机关追缴其不缴或者少缴的税款、滞纳金，并处不缴或者少缴的税款50%以上5倍以下的罚款；构成犯罪的，依法追究刑事责任。

扣缴义务人采取上述所列手段，不缴或者少缴已扣、已收税款，由税务机关追缴其不缴或者少缴的税款、滞纳金，并处不缴或者少缴的税款50%以上5倍以下的罚款；构成犯罪的，依法追究刑事责任。

纳税人、扣缴义务人编造虚假计税依据的，由税务机关责令限期改正，并处5万元以下的罚款。纳税人不进行纳税申报，不缴或者少缴应纳税款的，由税务机关追缴其不缴或者少缴的税款、滞纳金，并处不缴或者少缴的税款50%以上5倍以下的罚款。

三、欠税的法律责任

纳税人欠缴应纳税款，采取转移或者隐匿财产的手段，妨碍税务机关追缴欠缴的税款的，由税务机关追缴欠缴的税款、滞纳金，并处欠缴税款50%以上5倍以下的罚款；构成犯罪的，依法追究刑事责任。

四、骗取出口退税的法律责任

以假报出口或者其他欺骗手段，骗取国家出口退税款，由税务机关追缴其骗取的退税款，并处骗取税款1倍以上5倍以下的罚款；构成犯罪的，依法追究刑事责任。对骗取国家出口退税款的，税务机关可以在规定期间内停止为其办理出口退税。

五、抗税的法律责任

以暴力、威胁方法拒不缴纳税款的，是抗税，除由税务机关追缴其拒缴的税款、滞纳金外，依法追究刑事责任。情节轻微，未构成犯罪的，由税务机关追缴其拒缴的税款、滞纳金，并处拒缴税款 1 倍以上 5 倍以下的罚款。

读一读

偷税、欠税、骗税、抗税有哪些相同点和不同点？

相同点：①都没有向国家缴纳税款。②都是违反税法的行为，都要受到法律的处罚和制裁。

不同点：①违反税法的手段不同。偷税是以欺骗、隐蔽等方式逃避纳税；欠税是拖欠；骗税使用欺骗的手段获得国家税收优惠；抗税是抗拒税法规定。②偷税和骗税比较隐蔽，而欠税和抗税更直接，容易辨别。

六、税务争议的处理

纳税人、扣缴义务人、纳税担保人同税务机关在纳税上发生争议时，必须先依照税务机关的纳税决定缴纳或者解缴税款及滞纳金或者提供相应的担保，然后可以依法申请行政复议；对行政复议决定不服的，可以依法向人民法院起诉。

当事人对税务机关的处罚决定、强制执行措施或者税收保全措施不服的，可以依法申请行政复议，也可以依法向人民法院起诉。

当事人对税务机关的处罚决定逾期不申请行政复议也不向人民法院起诉又不履行的，做出处罚决定的税务机关可以采取相应的强制执行措施，或者申请人民法院强制执行。

议一议

光明电器公司 2016 年 3 月效益良好，但纳税时却申报亏损。后税务人员经过调查，发现该公司 2 个月以来通过变造账簿逃避税款 8 000 元。税务机关责令其补缴所逃避税款 8 000 元，并处以逃避税款数额 2 倍的罚款。该公司财务经理对罚款表示不服，与税务人员发生争执，双方言行偏激，税务人员认为该公司的此种行为构成抗税，并声明要求追究其刑事责任。税务机关的处罚是否合适？该公司财务人员和税务人员的争执行为是否构成抗税？试说明理由。

模块八 仲裁与诉讼法律制度

本模块主要介绍《中华人民共和国仲裁法》(以下简称《仲裁法》)与《民事诉讼法》的基本知识，引导学生了解仲裁、诉讼方面的具体法律规范，为增强学生的法律应用能力打下基础。通过学习本模块，学生能够了解仲裁制度、仲裁程序、仲裁与诉讼的关系，以及诉讼管辖、诉讼程序等解决经济纠纷基本法律常识，具备既能预防纠纷，又能依法起诉、应诉进而维权的能力。

项目二十五　仲　裁　法

项目目标

◎知识目标

1．了解仲裁的概念及仲裁机构。
2．掌握仲裁制度及仲裁程序。

◎技能目标

能够通过仲裁途径解决合同纠纷。

任务一　仲裁的特点

导学引思

2016年7月，A市某健身房与广州市某健身器械公司签订了一份购销合同。合同中的仲裁条款规定："因履行合同发生的争议，由双方协商解决；无法协商解决的，由仲裁机构仲裁。"2016年9月，双方发生争议，该健身房向其所在地的A市仲裁委员会递交了仲裁申请书，但健身器械公司拒绝答辩。

2016年11月，双方经过协商，重新签订了一份仲裁协议，并商定将此合同争议提交该健身器械公司所在地的B市仲裁委员会仲裁。

事后该健身房担心B市仲裁委员会实行地方保护主义，偏袒健身器械公司，故未申请仲裁，遂向合同履行地人民法院提起诉讼，且起诉时说明此前两次约定仲裁的情况，法院受理此案，并向健身器械公司送达了起诉状副本，该器械公司向法院提交了答辩状。法院经审理判决被告某健身器械公司败诉，被告不服，理由是双方事先有仲裁协议，法院判决无效。

思考：

1）购销合同中的仲裁条款是否有效？为什么？
2）争议发生后，双方签订的协议是否有效？为什么？
3）原告健身房向法院提起诉讼正确与否？为什么？
4）人民法院审理本案是否正确？为什么？
5）被告健身器械公司的上诉理由是否正确？为什么？

一、仲裁的概念、适用范围及基本制度

1．仲裁的概念

仲裁，又称公断，是指双方当事人在争议发生前或争议发生后达成协议，自愿将其争

议交付第三者居中评判是非并做出裁决，双方当事人都有义务执行裁决的一种解决争议的方式。本任务所讲的仲裁只限于商事纠纷的仲裁，它是指经济纠纷的双方当事人协议将有关争议提交选定的仲裁机构做出裁决，并有义务履行裁决的一种制度。仲裁法就是调整在仲裁过程中发生的各种关系的法律规范的总称。

仲裁是当今国际上通行的解决争议的重要法律制度。为适应社会主义市场经济发展的需要，与国际通行的仲裁制度接轨，1994 年 8 月 31 日第八届全国人民代表大会常务委员会第九次会议通过了《仲裁法》，自 1995 年 9 月 1 日起施行。《仲裁法》的颁布和施行，对于保证公正、及时地仲裁经济纠纷、保护当事人的合法权益、保障社会主义市场经济健康发展，具有十分重要的意义。

2. 仲裁的适用范围

平等主体的公民、法人和其他组织之间发生的合同纠纷和其他财产权益纠纷，可以仲裁。下列纠纷不能仲裁：①婚姻、收养、监护、扶养、继承纠纷；②依法应当由行政机关处理的行政争议。

议一议

1）夫妻间闹离婚能仲裁吗？

2）老张因为城市建设管理部门拆除其违章建筑而不服，他能否去仲裁？为什么？

3. 仲裁法的基本制度

《仲裁法》在我国原有法律对仲裁的基本制度规定的基础上，在进一步借鉴国际通行做法的情况下，确立和完善了如下制度。

（1）协议仲裁制度

当事人采用仲裁方式解决纠纷，应当双方自愿，达成仲裁协议。没有仲裁协议，一方申请仲裁的，仲裁机构不予受理。协议仲裁制度是意思自治原则最根本的体现，也是意思自治原则在仲裁过程中得以实现的最基本的保证。

（2）或裁或审制度

当事人达成仲裁协议的，应当向仲裁机构申请仲裁，不能向法院起诉。一方向人民法院起诉的，人民法院不予受理，但仲裁协议无效的除外。如果没有仲裁协议，仲裁机构不受理。

议一议

合同双方达成仲裁协议就意味着放弃了诉讼解决纠纷的途径，这种说法对吗？试说明理由。

当事人达成仲裁协议，一方向人民法院起诉未声明有仲裁协议，人民法院受理后，另一方在首次开庭前提交仲裁协议的，人民法院应当驳回起诉，但仲裁协议无效的除外；另一方在首次开庭前未对人民法院受理该案提出异议的，视为屏弃仲裁协议，人民法院应当继续审理。

议一议

甲工厂与乙工厂订立一份加工承揽合同，并订立了仲裁协议。后因加工产品质量问题发生争议，甲工厂即向人民法院起诉。在开庭前，乙工厂向法院提交了仲裁协议。法院应如何处理？

（3）一裁终局制度

仲裁裁决做出后，就发生法律效力，当事人就同一纠纷再申请仲裁或向人民法院起诉的，仲裁机构或者人民法院不予受理。仲裁裁决被人民法院依法裁定撤销或者不予执行的，当事人就该纠纷可以根据双方重新达成的仲裁协议申请仲裁，也可以向人民法院起诉。

议一议

当事人不服仲裁机构裁决的应如何处理？

（4）回避制度

《仲裁法》规定，仲裁员有下列情形之一的，必须回避，当事人也有权提出回避申请：①本案当事人或者当事人、代理人的近亲属；②与本案有利害关系；③与本案当事人、代理人有其他关系，可能影响公正仲裁的；④私自会见当事人、代理人，或者接受当事人、代理人请客送礼的。

练一练

根据《仲裁法》的规定，下列情形中，属于仲裁员审理案件时必须回避的有（　　）。

A. 本案的当事人　　B. 与本案有利害关系

C. 本案当事人的近亲属　　D. 接受当事人的礼物

导学引思

某市一家食品公司和某县一果农签订了一份雪花梨收购合同，合同约定如果发生纠纷，提交某市仲裁委员会仲裁解决。后双方协商解除合同，公司赔偿果农损失1万元。但公司迟迟不予支付。

思考：果农可以通过什么途径来保护自己的合法权益？

二、仲裁机构

1. 仲裁委员会

仲裁委员会是组织进行仲裁工作、解决经济纠纷的事业单位法人。它可以在直辖市和省、自治区人民政府所在地的市设立，也可以根据需要在其他设区的市设立。仲裁委员会由上述规定的市的人民政府组织有关部门和商会统一组建。设立仲裁委员会，应当经省、自治区、直辖市的司法行政部门登记。

仲裁委员会由主任1人、副主任2～4人和委员7～11人组成。仲裁委员会的组成人员中，法律、经济贸易专家不得少于2/3。仲裁委员会应当从公道正派的人员中聘任仲裁员。仲裁员应符合下列条件之一：①从事仲裁工作满 8 年的；②从事律师工作满 8 年的；③曾任审判员满 8 年的；④从事法律研究、教学工作并具有高级职称的；⑤具有法律知识、从事经济贸易等专业工作并具有高级职称或具有同等专业水平的。

2. 仲裁协会

中国仲裁协会是社会团体法人，是仲裁委员会的自律性组织，仲裁委员会是中国仲裁协会的会员。中国仲裁协会的章程由全国会员大会制定。中国仲裁协会的职责：①根据章程对仲裁委员会及其组成人员、仲裁员的违纪行为进行监督；②依照《仲裁法》和《民事诉讼法》的有关规定制定仲裁规则。

三、仲裁协议

1. 仲裁协议的概念和种类

仲裁协议是双方当事人以书面方式请求仲裁委员会仲裁合同纠纷和其他财产权益纠纷的共同意思表示。它包括仲裁条款和仲裁协议书两类。前者是指当事人在合同中订立的以仲裁方式解决纠纷的条款。后者是指双方当事人在主合同之外单独签订的发生纠纷请求仲裁的协议。仲裁协议书可以在纠纷发生前订立，也可以在纠纷发生后签订。

2. 仲裁协议的内容和独立性

仲裁协议应当具有下列内容：①请求仲裁的意思表示；②仲裁事项；③选定的仲裁委员会。仲裁协议对仲裁事项或仲裁委员会没有约定或者约定不明确的，当事人可以补充协议；达不成补充协议的，仲裁协议无效。

练一练

根据《仲裁法》的规定，下列各项中属于仲裁协议必备内容的有（　　）。

A. 仲裁事项　　B. 选定的仲裁委员会

C. 选定的仲裁员　　D. 请求仲裁的意思表示

3. 仲裁协议相关规定

1）仲裁协议约定两个以上仲裁机构的，当事人可以协议选择其中的一个仲裁机构申请仲裁；当事人不能就仲裁机构选择达成一致的，仲裁协议无效。

议一议

A 市某食品公司和 B 市某农场签订了一份哈密瓜收购合同，合同约定如果发生纠纷，提交 A 市仲裁委员会或者 B 市仲裁委员会仲裁解决。后双方合同发生纠纷，该食品公司要求在 A 市仲裁，农场要求在 B 市仲裁委员会仲裁解决。该纠纷应如何解决？

2）仲裁协议约定由某地的仲裁机构仲裁且该地仅有一个仲裁机构的，该仲裁机构视为约定的仲裁机构。该地有两个以上仲裁机构的，当事人可以协议选择其中的一个仲裁机构申请仲裁；当事人不能就仲裁机构选择达成一致的，仲裁协议无效。

3）当事人约定争议可以向仲裁机构申请仲裁，也可以向人民法院起诉的，仲裁协议无效。但一方向仲裁机构申请仲裁，另一方未在首次开庭前提出异议的除外。

4）当事人对仲裁协议的效力有异议，应当在仲裁庭首次开庭前提出。

5）仲裁协议独立存在，合同的变更、解除、终止或者无效，不影响仲裁协议的效力。

议 一 议

1. 住所地在H省K市L区的甲公司与住所地在F省E市D区的乙公司签订了一份钢材买卖合同，价款数额为90万元。合同在B市C区签订，双方约定合同履行地为W省Z市Y区，同时约定如因合同履行发生争议，由B市仲裁委员会仲裁。合同履行过程中，因钢材质量问题，甲公司与乙公司发生争议，甲公司欲申请仲裁解决。因B市有两个仲裁机构，分别为丙仲裁委员会和丁仲裁委员会（两个仲裁委员会所在地都在B市C区）。甲公司应如何申请仲裁？

2. 大成公司与华泰公司签订投资合同，约定了仲裁条款：如因合同效力和合同履行发生争议，由A仲裁委员会仲裁。合作中双方发生争议，大成公司遂向A仲裁委员会提出仲裁申请，要求确认投资合同无效，A仲裁委员会受理。华泰公司提交答辩书称，如合同无效，仲裁条款当然无效，故A仲裁委员会无权受理本案。华泰公司的说法是否正确？为什么？

任务二 仲 裁 程 序

导学引思

通过下面的合同纠纷仲裁申请书范文，说明仲裁申请书的主要内容。

合同纠纷仲裁申请书

申请人：××市钢窗厂。住所地：××市××区××××大街××号。

法定代表人：张××，厂长；电话：××××××。

委托代理人：王××，××市××律师事务所律师。

被申请人：××省××市××房地产开发公司。

法定代表人：李××，经理。

案由：购销合同纠纷。

仲裁要求：

一、立即支付货款×××元。

二、赔偿损失费×××元。

事实与理由：

20××年11月2日，被申请人××省××市房地产开发公司与我厂在××市签订购销合同一份，采购我厂生产的钢窗××××副。合同对钢窗的质料、规格、数量和单价都作了明确约定，交货日期为19××年6月。我厂按期向被申请人交付了钢窗并经过合格验收，但对方却迟迟不支付货款，后又称有部分钢窗不符合市场变化的影响，公司资金紧张，一时难于支付货款。由于××房地产开发公司违约拒不支付货款，我厂几次到××省××市往返交涉，给我厂造成了很大的经济损失。

由于上述情况，根据原合同中约定的仲裁条款，特申请××仲裁机构予以仲裁。

此致

××仲裁委员会

申诉人：××市钢窗厂

20××年11月18日

附：本仲裁申请书副本1份

证据目录和主要证据复印件2份

一、仲裁程序

1. 申请和受理

（1）仲裁的申请

仲裁不实行级别管辖和地域管辖，当事人可以向双方约定的仲裁机构申请仲裁。当事人申请仲裁应当符合下列条件：①有仲裁协议；②有具体的仲裁请求和事实、理由；③属于仲裁委员会的受理范围。此外，当事人还应当向仲裁委员会递交仲裁协议、仲裁申请书及副本。

仲裁申请书应当载明下列事项：

1）当事人的姓名、性别、年龄、职业、工作单位和住所，法人或者其他组织的名称、住所和法定代表人或者主要负责人的姓名、职务。

2）仲裁请求和所根据的事实、理由。

3）证据和证据来源、证人姓名和住所。

（2）仲裁的受理

仲裁委员会收到仲裁申请书之日起5日内，认为符合受理条件的，应当受理，并通知当事人；认为不符合受理条件的，应当书面通知当事人不予受理，并说明理由。

仲裁委员会受理仲裁申请后，应当在仲裁规则规定的期限内将仲裁规则和仲裁员名册送达申请人，并将仲裁申请书副本和仲裁规则、仲裁员名册送达被申请人。被申请人应当在规定的期限内提交答辩书，并由仲裁委员会按规定将答辩书副本送达申请人。被申请人未提交答辩书的，不影响仲裁程序的进行。

（3）仲裁当事人的权利

在仲裁过程中，当事人享有以下权利：①申请人放弃或者变更仲裁申请的权利；②被申请人承认或者反驳仲裁请求及提出反请求的权利；③申请财产保全的权利；④委托代理人参加仲裁活动的权利。

2. 仲裁庭的组成与回避

（1）仲裁庭的组成

仲裁庭可以由3名仲裁员或者1名仲裁员组成。由3名仲裁员组成的，设首席仲裁员。当事人约定由3名仲裁员组成仲裁庭的，应当各自选定或者各自委托仲裁委员会主任指定

1 名仲裁员，第 3 名仲裁员由当事人共同选定或者共同委托仲裁委员会主任指定。第 3 名仲裁员是首席仲裁员。

当事人约定由 1 名仲裁员成立仲裁庭的，应当由当事人共同选定或者共同委托仲裁委员会主任指定仲裁员。

仲裁庭组成后，仲裁委员会应当将仲裁庭的组成情况书面通知当事人。

议一议

仲裁员是由双方当事人挑选产生的吗?

（2）仲裁员的回避

当事人提出回避申请，应当说明理由，在首次开庭前提出。回避事由在首次开庭后知道的，可以在最后一次开庭终结前提出。

3. 开庭和裁决

（1）开庭

仲裁应当开庭进行，但当事人协议不开庭的，仲裁庭可以根据仲裁申请书、答辩书及其他材料做出裁决。仲裁一般不公开进行，但当事人协议公开的，可以公开进行，涉及国家机密的除外。

议一议

什么是开庭?

仲裁委员会应当在规定的期限内将开庭日期通知双方当事人。当事人有正当理由的，可以在规定的期限内请求延期开庭。是否开庭，由仲裁庭决定。

申请人经书面通知，无正当理由不到庭或者未经仲裁庭许可中途退庭的，视为撤回仲裁申请。被申请人经书面通知，无正当理由不到庭或者未经仲裁庭许可中途退庭的，可以缺席裁决。当事人申请仲裁后，可以自行和解，也可以撤回仲裁申请。当事人达成和解协议，撤回仲裁申请后反悔的，还可以根据仲裁协议申请仲裁。

（2）裁决

仲裁庭在做出裁决前，可以先行调解，当事人自愿调解的，仲裁庭应当调解。调解达成协议的，仲裁庭应当制作调解书或者根据协议的结果制作裁决书。调解书与裁决书具有同等法律效力。调解书经双方当事人签收后，即发生法律效力。调解不成或者在调解书签收前当事人反悔的，仲裁庭应当及时做出裁决。

裁决应当按照多数仲裁员的意见做出，少数仲裁员的不同意见可以记入笔录。仲裁庭不能形成多数意见时，裁决应当按照首席仲裁员的意见做出。裁决书自做出之日起发生法律效力。

议一议

裁决书是做出生效，还是送达生效？试说明理由。

4. 申请撤销仲裁裁决

当事人提出证据证明裁决有下列情形之一的，可以向仲裁委员会所在地的中级人民法院申请撤销仲裁裁决：①没有仲裁协议的；②裁决的事项不属于仲裁协议的范围或者仲裁委员会无权仲裁的；③仲裁庭的组成或者仲裁的程序违反法定程序的；④裁决所根据的证据是伪造的；⑤对方当事人隐瞒了足以影响公正裁决的证据的；⑥仲裁员在仲裁该案时有索贿受贿、徇私舞弊、枉法裁决行为的。

当事人申请撤销仲裁裁决，应当自收到裁决书之日起6个月内提出。

议一议

甲公司与乙公司签订了一份买卖合同，后因货物质量问题双方发生争议。经双方协议后申请某仲裁委员会仲裁。仲裁委员会指定3名仲裁员组成了仲裁庭，通过审查双方提交的书面材料即做出了裁决。乙公司认为仲裁裁决显失公正，且了解到一名仲裁员与甲公司有亲戚关系，另一名仲裁员在仲裁该案时有受贿行为。该仲裁程序有哪些不合法之处？乙公司该如何保护自己的合法权益？

二、仲裁裁决的执行

1）《仲裁法》规定，当事人应当履行仲裁裁决。一方当事人不履行的，另一方当事人可以依照《民事诉讼法》的有关规定向人民法院申请执行，受理申请的人民法院应当执行。

2）一方当事人申请执行裁决，另一方当事人申请撤销裁决的，人民法院应当裁定中止执行。

3）人民法院裁定撤销裁决的，应当裁定终结执行。撤销裁决的申请被裁定驳回的，人民法院应当裁定恢复执行。

项目二十六　民事诉讼法

项目目标

◎知识目标

1．了解诉讼管辖、诉讼参加人等诉讼基本内容。
2．了解各种诉讼程序。

◎技能目标

当发生各种纠纷时，能够通过诉讼途径解决纠纷，维护自身合法权益。

任务一　民事诉讼法的基本内容

导学引思

王某（男）与李某（女）于2012年8月在甲县结婚。2013年5月，王某因盗窃被判刑3年，关押在乙县劳动改造场所。李某在王某被判刑后即投奔在丙县的姐姐处打工谋生。2015年5月，李某提出离婚。

思考：李某应向何地法院起诉？为什么？

一、诉讼管辖

民事诉讼管辖是指确定上下级人民法院之间和同级人民法院之间受理第一审民事案件的分工和权限，可分为级别管辖、地域管辖、移送管辖和指定管辖4种管辖。

1．级别管辖

级别管辖是指确定上下级人民法院之间受理第一审民事案件的分工和权限。

1）基层人民法院管辖第一审民事案件，但《民事诉讼法》另有规定的除外。

2）中级人民法院管辖下列第一审民事案件：①重大涉外案件；②在本辖区有重大影响的案件；③最高人民法院确定由中级人民法院管辖的案件。

3）高级人民法院管辖在本辖区有重大影响的第一审民事案件。

4）最高人民法院管辖下列第一审民事案件：①在全国有重大影响的案件；②认为应当由本院审理的案件。

2．地域管辖

地域管辖是指根据当事人和标的物与地域之间的关系，确定同级人民法院之间受理第一审民事纠纷案件的分工和权限。具体分为以下几种。

（1）一般地域管辖

1）对公民提起的民事诉讼，由被告住所地人民法院管辖；被告住所地与经常居住地不一致的，由经常居住地人民法院管辖。

2）对法人或者其他组织提起的民事诉讼，由被告住所地人民法院管辖。

3）同一诉讼的几个被告住所地、经常居住地在两个以上人民法院辖区的，各该人民法院都有管辖权。

读一读

1）公民的住所地是指公民的户籍所在地。法人或者其他组织的住所地是指法人或者其他组织的主要办事机构所在地。

2）法人或者其他组织的主要办事机构所在地不能确定的，法人或者其他组织的注册地或者登记地为住所地。

3）公民的经常居住地是指公民离开住所地至起诉时已连续居住一年以上的地方，但公民住院就医的地方除外。

（2）特殊地域管辖

1）下列民事诉讼，由原告住所地人民法院管辖；原告住所地与经常居住地不一致的，由原告经常居住地人民法院管辖。

① 对不在中华人民共和国领域内居住的人提起的有关身份关系的诉讼。

② 对下落不明或者宣告失踪的人提起的有关身份关系的诉讼。

③ 对被采取强制性教育措施的人提起的诉讼。

④ 对被监禁的人提起的诉讼。

2）因合同纠纷提起的诉讼，由被告住所地或者合同履行地人民法院管辖。

3）因保险合同纠纷提起的诉讼，由被告住所地或者保险标的物所在地人民法院管辖。

4）因票据纠纷提起的诉讼，由票据支付地或者被告住所地人民法院管辖。

5）因公司设立、确认股东资格、分配利润、解散等纠纷提起的诉讼，由公司住所地人民法院管辖。

6）因铁路、公路、水上、航空运输和联合运输合同纠纷提起的诉讼，由运输始发地、目的地或者被告住所地人民法院管辖。

7）因侵权行为提起的诉讼，由侵权行为地或者被告住所地人民法院管辖。

议一议

1. 小海和小亮同为石家庄市某技校学生，小海家住新华区，小亮家住桥西区。因言语不和，小海和小亮一起在学校将本校另一名学生小华打伤。小华欲起诉二人索赔医疗费，小华家住桥东区，学校位于开发区。小华可向哪里的法院起诉？为什么？

2. 2009 年 2 月，家住甲市 A 区的赵刚向家住甲市 B 区的李强借了 5 000 元，言明 2010 年 2 月之前偿还。到期后赵刚一直没有还钱。

2010 年 3 月，李强找到赵刚家追讨该债务，发生争吵。赵刚因所牵宠物狗易受惊，遂对李强说："你不要大声喊，狗会咬你。"李强不理，仍然叫骂，并指着狗叫喊。该狗受惊，扑向李强并将其咬伤。李强治伤花费 6 000 元。

李强起诉要求赵刚返还欠款 5 000 元、支付医药费 6 000 元，并向法院提交了赵刚书写的借条、其向赵刚转账 5 000 元的银行转账凭证、本人病历、医院的诊断书（复印件）、医院处方（复印件）、发票等。

赵刚称，其向李强借款是事实，但在 2010 年 1 月卖给李强一块玉石，价值 5 000 元，说好用玉石货款清偿借款。当时李强表示同意，并称之后会把借条还给赵刚，但其一直未还该借条。

赵刚还称，李强故意激怒狗，被狗咬伤的责任应由李强自己承担。对此，赵刚提交了邻居孙某出具的书面证词，该证词描述了李强当时骂人和骂狗的情形。

回答下列问题:

1）借款纠纷有管辖权的法院是哪里?

2）侵权纠纷有管辖权的法院是哪里?

3）本案出现了哪几种证据?

（3）专属管辖

1）因不动产纠纷提起的诉讼，由不动产所在地人民法院管辖。

2）因港口作业中发生纠纷提起的诉讼，由港口所在地人民法院管辖。

3）因继承遗产纠纷提起的诉讼，由被继承人死亡时住所地或者主要遗产所在地人民法院管辖。

练一练

A 市某单位职工苏某，在 B 市有私房 3 间。苏某有二子，长子在 C 地工作，次子在 D 地工作。苏某去世后，二子因继承遗产发生纠纷。对此案有管辖权的法院有（　　）。

A. B 市人民法院　　B. A 市人民法院

C. C 地基层人民法院　　D. D 地基层人民法院

（4）协议管辖

合同或者其他财产权益纠纷的当事人可以书面协议选择被告住所地、合同履行地、合同签订地、原告住所地、标的物所在地等与争议有实际联系的地点的人民法院管辖，但不得违反《民事诉讼法》对级别管辖和专属管辖的规定。

练一练

A 县、B 县、C 县均为 E 市的市辖县，属 D 省。A 县某化工厂与 B 县生资公司在 C 县签订了一份化肥购销合同，以 A 县化工厂为售方，B 县生资公司为购买方，货款总价为 30 万元。合同约定由 A 县化工厂将货物送至 B 县生资公司。现当事人双方同意以协议的方式约定该合同发生纠纷时的管辖法院。依照我国法律，他们可以约定（　　）管辖。

A. A 县基层人民法院　　B. B 县基层人民法院

C. C 县基层人民法院　　D. D 省高级人民法院

（5）共同管辖

两个以上人民法院都有管辖权的诉讼，原告可以向其中一个人民法院起诉；原告向两个以上有管辖权的人民法院起诉的，由最先立案的人民法院管辖。

议一议

住所地在H省K市L区的A公司与住所地在F省E市D区的B公司签订了一份钢材买卖合同，价款数额为60万元。合同在B市C区签订，双方约定合同履行地为W省Z市Y区。合同履行过程中，因钢材质量问题，A公司与B公司发生争议，A公司欲向法院起诉。双方可以协议选择哪些法院？如未能达成协议，A公司应向哪里的法院起诉？

3. 移送管辖

人民法院发现受理的案件不属于本院管辖的，应当移送有管辖权的人民法院，受移送的人民法院应当受理。受移送的人民法院认为受移送的案件依照规定不属于本院管辖的，应当报请上级人民法院指定管辖，不得再自行移送。

4. 指定管辖

有管辖权的人民法院由于特殊原因，不能行使管辖权的，由上级人民法院指定管辖。

人民法院之间因管辖权发生争议，由争议双方协商解决；协商解决不成的，报请它们的共同上级人民法院指定管辖。

导学引思

精神病人姜某冲入某幼儿园将入托的小明打伤，小明的父母与姜某的监护人朱某及幼儿园协商赔偿事宜无果，拟向法院提起诉讼。

思考：如何确定本案相关人员的诉讼地位？

二、诉讼参加人

1. 当事人

民事诉讼当事人是指与他人发生纠纷，而以自己名义参加诉讼，并受人民法院裁判约束的利害关系人。

（1）原告

原告是指为了保护自己的民事权益，以自己的名义向人民法院提起诉讼，从而引起民事诉讼程序发生的人。

（2）被告

被告是指被他人提起诉讼，而由法院通知应诉的人。

（3）第三人

第三人是指对当事人双方的诉讼标的有独立的请求权，或者虽然没有独立请求权，但案件处理结果同他有法律上的利害关系的人。

（4）当事人的权利

1）当事人有权委托代理人，提出回避申请，收集、提供证据，进行辩论，请求调解，提起上诉，申请执行。

2）当事人可以查阅本案有关材料，并可以复制本案有关材料和法律文书。查阅、复制本案有关材料的范围和办法由最高人民法院规定。

3）双方当事人可以自行和解。

4）原告可以放弃或者变更诉讼请求。被告可以承认或者反驳诉讼请求，有权提起反诉。

（5）当事人的义务

当事人必须依法行使诉讼权利，遵守诉讼秩序，履行发生法律效力的判决书、裁定书和调解书。

议一议

刘某早年丧夫，生有两儿一女，次子与女儿均在外地工作。刘某生前一直与长子住在一起，但长子并不孝顺母亲。于是，刘某生前立下遗嘱，说明 4 间瓦房由女儿一人继承，并将遗嘱交女儿保管。刘某去世后，长子没有通知弟弟和妹妹，独立料理后事，并以 3 万元价款将房屋卖给杨某。刘某的次子得知消息后，从外地赶回，并向法院起诉，要求与其兄共同继承母亲留下的遗产。法院立案后，刘某的女儿闻讯赶来，向法院递交了其母亲的遗嘱，请求法院按遗嘱把房屋判归她一人继承。如何确定本案诉讼参加人的诉讼地位？试说明理由。

2. 共同诉讼人

当事人一方或者双方为两人以上，其诉讼标的是共同的，或者诉讼标的是同一种类、人民法院认为可以合并审理并经当事人同意的，为共同诉讼。

共同诉讼的一方当事人对诉讼标的有共同权利义务的，其中一人的诉讼行为经其他共同诉讼人承认，对其他共同诉讼人发生效力；对诉讼标的没有共同权利义务的，其中一人的诉讼行为对其他共同诉讼人不发生效力。常见的共同诉讼主要有以下几种。

1）以挂靠形式从事民事活动，当事人请求由挂靠人和被挂靠人依法承担民事责任的，该挂靠人和被挂靠人为共同诉讼人。

2）未依法登记领取营业执照的个人合伙的全体合伙人为共同诉讼人。

3）企业法人分立的，因分立前的民事活动发生的纠纷，以分立后的企业为共同诉讼人。

4）企业法人解散的，依法清算并注销前，以该企业法人为当事人；未依法清算即被注销的，以该企业法人的股东、发起人或者出资人为当事人。

5）借用业务介绍信、合同专用章、盖章的空白合同书或者银行账户的，出借单位和借用人为共同诉讼人。

6）无民事行为能力人、限制民事行为能力人造成他人损害的，无民事行为能力人、限制民事行为能力人和其监护人为共同被告。

议一议

某技校将学生食堂承包给个体经营者李某，但李某并未办理相关的经营手续，始终以学校的名义在经营。后因食堂食物中毒导致一些学生住院治疗，花去了大笔医疗费用。相关学生欲追索医疗费用。本案应以谁为被告？为什么？

3．诉讼代理人

（1）法定代理人

法定代理人是指根据法律的规定，代理无诉讼行为能力的当事人进行的诉讼。无诉讼行为能力人由他的监护人作为法定代理人代为诉讼。法定代理人之间互相推诿代理责任的，由人民法院指定其中一人代为诉讼。

（2）委托代理人

委托代理人是指受当事人、法定代理人委托而代位诉讼的人。当事人、法定代理人可以委托 1～2 人作为诉讼代理人。下列人员可以被委托为诉讼代理人。

1）律师、基层法律服务工作者。

2）当事人的近亲属或者工作人员。

3）当事人所在社区、单位及有关社会团体推荐的公民。

委托他人代为诉讼，必须向人民法院提交由委托人签名或者盖章的授权委托书。授权委托书必须记明委托事项和权限。诉讼代理人代为承认、放弃、变更诉讼请求、进行和解、提起反诉或者上诉，必须有委托人的特别授权。

三、民事诉讼证据

1．证据的概念和特征

民事诉讼证据是指能够证明案件真实情况的事实材料。证据有以下几个特征：①客观性，即证据必须是客观存在的事实材料；②关联性，即证据必须与待证的事实有内在的联系，应当是证明待证事实的全部或一部分；③合法性，即证据应当按法定要求和法定程序取得。

2．证据的种类

（1）当事人的陈述

当事人的陈述是指当事人就案件事实所做的陈述。人民法院对当事人的陈述，应当结合本案的其他证据，审查确定能否作为认定事实的根据。当事人拒绝陈述的，不影响人民法院根据证据认定案件事实。

（2）书证

书证是指以文字、符号、图案等表示的内容来证明案件待证事实的书面材料。常见的书证有合同书、遗嘱文书、票据、来往信函、电文、图纸等。书证应当提交原件。物证应当提交原物。提交原件或者原物确有困难的，可以提交复制品、照片、副本、节录本。提交外文书证，必须附有中文译本。

议 一 议

诉讼中，用来证明案件事实的书证通常有哪些？

（3）物证

物证是指以其存在的外形、特征、质量、性能等来证明案件待证事实的物品。常见的物证有损坏赔偿案件中所涉及的被损坏物、产品质量纠纷中争议的产品等。向人民法院提交的物证应提交原件，提交原件有困难的，可以提交复制品或照片。

（4）视听资料

视听资料包括录音资料和影像资料。常见的视听资料有录音带、录像带、电影胶卷、各种计算机软件、光盘等。人民法院对视听资料，应当辨别真伪，并结合本案的其他证据，审查确定能否作为认定事实的根据。

（5）电子数据

电子数据是指通过电子邮件、电子数据交换、网上聊天记录、博客、微博客、手机短信、电子签名、域名等形成或者存储在电子介质中的信息。

（6）证人证言

凡是知道案件情况的单位和个人，都有义务出庭作证。有关单位的负责人应当支持证人作证。不能正确表达意思的人，不能作证。

证人因履行出庭作证义务而支出的交通、住宿、就餐等必要费用及误工损失，由败诉一方当事人负担。当事人申请证人作证的，由该当事人先行垫付；当事人没有申请，人民法院通知证人作证的，由人民法院先行垫付。

议 一 议

证人出庭作证产生的相关费用应由谁负担？

3. 鉴定意见

当事人可以就查明事实的专门性问题向人民法院申请鉴定。当事人申请鉴定的，由双方当事人协商确定具备资格的鉴定人；协商不成的，由人民法院指定。当事人未申请鉴定，人民法院对专门性问题认为需要鉴定的，应当委托具备资格的鉴定人进行鉴定。

鉴定人应当提出书面鉴定意见，在鉴定书上签名或者盖章。

4. 勘验笔录

勘验笔录是指勘验人员对被勘验的现场或物品所做的记录。勘验物证或者现场，勘验人必须出示人民法院的证件，并邀请当地基层组织或者当事人所在单位派人参加。当事人或者当事人的成年家属应当到场，拒不到场的，不影响勘验的进行。有关单位和个人根据人民法院的通知，有义务保护现场，协助勘验工作。

勘验人应当将勘验情况和结果制作笔录，由勘验人、当事人和被邀参加人签名或者盖章。

议一议

某县一化工厂将含有化学成分的污水排入了当地一农户的鱼塘，毒死了大部分鱼苗，给该农户造成了巨大损失，农户将化工厂告到了法院。诉讼中，法院请当地环保部门进行了现场勘验。农户向法院提交了工厂排污的录像，还有几个村民的书面证言及农户在法院做的关于污染情况的笔录。该案共涉及了几种性质的证据？

任务二 民事诉讼程序

导学引思

1. 退休干部张某去电影院看电影，散场时因出口拥挤被人挤倒摔伤，因此住院治疗共花医疗费 1 000 元。张某向法院起诉，要求法院为他寻找被告赔偿损失，但张某说不出是谁挤倒他的。

思考：法院是否受理刘某的起诉？为什么？

2. 被告王某因损害赔偿一案经某市人民法院一审判决后，当场表示不服，提出要上诉。可是判决书送达甲后，过了 15 日，王某却没有递交上诉状，法院开始执行判决。被告王某阻挠判决，并说上诉的问题还没有解决。

思考：被告有无上诉权？为什么？法院应如何处理？

一、第一审程序

第一审程序是指人民法院审理当事人起诉案件所适用的程序。

知识拓展：民事起诉状范文

1. 起诉和受理

（1）起诉必须符合的条件

1）原告是与本案有直接利害关系的公民、法人和其他组织。

2）有明确的被告。

3）有具体的诉讼请求和事实、理由。

4）属于人民法院受理民事诉讼的范围和受诉人民法院管辖。

起诉应当向人民法院递交起诉状，并按照被告人数提出副本。书写起诉状确有困难的，可以口头起诉，由人民法院记入笔录，并告知对方当事人。

人民法院应当保障当事人依照法律规定享有的起诉权利。对符合起诉条件的，应当在 7 日内立案，并通知当事人；不符合起诉条件的，应当在 7 日内做出裁定书，不予受理；原告对裁定不服的，可以提起上诉。

（2）起诉状应当记载的事项

1）原告的姓名、性别、年龄、民族、职业、工作单位、住所、联系方式，法人或者其他组织的名称、住所和法定代表人或者主要负责人的姓名、职务、联系方式。

2）被告的姓名、性别、工作单位、住所等信息，法人或者其他组织的名称、住所等信息。

3）诉讼请求和所根据的事实与理由。

4）证据和证据来源，证人姓名和住所。

练一练

按照民事起诉状范文的格式及内容，并结合本项目任务一第242页的议一议中第2题的案情，以李强的名义写一份起诉状。

2. 审理前的准备

（1）通知被告应诉

人民法院应当在立案之日起5日内将起诉状副本发送被告，被告应当在收到之日起15日内提出答辩状。答辩状应当记明被告的姓名、性别、年龄、民族、职业、工作单位、住所、联系方式；法人或者其他组织的名称、住所和法定代表人或者主要负责人的姓名、职务、联系方式。人民法院应当在收到答辩状之日起5日内将答辩状副本发送原告。

被告不提出答辩状的，不影响人民法院审理。

（2）告知当事人有关的诉讼权利和义务

人民法院对决定受理的案件，应当在受理案件通知书和应诉通知书中向当事人告知有关的诉讼权利义务，或者口头告知。

人民法院受理案件后，当事人对管辖权有异议的，应当在提交答辩状期间提出。人民法院对当事人提出的异议，应当审查。异议成立的，裁定将案件移送有管辖权的人民法院；异议不成立的，裁定驳回。

当事人未提出管辖异议，并应诉答辩的，视为受诉人民法院有管辖权，但违反级别管辖和专属管辖规定的除外。

（3）组成合议庭

合议庭组成人员确定后，应当在3日内告知当事人。审判人员必须认真审核诉讼材料，调查收集必要的证据。人民法院派出人员进行调查时，应当向被调查人出示证件，调查笔录经被调查人校阅后，由被调查人、调查人签名或者盖章。

人民法院在必要时可以委托外地人民法院调查。

3. 开庭审理

（1）开庭准备

人民法院审理民事案件，除涉及国家秘密、个人隐私或者法律另有规定的以外，应当公开进行。离婚案件、涉及商业秘密的案件、当事人申请不公开审理的，可以不公开审理。

人民法院审理民事案件，应当在开庭3日前通知当事人和其他诉讼参与人。公开审理的，应当公告当事人姓名、案由和开庭的时间、地点。

开庭审理前，书记员应当查明当事人和其他诉讼参与人是否到庭，宣布法庭纪律。

开庭审理时，由审判长核对当事人，宣布案由，宣布审判人员、书记员名单，告知当事人有关的诉讼权利义务，询问当事人是否提出回避申请。

（2）法庭调查

法庭调查按照下列顺序进行：①当事人陈述；②告知证人的权利义务，证人作证，宣读未到庭的证人证言；③出示书证、物证、视听资料和电子数据；④宣读鉴定意见；⑤宣读勘验笔录。

（3）法庭辩论

法庭辩论按照下列顺序进行：①原告及其诉讼代理人发言；②被告及其诉讼代理人答辩；③第三人及其诉讼代理人发言或者答辩；④互相辩论。

法庭辩论终结，由审判长按照原告、被告、第三人的先后顺序征询各方最后意见。

（4）判决

法庭辩论终结，应当依法作出判决。判决前能够调解的，还可以进行调解；调解不成的，应当及时判决。

原告经传票传唤，无正当理由拒不到庭的，或者未经法庭许可中途退庭的，可以按撤诉处理；被告反诉的，可以缺席判决。被告经传票传唤，无正当理由拒不到庭的，或者未经法庭许可中途退庭的，可以缺席判决。

宣判前，原告申请撤诉的，是否准许，由人民法院裁定。

二、第二审程序

1. 第二审程序的概念

第二审程序是指当事人不服从地方各级人民法院和专门法院的第一审判决、裁定而上诉至上一级人民法院进行审理所适用的程序。

2. 第二审程序的提起

（1）上诉期限

当事人不服地方人民法院第一审判决的，有权在判决书送达之日起15日内向上一级人民法院提起上诉。当事人不服地方人民法院第一审裁定的，有权在裁定书送达之日起10日内向上一级人民法院提起上诉。

知识拓展：民事上诉状范文

（2）上诉状内容

上诉应当递交上诉状。上诉状的内容应当包括当事人的姓名、法人的名称及其法定代表人的姓名或者其他组织的名称及其主要负责人的姓名；原审人民法院名称、案件的编号和案由；上诉的请求和理由。上诉状应当通过原审人民法院提出，并按照对方当事人或者代表人的人数提出副本。

（3）二审结果

第二审人民法院对上诉案件，经过审理，按照下列情形分别处理。

1）原判决、裁定认定事实清楚，适用法律正确的，以判决、裁定方式驳回上诉，维持原判决、裁定。

2）原判决、裁定认定事实错误或者适用法律错误的，以判决、裁定方式依法改判、撤销或者变更。

3）原判决认定基本事实不清的，裁定撤销原判决，发回原审人民法院重审，或者查清事实后改判。

4）原判决遗漏当事人或者违法缺席判决等严重违反法定程序的，裁定撤销原判决，发回原审人民法院重审。

原审人民法院对发回重审的案件作出判决后，当事人提起上诉的，第二审人民法院不得再次发回重审。

三、审判监督程序

1. 审判监督程序的概念

审判监督程序是指人民法院对已经发生法律效力的判决、裁定发现确有错误，依法进行再审予以纠正的一种特殊程序。

2. 审判监督程序的提起

1）各级人民法院院长对本院已经发生法律效力的判决、裁定、调解书，发现确有错误，认为需要再审的，应当提交审判委员会讨论决定。

2）最高人民法院对地方各级人民法院已经发生法律效力的判决、裁定、调解书，上级人民法院对下级人民法院已经发生法律效力的判决、裁定、调解书，发现确有错误的，有权提审或者指令下级人民法院再审。

3）当事人对已经发生法律效力的判决、裁定，认为有错误的，可以向上一级人民法院申请再审；当事人一方人数众多或者当事人双方为公民的案件，也可以向原审人民法院申请再审。当事人申请再审的，不停止判决、裁定的执行。

3. 审判监督程序的处理

当事人的申请符合下列情形之一的，人民法院应当再审。

1）有新的证据，足以推翻原判决、裁定的。

2）原判决、裁定认定的基本事实缺乏证据证明的。

3）原判决、裁定认定事实的主要证据是伪造的。

4）原判决、裁定认定事实的主要证据未经质证的。

5）对审理案件需要的主要证据，当事人因客观原因不能自行收集，书面申请人民法院调查收集，人民法院未调查收集的。

6）原判决、裁定适用法律确有错误的。

7）审判组织的组成不合法或者依法应当回避的审判人员没有回避的。

8）无诉讼行为能力人未经法定代理人代为诉讼或者应当参加诉讼的当事人，因不能归责于本人或者其诉讼代理人的事由，未参加诉讼的。

9）违反法律规定，剥夺当事人辩论权利的。

10）未经传票传唤，缺席判决的。

11）原判决、裁定遗漏或者超出诉讼请求的。

12）据以作出原判决、裁定的法律文书被撤销或者变更的。

13）审判人员审理该案件时有贪污受贿、徇私舞弊、枉法裁判行为的。

参考文献

安广法，韩涌波，2008．经济法基础知识[M]．北京：科学出版社．

财政部会计资格评价中心，2011．经济法[M]．北京：中国财政经济出版社．

国家司法考试辅导用书编辑委员会，2016．国家司法考试辅导用书[M]．北京：法律出版社．

何珍芳，吴利群，2011．税收基础[M]．3版．北京：高等教育出版社．

刘水林，2006．经济法基本范畴的整体主义解释[M]．厦门：厦门大学出版社．

刘振云，2010．经济法[M]．天津：天津教育出版社．

马淑芳，王靖，2011．经济法基础[M]．4版．上海：华东师范大学出版社．

单飞跃，卢代富，2005．需要国家干预：经济法视域的解读[M]．北京：法律出版社．

王会芹，2013．经济法基础[M]．北京：科学出版社．

王莉萍，王淑文，2015．企业纳税实务[M]．2版．上海：立信会计出版社．

翔宇，2007．商业贿赂典型案例分析[J]．中国监察（6）：54-56．

徐孟洲，2006．经济法学原理与案例教程[M]．北京：中国人民大学出版社．

薛克鹏，2003．经济法的定义[M]．北京：中国法制出版社．

杨立新，2015．侵权责任法[M]．北京：法律出版社．

中国注册会计师协会，2015．经济法[M]．北京：中国财政经济出版社．